西研
Nishi Ken

筑摩選書

哲学は対話する

プラトン、フッサールの〈共通了解をつくる方法〉

哲学は対話する　目次

イラスト＝てばさき

哲学は対話する

プラトン、フッサールの〈共通了解をつくる方法〉

はじめに——哲学と共通了解

この本で私が示したいのは、次のことだ。

1. 哲学は「根源的真理を問うもの」でもなく、「根源的真理をめざす悪しき哲学（形而上学）を解体しようとするもの」でもない。哲学の最大の課題は、ものごとの「よさ」（なぜよいのか・どういう点でよいのか）を問うことにある。（哲学の課題）
2. そうすることで、一人ひとりの生き方と、社会のあり方とを「よりよき」ものにしようと配慮することが、哲学の目的である。（哲学の目的）
3. 哲学は、人それぞれの答えの出ないものではない。適切な問い方をすることで、人びとが納得しうる答え（共通了解）をつくっていくことが可能である。（哲学の方法）

つまり、哲学の課題と目的についての明確なイメージと、さらにそのために皆が納得できる共通了解をつくる方法があることを、この本で示したい。そして、多くの市民が哲学の対話に参加し、それを楽しんでもらえるようになってほしいと、私は願っている。

そのさい、なぜ共通了解を強調するのか、といえば、共通了解をつくることに対する警戒感が、哲学対話に参加する人びとのなかに残っているからである。しかし私は、共通了解を放棄するならば、哲学対話は十分に意義あるものにはならないと考えている。そう考える理由を、この「はじめに」で述べておきたい。

なぜ「哲学対話」が求められるのか

近年いろいろな地域に「哲学カフェ」がつくられ、教育現場で哲学対話を試みるところも出てきている。私自身も、大学の授業や企業研修、カルチャーセンターなどで哲学対話を主催してきた。

多くの哲学カフェでは、日常生活のなかから具体的なテーマを拾っている（ネット上では「自慢したい」「逃げたい」「責任」などが見つかった）。そして、哲学の専門的な知識は求めずどんな人でも参加できる、ということも共通している。集まってきた人たちは、そのテーマと自分の人生経験とを関わらせながら、それぞれの思いや考えを出しあっていくことになる。

なぜいま、哲学対話が求められているのだろうか。まず、他の人たちと出会ってその思いや考えを聴いてみたい、そして自分の考えも口にして反応をもらいたい、ということがある。さらに、こうした交流を通じて自分が生きるうえでのヒントや軸となるものを得たい、とか、地域や社会のあり方を考えたい、ということがあるだろう。

このような気持ちの背景には、私たちの社会で「あたりまえの生き方」が崩れてしまっている、ということがある。

——何をめがけて生きていけばいいのか、わからない。
——他者とどうつきあい、どう関わりあいながら生きていけばいいのか、わからない。
——地域や社会（国家）とどうつきあえばいいのか、わからない。

このような「わからなさ」のなかで、それぞれの人は、他者と交流するなかで何かをつかみたいと願っているのだと思う。

＊

私たちの生きている社会は、急速に「あたりまえの生き方」が崩れていった社会である。明治以来の急速な西欧化、そして戦前の価値観の否定を求められることになった敗戦。高度経済成長による社会の根底的な変容。さらに急激な格差社会化と情報社会化の進展。

高度成長のことを取り上げてみよう。一九六〇年の統計では、日本の労働人口の約三割が専業農家であった。兼業農家まで含めて考えるなら、国民の半数近くが、先祖代々の田畑を耕して生きていたことになる。わずか六十年ほど前のことである。

高度成長は、そのような村に根ざした人びとの生き方を激変させた。豊かさと文化を求めて、多くの若者が都会に出て行った。だれの世話にもならず独立して生活できること、さらに自分だけの書斎やリスニング・ルームをもつことなどは、多くの若者たちの夢であった。「欧米に追いつき追い越す」という国家目標と、「窮屈な田舎と貧しさとを抜け出して豊かで文化的な都会的生活を獲得する」という個人の目標が明確に与えられていたのが、高度成長の時代だった（そして個人の目標を実現するさいに、高学歴はとくに重要な手段だった）。

一九八〇年代の「豊かな社会」の到来は、こうした国家目標と個人の目標との終焉を意味した。ＧＮＰ（国民総生産）で日本は世界のトップに躍り出る。糸井重里の「おいしい生活」のコピーに象徴されるように、私生活を美的に彩ることが流行し、貧困はかつてのものと思われた。しかしその後、「人びとのめざす目標」は崩れたまま、バブル景気が崩壊して経済格差はどんどん開き、その間にネットは人びとの生活に浸透していった。

格差社会化と情報化の急速な進展は、「ともに生きる私たち」という感覚をこの社会から急激に失わせていく。個々人の関心は細分化し、ネット上にそれぞれの「コミュニティ」（島宇宙）を展開していくが、現実の地域社会のまとまりはきわめて弱くなった。

このような急激な変化のなかで、私たちは、生き方のうえで大切にすべきことも、他者とともに暮らし社会をつくるうえで大切にすべきことも、よくわからなくなってしまっている。たとえば人権と民主主義を否定する人は少ないだろうが、なぜそれらは大切なのか、どうやってそれを育んでいけばいいのかということを、私たちが共有しているとはいいがたい。

そういうなかで、直接に「ひと」と関わって喜びを共有したい、何かすることでだれかが喜んでくれる顔をみたいという欲求が、この社会を生きる人びとのなかに芽生えてきている。災害時のボランティアや、地域づくりに関わろうとする人も増えてきている。人びとは顔を合わせていっしょに作業をしたり、互いの声を聴きあおうとしたりしているようにみえる。哲学対話もまた、互いの声を聴きあい、そして「大切にすべきこと」をつかもうとして、行われているのだと私は思う。

共通了解を求めるべきではない？

現在行われている哲学対話では、一人ひとりが自分の声を出しやすいように配慮しているようすが窺《うかが》える。賛否をいう前に、まずは一人ひとりの発言をていねいに聴き、その真意を受けとめようとすることは、とても重要な流儀である。そういう場所ではじめて人は、空気を読みながら期待される発言をする、という圧力から解放されるからだ。

そのようにして「各自の思いを受け取りあう」関係が成り立つとき、それをとても新鮮に、解放的に感じる人は多くいるだろう。そして互いの思いの交換から、多くの気づきを得ることがあるだろう。

しかし、そうした意見交換のなかから、参加者の多くがいっしょに考えたくなるような「問い」を見出すのは難しい（優れた司会者は、この問いを見出すことに長けている）。さらにこの問いをめぐって皆の考えが深まり、皆が深く納得しうるような「答え」（共通了解）に到達するのは難しい。

この点について、「結論を導くことを目的としない」と宣言している哲学カフェもある。確かに、結論を急ぐことで一人ひとりの意見が出しにくくなったり、「勝ったか／負けたか」を競うものになってしまえば、せっかくの対話が貧しくなりかねない。

しかし、もし対話が各自の意見の受けとり（意見交換）だけに終始して、「ともに探究できる問い」を設定したり、「だれもが深く納得できる答え」（共通了解）を求めることをしないならば、だんだん飽きがくるのではないだろうか。

交流しながら考えが「進展」しているという感覚や、ある範囲であっても「信頼できる考え」を得られた、という感覚がなければ、対話は満足を得られない。当然、個々人が生きることや社会について明確な考えを得たい、という当初の希望も達成できないことになる。

しかしなぜ、共通了解を求めることを警戒する風潮があるのだろうか。「哲学においては、結論（合意）を出すべきものではない。結論（合意）は一部の人の意見を真理と信じ込み、他人に押しつけることになる。あらゆる結論は、つねに暫定的なものにすぎない」という見方が、現代哲学のなかに根強いからである。*

＊大阪大学で一九九八年に始まった「臨床哲学」についてのドキュメント（鷲田清一監修『ドキュメント臨床哲学』大阪大学出版会、二〇一〇）をみると、臨床哲学の要素として、「ある問題や出来事の前提を問うという態度」や「出された結論を絶対視せず、繰り返し問い直すこと」（一一二頁）という言い方はなされるが、皆が納得できる共通了解を導く、という言い方はされない。おそらくそこには、哲学における合意は抑圧的である、というポスト・モダン的な哲学観がある。

真理を語る哲学（独断論）と、それを相対化する哲学（相対主義）

現代哲学の状況に眼を向けてみよう。二〇世紀後半の哲学の主流は、「真なる認識」を否定する相対主義だった。そしてとくに、プラトン、ヘーゲル、フッサールは、ほんらい不可能な「真なる認識」を語る悪しき形而上学とされた。

そこには学問的・認識論的な理由もあるが、それだけではなく、冷戦という時代背景がある。

ソ連とアメリカは、それぞれ「我こそは正義だ」と主張し、世界を二分して争った。そのような時代には、正義や真理を語ることは、他者を排斥して自分たちを正当化する悪しき「党派性」であるとみなされた。そしてこの党派的な真理や正義を批判し相対化することが、哲学の課題とされた（フランスのポスト・モダン哲学や、アメリカのプラグマティズムから出てきたリチャード・ローティはその典型である）。

しかしこのような「相対化する」哲学は、マルクス主義のように真理や正義を名乗る強力な思想や人種主義のような本質主義（人種や性によって優越が決定されているという思想）を攻撃することはできたが、強力な思想が滅びてしまうとその弱点があらわになっていく。

まず、相対化がいきつくと「すべてが人それぞれ」になる。ナショナリストも人権論者も、右翼も左翼もすべて対等な世界像である、ということになり、「何をもって信頼しうる考えとみなせるか」について答えがないことになる。「人間性」の認識についても、「よりよい社会とは何か」についても、根拠を出し合って認識を共有することじたいが不可能だと感じられる。それはつまり、社会に矛盾が大きくなったとき、自分たちで認識を共有し解決していくことが不可能だということを意味するのである。

じつは、哲学の歴史をみると、すでに古代ギリシアにおいて、真理を語る「独断論」と、それを相対化しようとする「相対主義」との対立が認められる。

哲学はもともと、世界の根源的な真理をつきとめようとするところからはじまった。そして、「根源的な真理をわがものにした」と信じ、それを語る人たちも出てくる。これを「独断論」と呼ぼう。すると他方で、この独断論の権力性を解体しようとして、「真理などはなく、認識はもともと相対的でしかない」と語る人たちが出てくる。これが「相対主義・懐疑主義」である。

そして、この独断論と相対主義との対立を越えようとするところに、ソクラテスの対話の哲学が生まれている。そしてフッサール現象学もまた――しばしば根源的な真理を語ろうとする哲学だと誤解されているが――根源的な真理を廃棄したうえで、それでも皆が納得しうる共通了解の形成が可能であることを主張した哲学なのである。

共通了解はなぜ大切か

とはいえ、哲学対話において共通了解が成り立つことは信じられない、と思う人がいるかもしれない。一つ、例を挙げてみよう。

「幸福」は哲学の重要なテーマの一つでありつづけてきた。このテーマについて「真の幸福とは何か」と問うならば、共通の答えは存在しえない。何を真実の幸福とみなすかということは、個々人の自由に属する領域だからである。

しかしここで、問い方を変えてみる。「人はどういうときに、自分を幸福だと感じるのか」という問いのもとで、それぞれが自分の幸福体験を出しあってみる。すると、それらは決してバラバラではないことがわかってくる。つまり幸福体験には、いくつかの典型的なもの（共通了解となるもの）が指摘できるのである。

たとえば、「親しい人が自分のことをほんとうに大切だと思ってくれている、と実感できたとき」。これは、これまで私の哲学のワークショップに参加したほとんどの人が挙げてくれたものである。また、仕事の場面での幸福体験を挙げる人もいる。たとえば、「困難な仕事にチームであたり、互いに協力しあいながらそれをやり遂げることができたとき」などである。

このように「問い方」を工夫するならば、それぞれが自分自身の体験をもとに探究でき、そこから皆が納得できる共通了解をつくっていくことができる（さらに、単なる快と幸福の意味のちがいを焦点化してみると、幸福の意味がより明確になってくる）。

このようにして共通了解をつくれるということは、個々人の生き方や、社会のあり方についても大きな可能性を拓く。

たとえば、教育。「教育はなぜ・どのような点で大切なのか」ということについて、人びと（生徒、教員、親たち、大人たち）が考え合い、多くの人が納得できる共通了解に至り、社会的にも共有していくことができるとする。もしそうなれば、教育の仕組みをより好ましい方向に動かすことができるだけでなく、生徒も親も「勉強しないと負け組になってしまう」という消極的な理由ではなく、学ぶということにより積極的な意義を見出すことができるかもしれない。

日本社会は急速に「あたりまえの生き方」が崩れた社会だ、と私はいった。そのことは、学ぶこと、職をもつこと、家庭をもつこと、趣味をもつこと、地域や社会の一員としてあること、あらゆる事柄において積極的な意義が失われ不明確になっている、ということを意味する。だからこそ、語りあい考えあうことを通じて、「そうか、こういうことなのだ」という深い納得が得られるならば、それは個々人に生きる希望をもたらし、社会の制度をより好ましくつくっていくことにもつながるだろう。

あらゆることが不明確になったいまだからこそ、哲学の営みは必要である。そして、これを育てるためには、「感度や意見が多様であってよい領域」と「共有しうる答えがある領域」とを区別でき、共通了解に向けて探究する方法がある、ということを示さなくてはならない。

本書の構成

さて、この本の流れを説明しておこう。この本は三部構成となっている。

第一部では、ギリシア哲学のはじまりからスタートして、ソクラテスの「対話の哲学」を取り上げる。そこでは、ソクラテスの哲学対話が何をめざしていたか（哲学の課題と目的）をあらためて確かめたい。そして、共通了解をつくるための方法である「〜とは何か」の問いの意義についても考えたい。

第二部では、フッサールの「現象学の方法」を取り上げる。そしてフッサールが、各人の体験に即しながら共通了解をつくりあげるやり方を提起していること、そうすることで、独断論でも相対主義でもない、新たな哲学のスタイルを切り拓いていることを示したい。

第三部では、じっさいにどのようにして共通了解をつくっていけばいいか、について、「正義」をテーマとして示してみたい。正義は、私たちが社会をともに形づくっていくうえで欠かせない重要なテーマだが、これをどう考えるかは難しい。正義の基準に多様性があることを私たちは知っているが、しかしまた、正義という観念をもたない社会を私たちは想定しがたいだろう。

正義の観念はどういう「根拠」から生まれてくるのか、そして、現代社会を生きる私たちが共有しうる「正義の基準」を想定できるのか。このことについて考えたい。

三つの部はそれなりに独立しているので、好きなところから読んでいくこともできる。とくに、哲学対話の具体的な技術を知りたい方は、まず第三部を読み、そのうえで第一部、第二部を読んでみる、というやり方もいいかもしれない。

この本はいささか（ずいぶん）厚くなってしまったが、読者の方に、哲学というものの可能性を感じていただけたらと願う。

凡例

プラトンからの引用は、以下のものにもとづく。訳語を統一するため、わずかに変更した場合があるが、そのさいにはそのつど注記する。なお、(458 A)のような頁づけは、ステファノス版プラトン全集のものである。これに従って、異なった訳書でも該当箇所を参照することができる。ちなみに、引用文中の[……]は中略、[　]内は引用者による補足である。

「ソクラテスの弁明」: 納富信留訳『ソクラテスの弁明』光文社古典新訳文庫、2012年
「ラケス」: 三嶋輝夫訳『プラトン対話篇　ラケス　勇気について』講談社学術文庫、1997年
「プロタゴラス」: 中澤務訳『プロタゴラス——あるソフィストとの対話』光文社古典新訳文庫、2010年
「ゴルギアス」: 加来彰俊訳『プラトン全集9』所収、岩波書店、1974年
「メノン」: 渡辺邦夫訳『メノン——徳(アレテー)について』光文社古典新訳文庫、2013年
「饗宴」: 中澤務訳『饗宴』光文社古典新訳文庫、2013年
「国家」: 藤沢令夫訳『国家』上・下、岩波文庫、1979年

フッサールの著作はそれぞれ以下のように略称し、以下の文献から引用する。西による和訳を用いる。

『イデーンⅠ』: IdeenⅠ　Husserliana Bd. Ⅲ
『第一哲学』: EP　Husserliana Bd. Ⅶ
『ブリタニカ草稿・第四草稿』: Britannica　Husserliana Bd. Ⅸ
『デカルト的省察』: CM　*Cartesianische Meditationen*, in Gesammelte Schriften /Edmund Husserl, Bd. 8, hrsg. von Elizabeth Ströker, Hamburg: Meiner
『ヨーロッパ諸学の危機と超越論的現象学』: Krisis　Husserliana Bd. Ⅵ
『経験と判断』: EU　*Erfahrung und Urteil*, hrsg. von Ludwig Landgrebe, PHB 280, Hamburg: Meiner

第一部

「魂の世話」としての哲学——ソクラテスとプラトン

序　対話の文化

自由闊達な対話を繰り広げたソクラテス

ソクラテス（前四六九―前三九九）は、紀元前五世紀のアテネで活躍した。戦争に従軍した以外には、生涯アテネを出ることはなかった。石工《いしく》の仕事に励んだようすもなく、もっぱらアテネの街を歩きまわっては、人びとと「正義とは何か」「勇気とは何か」と語り合っていた。

そのようすは、弟子のプラトンによって生き生きと語られている。たとえばプラトンの初期対話篇の一つ『カルミデス』では、こんな具合である。

――ポテイダイアの包囲戦からひさしぶりに戻ってきたソクラテス（当時三七歳ころ）は、いそいそとアテネの街に出かけていく。体育場に入り込むや、たくさんの人びとが彼に歓迎の挨拶を送り、さっそく友人のカイレフォンがかけ寄ってきて戦争のようすを尋ねる。その一部始終を人びとに説明し終わったソクラテスは、今度は自分から尋ねる。この間のアテネはどうだったか、「知恵の探究（哲学）の近況と青年たちの消息」はどうか、知恵か美しさの点で傑出した者が現れていないか、と。

すると、知り合いのクリティアスがいう、「こよなく美しいという評判の少年がいますよ。カルミデスといって私のいとこです」。するとそこに、たくさんの取り巻きとともに当のカルミデスが現れる。ソクラテスは、「私は美少年にはからっきし弱いんだ」といいながら、カルミデスのほうを見つめて「並外れているね！」と驚く。そして「魂のほうはどうかね」とクリティアスに尋ねると、「しごく美しく資質のすぐれた人物です」との答え。

　そこでカルミデスが呼ばれてくる。ソクラテスは、カルミデスの上着の奥の肌がかいまみえて、頭がカーッとなってしまいながらも、彼にいろいろと話しかけ、そして、「節度［ソーフロシュネー sōphrosynē 思慮分別］とは何だと君は思っているかい？　君のなかに節度があるのなら、何かの感覚があるはずだから、それを言えるはずだよ、さあ言ってみなさい」（大意、１５９Ａ）と言う。このようにして、観衆がまわりを取り囲むなかで、カルミデスとソクラテスの「知恵の探究」が始まっていくのである。

　他の対話篇でも、あるときは体育場で将軍二人とソクラテスとが「勇気とは何か」をめぐって語り合い（『ラケス』）、またあるときは、知者（ソフィスト）たちが何人も集まっているアテネの金持ちの屋敷を若きソクラテスが訪れ、当時すでに高齢で高名な大物ソフィストのプロタゴラスと「徳」をめぐって対話を始める。その対話は次第に対決の様相を帯びてくるが、ソクラテスの友人たちや他のソフィストたちはそのようすを固唾《かたず》を呑んで見つめる（『プロタゴラス』）。またあるときソクラテスは、悲劇詩人アガトンの家に医師や喜劇詩人らと集まり、寝椅子に横たわってお酒を飲みながら「エロス（恋）の神を讃える話をしよう」ということになって、順番に恋愛の話をする（『饗宴』）。

これらの対話が行われる場面のほとんどは、ソクラテスより四二歳も年下だったプラトンが居合わせたはずのない時点に設定されているので、これらの対話の場所も内容もプラトンの創作だということになる。しかしそれらはソクラテスと親しく交わっていたプラトンの筆になるものだから、ソクラテスと人びととのじっさいの対話の雰囲気をよく伝えるものとされてきた（プラトンはたいした筆力の持ち主で、その対話の生き生きしたようすは、ついこの前描かれたような鮮度を感じさせ、とても二四〇〇年も前の人物の筆になるものとは思われないほどである）。

これらを読んでいると、「対話の文化」とでもいうべきものが、古代ギリシアに花開いていたことを強く印象づけられる。人びとは、ときにユーモアを交えながら、またときにムキになりながら、年齢も地位も関係なく対等に自由闊達に議論しあい、そして周りの者たちも興味津々でそれを見つめている。ちょうどスポーツや将棋の試合を観戦しているかのように、言論の勝負を楽しんで見ていたのだろう。

論証にもとづく共通了解

もっとも、この勝ち負けという点については、プラトン描くソクラテスは、「勝ち負けが議論の目的ではない」としばしば強調している。議論で自分の意見を反駁《はんばく》されると腹を立てる人も多いが、私は反駁を受けることは少しも不愉快にならない。なぜなら、それは「最大の害悪」である過ちから解放されることだからだ（大意、『ゴルギアス』４５８Ａ）と。

そしてこうソクラテスはいう。「ぼくたちはみな、いま話題になっている事柄〔正義や節度の徳〕について、その真実は何であり、また何が偽りであるかを、お互いに競い合って知るようにしなければならないと、こうぼくは思うのだ。というのは、それが明らかになることは、ぼくたちすべての者にとって、共通に善《よ》いことなのだから」（『ゴルギアス』505E）と。

つまり勝ち負けは二の次であって、正義や節度や勇気とはどういうことなのかの「真実」を、互いに協力しあいながら言葉でもって確かめていくのが、ソクラテスの考えるほんらいの対話だった。ちなみに、ここでの「真実」という言葉を、人間界から隔絶した秘められた真理や永遠不変な絶対の真理として受けとる必要はない。対話者の二人、さらに真剣に考える人のだれもが心から納得できる答え、という意味で受けとってよい。対話者はこのような深い理解と納得をめざして語り合い、もしそれがはっきりとわかってくるなら、それは対話者だけでなくすべての者にとって益になるはずだ、とソクラテスはいう。

なぜか？　正義とは何かが深く理解でき納得できるということは、人が生きるうえでなぜそれが大切であるかが身にしみるようにしてわかる、ということだ。もしそうなれば、その人は進んで正義に従った生き方をしようとするだろう。そしてそれは魂を高め、魂にとって心地よい生き方をもたらすことになる。こうして、正義とは何かということがわかることは、「魂をよくする」という益をもたらすのであり、ソクラテスはこのことを、人が生きるうえでの「最大の益」とみなしたのである。

つまり、ソクラテスの実践しようとした対話とは、言葉を用いることによって相互のあいだに深い納得を――もう少し乾いた言葉でいうならば「共通了解」をつくりだすことであり、それは互いにとって（またすべての者にとって）うれしいことであり、益になることでもあった。

このようにして、互いの理解を確かめあいながら深い納得をつくりだしていく作業には、「言葉」が欠かせない。しかしそのさいの言葉の使い方は、美辞麗句や調子のよいリズムによって多くの人びとの心をつかむこと――当時流行の「弁論術」は、聴き手を説得するための効果的な言葉の技術を高額な料金を取って教えるものだった――とはまったくちがう、とソクラテスはいう。なぜなら、賛同者の有名さと人数とは「真理に対しては何の値打ちもない」のであり、大切なのは「論証の力」で同意せざるを得ないようにさせることだからだ（『ゴルギアス』472A―B）。こうして、何かを主張するにしても反駁するにしても、自分がなぜそう考えるのか、その根拠となるものを率直に差し出したうえで、その根拠の強さでもって議論すべきことをソクラテスは強調するのである。

このような姿勢を一言でまとめるならば、こんなふうにいえるだろう。〈権威によるのでも伝承によるのでもなく、根拠をあげて論証することによって、真剣に考えようとするどんな者でも、心から納得しうる「一般性をもつ考え方」をともにつくりあげていこうとすること〉と。

＊

プラトンの描くこのような「対話の文化」は、時代を大きく隔てて、ルネサンス時代の大商人や知識人に、さらにそれ以後の近代の哲学者・思想家たちに大きな影響を与えていった。中世のヨーロッパではプラトンはあまり知られていなかったが、ルネサンス時代、フィチーノ（一四三三―一四九九）がプラトン全集をラテン語に訳したことによって、プラトンはヨーロッパに知られていく。メディチ家の保護下にあったフィチーノのまわりにはプラトン・アカデミーとも呼ばれる集まりが形成され、大商人や知識人たち（人文主義者たち）によってさかんに対話が行われたといわれる。

それは、この対話の文化が「自由」の息吹を感じさせたからだろう。聖なる権威のもとで慎ましく清らかに生きることをよしとするキリスト教の文化とは対照的に、自由闊達に対等に語り合う人びとの姿、一人ひとりの納得を大切にする主体的能動的な感覚、そして恋や性的な欲望をも包み隠すことのない大らかさは、異教も含めた多様な文化にふれた活動的なルネサンス時代の人びとにとって、おおいに魅力的なものであったにちがいない。そして、このような自由な対話の姿は、後の近代の知識人たちにとって、社会や人間関係のあり方の一つの理想的なイメージとなっていった。

しかしソクラテスは、なぜ・なんのために「勇気や正義とは何か」を問うたのか。そして先に少しふれたが、対話のもたらす「益」をどのように考えていたのか。つまり、哲学という営みの原点を、この第一部では、プラトンの対話篇のいくつかをとりあげながら確かめていくことにしたい。

その前にまずは、ソクラテスよりも遡《さかのぼ》って、そもそも「哲学」という営みが生まれてきた動機と背景を大きくつかむところからはじめよう。

第1章

哲学はどうやって生まれたか——哲学と〈軸の時代〉

哲学するさいの〝ルール〟

論証しあいながら共通了解を求める対話の営みを、ソクラテスは「愛知」（フィロソフィアー **philosophiā**）と呼んでいるが、ソクラテスの孫弟子にあたるアリストテレスは、愛知の営みの創始者として前七〜前六世紀のタレスを挙げている（『形而上学』第一巻）。そこから考えると、ソクラテス以前に哲学は百数十年の歴史をもつことになる。

この愛知という議論の仕方（ルール）を、私なりに整理してみよう。

1. 何かの問いをめぐって議論する。そのさいに各自はそれぞれ根拠を挙げることで、他の人たちが（可能ならばすべての人が）納得できるように努力する。そのうえで、どの考えがもっとも説得力があるかを、皆で吟味する。

2. 根拠をあげるさいに、権威や伝承にたよらない。また、発言者の地位や年齢は無関係であり、どんな人も議論に参加するうえでは対等とみなされる。

3．どこから・どうやって考えれば「なるべく根本から」考えたことになるか、をつねに問題にする。

4．以上のようにして、「だれもが納得できる一般性（共通了解性）と原理性」を備えた考えを育てようとするのが、この議論の目的である。

　このように、合理的な――つまり根拠を挙げてその妥当性を吟味しうる――考えを追求する議論が、現代の「学問」へと発展していったことを私たちは知っている。自然科学はまさにこういうものである。だからこれら四つを見て、議論するさいのごくあたりまえのルールだなあ、と感じる読者もいるかもしれない。確かにそのとおりなのだが、しかしこれらは、ふつうの人間の感受性に逆らうことによってのみ、獲得されるものなのである。

　というのは、私たちはふつう、師や先輩のような地位や年齢が上の人のいうことを大事にするものであり、また権威には逆らわないほうが無難だとも考えるからだ。とくに権威者がいなくても、集団の空気を読みながら「こんなことは言わないほうが無難だな」と思って発言を控えることも、私たちは経験してきている。

　しかしこのような感情をあえて無視して、その考えのもつ合理的な説得力、つまり、その「理＝根拠」だけに着目するのが哲学のルールである。尊敬する師の意見であっても、より説得力のある考えを自分がもっていると思うときには、自分の意見を提示して師の考えの足りないところを指摘しなくてはならない。このように、人間のもつ一般的な感情に反するところに、これらの議論のルールは成り立っているのである。

　では、このようにしてあえて議論しようとすることのなかには、どんな精神が含まれているのだろうか。それは、〈ほんとうに納得できる考えをもち、そうした考えのもとで生きていきたい、しきたりや言い伝えにただ従っていたくない〉という、自由と主体性を求める精神であろう。それらがないところには、批判的で合理的な議論は生まれないだろうから。

　では、このような議論の営みとその批判的合理的な（つまり主体的な）精神は、どのような社会の、どのような生の条件のもとで成り立つのだろうか。この章ではまず、そのことを検討し（第1節）、続いて、批判的な議論とともに必ず生じてくる対立やパラドクスについても、述べておきたい（第2節）。

1　都市空間と哲学

都市空間で議論がはじまる

　私が、哲学がはじまるさいの社会的な「条件」としてもっとも納得のいく説明であると考えているのは、社会学者見田《みた》宗介《むねすけ》の説である。[1] 一言でいえば、交易がかなりの程度発展すると都市が生まれ、そこではさまざまな種類の人びとや文化が入り混じる。そういう場所で「議論しあう営み」が発生する、というものだ。

　見田は、二〇世紀ドイツの哲学者ヤスパースの語った〈軸の時代〉という言葉に着目している。〈軸の時代 **Achsenzeit**〉とは、紀元前五〇〇年ころを中心に、前八〇〇年から前二〇〇年くらいまでの期間を指すが、この時代には、世界のさまざまな場所で多くの思想家たちが集中的に登場している。中国では儒教や道教をはじめとする諸子百家が、インドではウパニシャッドやさらに仏教やその他の諸思想が生まれ、中東ではゾロアスター教が、ユダヤでは旧約聖書に名前を残す預言者たちが出て、そしてギリシアでは哲学（愛知）が生まれる。[2]

　ヤスパースはこの時代を、人類が受動的に生きるのではなく、みずから「人間はいかに生きるべきか」を考えはじめた、つまり主体的・精神的な生き方へと大きく転換した時代であるという意味で、「軸」の時代と呼んだ。

　しかしヤスパースは、世界で同時多発的に思想家たちが輩出した理由について、無数の都市や小国家が分立して闘争し交流するという「社会学的状態」を指摘してはいるが、その理由は根本的にはわからないと述べている。それに対して見田は、貨幣経済の進展と都市空間の成立という共通な社会的条件がこの転換期の背景にあったことを指摘する。

　このことは、都市と対照的な生活空間として、農村を思い浮かべてみるとわかりやすい。父祖から受け継いだ土地を代々耕して生きる自給自足的な農村共同体では、人は、父祖伝来の世界像（世界はこうなっており、だから人はこのようにして生きていくべきだという世界の見方）もまた受け継いで生きていくことが想像される。しかし交易が起こり、市《いち》が立ち、やがてそれが都市へと発展していくならば、そこではさまざまな世界像をもつ人びとが出会うことになるだろう。

古代ギリシアの場合でいえば、哲学の創始者とされるタレス（前七―前六世紀）が暮らしていたのも、小アジア（現在のトルコ）のイオニア地方の南にあるミレトスというギリシア人の都市だった。そこは地中海のさまざまな民族が行き交う港町であり、さまざまな言葉、肌の色、珍しい文物《ぶんぶつ》がみられる場所でもあっただろう。

見田の説に戻れば、見田は、交易が十分な密度をもって行われていることの指標として、「鋳《ちゅう》造《ぞう》貨《か》幣《へい》」に着目している。鋳造貨幣とは、米のような産物や貝殻のような自然物を貨幣として使うのではなく、最初から貨幣として鋳造された貨幣のことを指す。そしてこれが初めて用いられたのは意外に新しく、前七〇〇年ころ、小アジアのリュディア王国でのことだという[3]。

西洋史研究者の伊藤貞夫によれば、ミレトスなどイオニアのギリシア人諸都市は、前七世紀にはリュディア王国の、続く前六世紀にはペルシアの支配に服していた。しかし、「彼らの支配は過酷なものではなかったらしい。リュディア時代は、イオニアにとって、むしろ繁栄期であった、といってよい。イオニア諸市はきそって海外に進出し、黒海沿岸やエーゲ海北岸に活発な植民活動を展開するとともに、それを発条《ばね》として、さらに海外との交易活動を強化していった。リュディアのそれにならって、はじめてギリシア貨幣が鋳造されたのも、前六世紀初頭のこの地においてであった[4]」。

こうして鋳貨はまたたくまにギリシア世界に浸透していき、前五世紀にはギリシア世界は「もう鋳貨なしには生きられないような状態」（見田）になっていた。

このように見田は、交易が発展してさまざまな人や物が出会う都市という空間が成立したことを、〈軸の時代〉の東西の思想家たちが生まれた基本的な社会的条件として指摘しているが、さらに、この時期に輩出した思想家たちが共通に「旅をする人たち」であったことを、あわせて指摘している。そして彼らが共通に直面していた精神的状況を、以下のように描き出している。

一、世界を外部から見る視線
二、自明性の解体
三、無根拠感、根拠の探求
四、異質のものの共存、という切実な課題
五、普遍化。一般化
六、メタ化。審級化。累乗化
七、無限という恐怖、空虚。虚無の克服という課題[5]

この七つの項目は、思想家たちが体験したであろう、さまざまな世界像の混淆という「都市的状況」と「旅」とを思考実験的に想像し、かつ、彼らの残した文献を検討することによって、見田が読みとったものだと考えられるが、じつに鋭い指摘であると思う。これらの項目を私なりにたどりながら、その意味を解きほどいてみたい。

無根拠感から根拠の探求へ、共存という課題

まず一～四までの項目は、一続きのものとしてつないでみることができる。〈軸の時代〉の思想家たち、つまり、ブッダ、孔子、ギリシアの哲学者たちは、共同体と共同体のあいだを遍歴する人たちであったから、それぞれの共同体の固有な世界像を「外」から客観視したり、相対化したりする視線を抱くようになっただろう（一、外部からの視線）。

そしてこれは、思想家たち自身が父祖から与えられた「世界はこうなっており、このようにして存続してきた。そこではこう生きるのがあたりまえだ」という自明な世界像を解体していくことになる（二、自明性の解体）。それはおのずと「では、どう生きていけばよいのか。ひょっとすると、よい生き方・正しい生き方などないのかもしれない」という疑い（三、無根拠感）をもたらしたかもしれない。そして、この無根拠感に強いられつつ、しかし他方ではみずから主体的に「では、世界はじっさいにはどうなっているのか・どう生きたらよいのかを、自分でとことん考えてみよう」という能動的な姿勢をもつに至っただろう（三、根拠の探求）。

このように、自分の生きるときにたよりになるような、生き方の「根拠」となるものを探求したいという強い衝動を、これらの思想家たちが抱えもっていたことが想像される。こうして、みずから考え、そして自分でもって納得した思想にもとづいて生きようとする一人の「主体」、集団に埋没しない「個人」というものが生まれ出てくる。

続く四（異質のものの共存）は、人びとの共存という具体的な問題である。都市では、異質な

文化をもつ者たちが接触しあう。平和に交易しているときにはよくても、もし何かで衝突した場合には、部族間の血で血を洗う復讐の連鎖がしばしば発生したにちがいない。こうして、異質な者たちがいかにして共存していけばよいか、ということもまた、思想家たちの切実な課題となった。

一般化とメタ化（五・六）

このように項目の一〜四は、思想家たちが主体的な思考する個人となっていった「動機」を表しているが、続く五（一般化）と六（メタ化）は、その動機のもとで考え議論していくさいの思想の「形式」（かたち）に関わる。

　彼らが主体的に自分の頭で考え、議論しあい、また自分の考えを文字に書き留めようとするときには、特定の地域・共同体にしか通用しないローカルな物語（神話や伝承）は、なんらかの示《し》唆《さ》にはなっても絶対的なものではなく、すでに相対化されている。そのとき、自分を含む多様な文化を生きる人びとが、「なるほど」と納得できるような一般的に通用する考えをつくりださねばならない（五、一般化）。

　そのためには第一に、一般性をもつ言葉を用いることが必要になるはずだ。民族の神話に登場する人物やそこでの事件のようなローカルな言葉ではなく、たとえば「全体と部分」「大と小」「数」といった論理関係を表す言葉や、「水」「空気」といったどんな民族でも知っているもののような、一般的な言葉の水準でもって自分の考えを表すことが必要となるだろう。さらに第二に、自分の考えがなぜ正しいといえるのか、ということ、つまり、主張だけでなく、その合理的な根拠を示すことも要求されてくる。

こうして、各自が一般的な概念を用いつつ、可能な限り多くの人びとを納得せしめるような考えを目標とする相互批判的な営み、つまり「議論・対話」の営みがはじまる（この営みが制度化されたものが、私たちが「学問」と呼んでいるものである）。

そしてこのような相互批判的な議論の営みがはじまると、たとえば物事の原因をたどる場合でも、「原因の原因は、そのまた原因は何か？」というふうに、究極原因に向かって思考が展開しはじめる。ギリシア哲学では、世界の「おおもと」（アルケー archē 始原）が問われ、タレスは「万物のおおもとは水である」と答えたとされる（なぜ万物が水からなると答えたのかについては、あらゆる生命体を養うのは水だから、など諸説がある）。このようにして、もっと先、もっと先を追求する「累乗化・メタ化」（六）が起こってくる。

メタ化の好例として、タレスの弟子のアナクシマンドロスの思考を挙げてみよう。彼はタレスと同じくイオニア（小アジア）の出身だが、タレスの「水」という答えを反駁して、世界のおおもとは「無限定（無限）なもの」（ト・アペイロン）である、と答えたといわれる。おそらくアナクシマンドロスは、万物が水からなることの決定的な証拠はない、と考えたのだろう。私なりに想像すれば、このような感じだろうか。〈生き物は死ねば土に還るのだから、土だって候補になりそうだ。他にも空気や火といったものなど、いろんなものが候補になりうる。しかしそれらはどれも決定的なものとはいえない。そうだとすれば、万物のアルケー（始原）は、水でも土でも空気でも火でもなく、それらのように具体的には規定できない「無規定なもの」であり、かつ、限りなく広がって万物を生かしているようなものとして「無限なもの」だろう……〉。

このようにアナクシマンドロスは、真に一般的な答えを求めて、水や土のような具体物のメタ〈上位〉にあるものを考えたのである。しかしまた、アナクシマンドロスに続くアナクシメネスは「無限定なもの」ではなんのことかわからない、と考えたのだろうが、ふたたびアルケーとして「空気」という、無限に広がるが具体的でもあるものを挙げている。空気が濃厚になると液体になりさらに固体となり、稀薄になると気体になる、というような万物の生成論を彼は考えてもいる。

見田に戻れば、彼はこれら一～六までの項目の最後の七番目として、「無限という恐怖」を指摘している。都市に住む人には、「この都市空間が無限に広い世界につながっている」ということが感受されている。自給自足的な農村の世界が、見たり触ったりできる物や人から成り立つ有限な場所であるのに対し、交易によって成り立つ都市の住民は、自分たちの街がはるか彼方の無限な世界につながっていることを知っているのである。その無限な広がりは、「彼方にはどんな人びとがいるのだろうか」という憧れもかきたてただろうが、また「世界の広さに戦慄する」という感性も生み出したにちがいない。*

＊ちなみに見田は、現代を「第二の軸の時代」として、つまり、根本的な生き方と思想の転換を求められる時代として捉えている。それは、ヒト・カネ・物・情報が世界規模で交流することによって世界が「有限化」した、ということからくる。情報によって世界が狭くなっただけでなく、環境・資源の

有限性という限界のなかで、大量生産・消費に代わるどんな生き方を人類はつくっていかなくてはならないか、という課題を見田は提起しているのである。

グローバルな現代と哲学

これまでの検討をまとめておこう。――貨幣経済の発展と都市空間の成立は、多様な世界像が出会う流動的な生活空間をつくりだし、自由な思考と議論の営みを生み出す。それは、それまでのさまざまなローカルな世界像を相対化しつつ、「世界とは何か」「人はどうやって生きるべきか」を問う、主体的な思考の営みをつくりだした。その背景には、無根拠感や無限への恐怖に「対抗」するという動機もまた含まれていたことが想像される。

このような仕方で〈軸の時代〉とそこでの諸思想を捉えることには、大きな利点がある。諸子百家や仏教やギリシア哲学などの諸思想について、それぞれの地域に固有な文化的特性を強調する見方（こうした観点ももちろんありうる）に代わって、〈多様な世界像が出会う流動的な生活空間のなかで、「対話」を通じてともに信じうるものを見出そうとする努力〉という点で、共通の意義をもつ営みとみなすことができるからである。

そして、ヒト・カネ・物・情報がグローバルに大量に行き来し、信じうる世界像（社会と生き方の思想）が成立しにくく、かつ、安全と平和が破壊される可能性につねにさらされている「現代」という時代において、対話としての哲学がいまこそ必要とされるものであることがはっきりしてくる。市場経済が発展し都市空間が成立して〈軸の時代〉が生まれたのだが、その市場経済と都市空間とが世界規模に広がったのが現在であるのだから、対話としての哲学は、一人ひとりにとっても、地域や国家にとっても、みずからの方向を定めるために必要とされるはずである。

　そのさい、古代ギリシアとそれを引き継いだヨーロッパ近代の哲学だけでなく、それ以外の世界的な諸思想をも、私たち人類にとっての大きな財産とみなし、それらの叡智をどのようにして受け継ぎ、私たちの現在の問いを考えるうえで役立てることができるかということが、一つの大きな課題となる。

　しかしまた、この課題からは相対的に区別されるもう一つの課題として、私たちがじっさいにどのように「対話」していけばよいのか、ということがある。私たちが各自の経験と思考とを出しあいながら、どうやって個々人の生き方とわれわれの生き方（社会の問題）とを考えていけばよいのか、ということだ。

　そのさいの根本的な問題は、「はじめに」でもふれたように、「対話する」ということにどのような可能性があるのか、ということだ。さまざまな人の体験や考え方を聴くのは楽しいし、確かにそのことはさまざまな刺激や参考を与えてくれるだろう。しかしそこから、「皆が納得し共有しうる考え」に迫っていくことは可能なのだろうか？　それともしょせんは、「それぞれの考え方」ができるだけ、なのだろうか？

　私は、それぞれの考えを聴くことにとどまらず、各人が納得し共有しうるものをつくりあげていくことが必要であるし、それは可能であると考えている。そしてそのやり方の原型を、ソクラテスとプラトンの哲学のなかに見出せると考えているのである。*

＊ところで、〈軸の時代〉に生まれたさまざまな思想のなかで、とくに古代ギリシアの「哲学」（フィロソフィア、愛知）に注目する理由がはたしてあるのだろうか？　公平に判断するには十分な知識が足りないことを自覚しつつ、私の感覚をあえていえば、①ギリシア哲学では議論の営みに「しばり」が少なく、さまざまな考え方のかたちが比較的自由に展開できている、②ギリシア人たちの自由闊達な議論は、ルネサンスの時期にヨーロッパの人びとに大きな刺激を与えて近代哲学を準備した、という二点でもって、古代ギリシアの哲学にはそれなりの重要性を認めることができると思う。

①の点でいえば、たとえば仏教でも非常に多様な考え方が展開されていったが、「輪廻転生という苦しみからいかにして脱却するか」という枠組み（しばり）がつよく残存していて、これをなかなか離れない、という印象を私はもっている。それに対し、ギリシア哲学は、議論が自由に展開し発展していくうえでは、おそらくよい条件をもっていた。さきほども指摘したように、議論のしばり（タブー）が少なかったことに加えて、前五世紀以降のアテネは「民主政」の国家となっていた。そこでは裁判も政治も言論によって決まり、哲学の議論もきわめて盛んに行われていたのである。

そしてソクラテスとプラトンの哲学は、対話を通じて共有しうる考え（しかもとりわけ価値に関わる問題について）をつくりだす「方法」を提起している点で、とくに重要なものだと私は考えている。

2　自由な議論から生まれる問題点――究極原因・パラドクス・相対主義

さて、「都市」という生活空間のなかで議論がはじまっていくが、議論が成り立つための社会的な条件としては、「都市空間におけるローカルな世界像の相対化」に加えて、以下のような点を挙げておく必要がある。

・思考を縛る「タブー」がきつくないこと
・思考を書き留めておくための「文字」があること
・ある程度の「余暇と豊かさ」があること

これらの条件がそろえば、洋の東西を問わず、議論の営みはさまざまに自由に展開しはじめる。さまざまな考えが次々に現れてその説得力が試される、という、いわば言葉による実験がはじまっていくのである。

その言葉による実験のなかでは、典型的な思考の対立として、「究極原因」を語る論者（いわば独断論）と、そうした究極を知ることの不可能を語る「相対主義」との対立が必ず生まれてくる。

じっさい、ソクラテスとプラトンの哲学がはじまる以前に、古代ギリシアの哲学ではすでにその対立が生じていた。そのようすを簡単にみておこう。

究極原因を求める

先にふれたように、タレス、アナクシマンドロス、アナクシメネスらイオニアの哲学者たちは、世界のおおもと（アルケー）を問うた。人の思考が「もっと先、もっと先」とメタに向かえば、究極のものを求めるところまで必ず人の思考は進んでいく。*

＊もっとも、このアルケーへの問いは、ただ世界の起源・根源への関心から出たものではなかったかもしれない。廣川洋一は『ソクラテス以前の哲学者』のなかで、彼らイオニアの哲学者たちを、「宇宙自然［……］と本質的な関係をもつものとしての人間」をも視野に収めていたとみている。[6]

そこから、「究極原因を問うことこそ哲学の使命だ」とする哲学観が出てくる。アリストテレスは『形而上学』第一巻でそのように述べ、自分自身としては「不動の動者」（他を動かすが自分は動かないもの）を究極原因として挙げている。二〇世紀のハイデガーは「存在そのもの」を問うたが、これもやはり究極原因を問い求める哲学の一種といってよいだろう。

しかし究極原因の問いには、決して最終的な答えを出すことはできない。たとえば、世界のおおもとが素粒子である、と答えたとたん、「では、素粒子はいったい何からできているのか？」と〝もっと先〟を問うことが可能だからだ。同様に「世界の究極のはじまりはビッグ・バンである」と答えたとたん、「ビッグ・バンの前には何があったのか？　もしビッグ・バンの前に何もなく、突然それがはじまったのなら、なぜ時間のないところにそれは生じ得たのか？」と問うことができる。このように、メタを問い続けることのできる人間の思考は、究極原因を求め設定するとともに、それを掘り崩そうとすることができる。――およそこのような仕方でもって究極原因の問いが答えられないものであることを示し、この問いじたいを始末すべきこと（究極原因の問いを哲学の問いから除外すること）を主張したのが、一八世紀のカントだった（本書の第9章で詳しく取り上げる）。

つまり、自由な議論から必ず生まれる究極原因の問いに対して、〈究極原因とは何かを問うのではなく、なぜ究極原因は求められるのか、究極原因を求めてしまう人間とは何かを問う〉という道がある。カントや一九世紀のニーチェはそういう道をたどろうとしたのである。

パラドクスの指摘

もう一つ、自由な議論から生み出される問題点として、「詭弁《きべん》」や「パラドクス」がある。自由な議論は、一般的な概念を用いることによって、日常生活から自律した空間をつくりだすことになるからだ。議論においては、人どうしが交渉し発話する日常的で具体的な場面から言葉を引きはがして用いることになるが、そこからは、詭弁的な論証や一見すると不可解なパラドクスがつくりだされてくることになる。

その最初の人として、パルメニデス（前四七五―?）を挙げてみたい。彼は、論理的に「究極の存在者」（真に存在するもの）をつきとめようとした人物だが、その論証の仕方は独特な「詭弁」といえるものになっている。

パルメニデスの主張はおよそ次のようなものだ。〈「ある」はあるが、「ない」はない。「ある」と「ない」とはまったくちがうもので、「ない」はどこにもないのだからそれを語ることもできない。だから「ある」が「ない」から生まれることも、「ある」が「ない」に変わることもない。つまり、生成も消滅もない〉。そのうえで、「あるもの」は、「不生、不滅、不動、終わりなきもの、一様で分割されないもの」であるとされる。だから、私たちがふだん経験している、物事が生成消滅する世界は、じつはまやかしであり迷妄だとされる。[7]――こうして、厳密に論証されたものと私たちの現実感覚とが鋭く対立するという、パラドクシカルな結果がもたらされるのである。

この論立てについて、私なりにコメントしてみたい。「ない」ものはないのだからそれについては一切語り得ない、とパルメニデスはいうが、はたしてそうだろうか。子どもは母の不在をひしひしと感じるだろう。欲望する対象が不在であることを、人は生きる。つまり、不在は人にとって「ある」のである。パルメニデスは、「ある」を何か客観的な真理のようなものとして考えているが、じつは、「ある」とは人の欲望に応じて現れるものであって、「あらぬ（ない）」もまた、期待がはずれたり、ほしいものがなかったりする、という仕方で人にとって「ある」。

パルメニデスの語る「論理」をもう一度確かめてみよう。〈「ある」は「ある」。「ない」とはちがう〉。つまり、言葉を具体的な言語使用の文脈から切り離して〝字義どおりに〟見るならば、確かにそう言える。さらに、〈「ある」と「ない」とはちがうのだから、「ある」ものが「ない」ものから生まれることはない。生成も消滅もない。だから「ある」ものは不生《ふしょう》、不滅、不動……である〉。これは字義としての「ある・ない」から、「真に客観的にあるもの」のほうに話を移して（ずらして）いるといえる。

「ある・ない」の意味をほんとうに問おうとするならば、まず、人間的体験の現場に立ち戻って問い直すべきだと私は考えるのだが、パルメニデスはまず語義から入り、そこからいきなり「真にあるもの」へとジャンプしているのである。

しかしパルメニデスは詩のような神秘的な語りによって独特な雰囲気をつくりあげており、そこに深遠なものを見出す論者も多い。たとえばギリシア哲学の研究者である井上忠《ただし》は、パルメニデスにおける「存在との出会い」を「純粋述語エスティンとして愛智者の心の裡《うち》に爆発した存在体験」と語り、これを哲学史上の大きなドラマとみなしている。[8]

そのような体験がパルメニデスのなかになかったとは言い切れないが、少なくともそれを論証するさいの「論理」は詭弁と呼ばざるを得ないものであり、じっさい、パルメニデスの弟子であるゼノンから、詭弁の論理や論理的パラドクスの提示が始まる。*

＊パルメニデスのギリシア哲学への影響は、パラドクスの提示にとどまらない。彼以降、真に存在するもの＝「真実在」はギリシア哲学の大きなテーマとなり、これに対してデモクリトスの原子論などのさまざまな回答が登場していく。

パルメニデスの弟子ゼノンの、「アキレスは亀を追い越せない」というパラドクス*は有名だが、これは、〈有限な線分は思考のうえではいくらでも（無限回に）分割することができる〉ということを利用している。これを「有限のなかに無限が入る」と表現したとたん、パラドクスに見えてくるのである。アキレスと亀の場合はやや複雑になっているが、「両者のあいだの有限な距離がなくなるためには、アキレスの歩数は無限回を要する」と表象すると、アキレスは亀を追い越せなくなるのである。

＊次のようなものである。——脚の速いアキレスが、のろい亀を後ろから追いかける。アキレスが亀のいた位置に追いついたとき、亀はその位置から少し前に出ている。アキレスはふたたび亀のいた位置に追いつくが、その時点で亀は以前の位置よりやはり少し前に出ている。同じことが続くので、永遠

にアキレスは亀を追い越すことができない。もちろん、現実にはそんなことはありえない。

このようなパラドクスは、ときには何か神秘な謎のように感じられ、さまざまなパラドクスを呈示してみせることを哲学の使命とみなす人もいる（事態が明らかになると何の意味もなくなってしまうが）。これに反して、こうしたパラドクスを上手に始末することが、哲学が私たちの生にとって有意義なものなるためには必要だと私は考える。

相対主義

さらにもう一つ、自由な議論から生み出される問題点として「相対主義」がある。最初に議論の営みがはじまったとき、参加者たちは〈あらかじめ客観的な真実があるはずであり、それを言葉で言い当てようとする〉という姿勢で議論に臨んでいただろう。しかし議論が進展していくと、〈物事はそれを認識する側の観点によって多様な姿を現す〉ということが気づかれてくる。そうなると、結局は客観的な真理などなく、それぞれの人にとって、またそれぞれの観点（関心）によって多様な見方があるだけだ、という相対主義の思想が生まれてくることになる。

たとえば、ソクラテスの対話篇にも登場するプロタゴラスは、代表的なソフィスト（ソフィステース、知者）の一人であり、言論の技術などを教える「徳の教師」を名乗って高額の授業料をとった人物だが、彼は「人間が万物の尺度である」と語ったとされている。これは、客観的な真理などなく、「各人にとって真実と思われるものが各人にとって真実である」[9]とみなす相対主義を示す標語としてよく知られている。

さらにプロタゴラスには『反対の論（アンティロギアイ）』という著作があり、「あらゆる事柄について互いに反対の論がありうること」を主張したとも伝わっている。ソフィストたちは観点の多様性を利用して主張をひっくりかえすやり方に気づき、それを言論の技術として用いたようである。つまり、真とされていることを別の観点からみて偽であると主張したり、悪とされていることを別の観点からみて正義だと主張したりするのである。たとえば、盗みという行為は、盗まれた相手からすれば悪であるが、飢えている子どものためという観点からは善だといえるだろう。

このように、認識において「観点」が先立つことの自覚は、素朴に客観的真理があるとみなす態度からすると、思考の水準の明らかな進展といえる。しかし、そのままではどこにも共通な認識はなく私たちが信頼しうる認識もない、ということになりかねない。そしてその姿勢は、旧来のモラルを大事に思う人びとからは「秩序破壊者」とみられることにもなる。

ソフィストたちは前五世紀にアテネで活躍し、ソクラテスも彼らの一人とみなされていた。そして彼らは、言論の技術を教える者として一方でもてはやされたが、他方では、旧来のモラルを破壊する者として危険視されてもいた。ソクラテスが訴えられ死刑に処せられたのも、風俗習慣・社会規範の破壊者とみなされたことがその一因となっている。

しかしソクラテスの弟子プラトンは、ソクラテスとソフィストたちとの間に切断線を引き、相対主義を超えようとした人物としてソクラテスを描いている。そもそも「私にそう思われることはそのまま私にとって真理なのだ」とみなすかぎり、対話を通じて共通了解を求めることじたいが無意味となる。その点に抗《あらが》おうとした人物として、プラトンはソクラテスを描くのである（具体的な様子は後の第3章・第4章で詳しく取り上げる）。

続いて、ソフィストたちとソクラテスが生きた前五世紀とはどんな時代だったのか、その時代の状況を確かめてみよう。

第2章
ソクラテスの生きた時代

富み栄えたアテネとその凋落

前五世紀は、ペルシア帝国が大軍をもってギリシアに攻め寄せるペルシア戦争（前四九〇―前四七九）からはじまる。ギリシアの諸ポリスはスパルタとアテネの二大強国を中心に結束して戦い、奇跡的な勝利を得た。

その勝利に大きく貢献したアテネは、前四七八年にポリスの攻守同盟であるデロス同盟を結成してその盟主となる。そして各ポリスから貢租《こうそ》を徴収し、同盟から離反しようとするポリスを罰した。そして、同盟の費用を用いてアテネに神殿を建築したりした。地中海のさまざまな食物や文物がアテネに集まり、美術、悲劇、哲学などの文化が花開く。強力で富み栄えるそのようすは、歴史家が「アテネ帝国」と呼ぶほどだった。[10]

その最盛期とされるペリクレス時代（前四四三―前四二九）に、ソクラテスは二〇代から三〇代の若さだった。前章でもふれたように、当時のアテネには、ギリシア全土からソフィストたちが集まり、高額の料金をとって有力者の子弟に弁論術などを教えており、またプラトンが対話篇で描いたような知的な議論が盛んに行われていた。

　このような対話の文化が花開いた一つの理由は、当時のアテネが民主政国家であったからだ。前六世紀初頭のソロンの改革、同世紀の終わりのクレイステネスの改革を経て、前五世紀のアテネの市民たちは政治的自由と平等を獲得していた。アテネの国政は、成年男子市民であればだれでも出席できる「民会」での討議と評決によって最終的に決定された。市民は一定の財産がないと一年任期の「将軍職」にはつけなかったが、民会に出席して投票する権利は認められていた。裁判も、一般市民が審判する民衆法廷が司法権の大部分を掌握し、役人の就任資格や執務結果を審査する権限ももっていた。[11]

　そのような状況だったから、「弁論」の力はとくに重視された。民会や評議会、また裁判のような公共的な場で取り囲む人びとの心を動かす弁論をつくりだす能力は、当時の市民たちが強く求めた「アレテー」（**aretē**　優秀性・卓越性、この言葉が美徳の意味も含むことは後述）であり、ソフィストたちは、この技術を教えることで生計を立てていたのである。

　市民が政治家になって活躍するためには、家柄がよく、金持ちであり、美しい容姿をしていることなどが有利な条件だったが、論戦においては語り方が問題となってくる。当時のアテネでは、商売によって蓄財したうえで弁論の力を蓄えれば、とくによい家柄でなくても出世する可能性が出てきていた。そのような自由競争的な状況のなかで、弁論術は出世のチャンスを与えてくれるものと期待されたのである。そして豊かな市民たちは、奴隷（使用人）にもっぱら家業の経営をまかせておくことができたから、政治や哲学や詩作・劇作などに充分に時間を割くことができた。

しかしペリクレス時代の後、アテネは長期にわたるスパルタとの争い（ペロポネソス戦争、前四三一―前四〇四）に入るが、アテネは和解すべきときに和解せず、戦いを続けて最終的に敗北してしまう。伊藤によれば、民衆の人気をたえず必要とする政治家たちが強攻策を主張したことも敗北に至る原因の一つであるという。[12]

アテネがスパルタに無条件降伏すると、スパルタ軍の進駐と監視のもとに「三十人僭主《せんしゅ》」と呼ばれる親スパルタの寡頭《かとう》政権が生まれる（前四〇四）。この政権は外国人の財産を没収し民主派を殺害するなどの恐怖政治を布くが、いったん国外に逃れた民主派の反攻に破れ、両派は和解してふたたび民主政となる（前四〇三秋）。

このように、アテネの最盛期とそれに続く混乱と凋落《ちょうらく》とをソクラテスは経験したことになる。そして民主派政権が成立してわずか四年後、世紀が代わった前三九九年に、七〇歳のソクラテスは裁判にかけられて刑死することになる。

なぜ美徳を問うたのか

しかしなぜ、このような時期に、ソクラテスは勇気・正義・節度・知恵などの「徳」をとりあげ、「勇気とは何か」などと問いかけたのだろうか。そしてなぜ、そうしたソクラテスの対話に、プラトンを含む若者たちは惹きつけられたのか。

「徳」と訳されているアレテーという言葉は、先ほど指摘したように「優秀性・卓越性」を意味する。たとえば、馬のアレテーは速く走ることである、というように。人のアレテーも、道徳的な卓越性（美徳）に限られず、さまざまな技能の卓越性をも意味していた。

じっさい、ソフィストの代表格であるプロタゴラスは「徳の教師」を自称していたが、そのさいの徳＝アレテーは、美徳というよりも、あざやかな弁舌の力や政治的・軍事的な技量を指していた。そして、そのような卓越した技能を教えることで、高額の教授料をとっていたのである。

しかしソクラテスは、卓越した技能としての徳よりも、魂の卓越性である「美徳」のほうがはるかに重要であると考えていた。勇気や正義を備えた気高く立派な魂になることこそ重要であり、だからこそ、勇気とは何か・正義とは何かを問わねばならないと考えていたのである。そんなソクラテスのところに、なぜ若者たちは集まってきたのか。

先に述べたように、富み栄えたアテネでは、多くの若者たちは弁論の技を磨き、政治家として活躍したいと希望していた。富と権力と健康と美をあわせもち、弁論と軍事に活躍するヒーローの姿が彼らの念頭にあったのかもしれない。しかしそのときすでに、富と権力を生の目標とすることへの懐疑が、おそらく芽生えはじめていたのだろう。富と権力は、手段としての価値しかもちえず、「それ自体として価値あるもの」とはいえないからだ。[*]

＊この論点は、まず『ソクラテスの弁明』に登場し、さらに徳を主題とする『メノン』で詳しく取り上げられる。本書の第3章と第6章第1節を参照。

そして続く前五世紀の後半には、アテネは前述のペロポネソス戦争に突入し、最終的には敗北していくのだった。そのような不安定な時代に、〈何が人生にとって、また国家（ポリス）にとってほんとうに「よい」ことなのか？〉を若者たちは知りたいと願ったことが想像される。

このように、ちょうど日本の一九八〇年代のバブル期とその崩壊を思わせるような、豊かさのなかのニヒリズムとそれに続くアノミー（共有規範の喪失）ともいいうる状況を、前五世紀のアテネは経験していたのである。

そして、このアテネの状況と同調するように、言論の場面でも、規範の相対化が起こっていた。先にふれたように、この時代に活躍したソフィストたちは、観点の取り方によって正義を悪に、悪を正義へと言いくるめる方法を教えた。この弁論術は、父祖伝来の質実な規範（男は政治と軍事をよくし、女は夫に仕えよく家を経営する、というような）を掘り崩すだけでなく、個人の私利私欲を正当化することにも用いられていく。

だから、ソフィストたちは一方で大切にされ、家庭教師として高額な授業料を受け取っていたが、他方では、伝来の価値規範を掘り崩す存在として警戒された。たとえばプロタゴラスはペリクレスと親しかったが、後にアテネを追放されている。そして先にふれたが、ソクラテスをこのような怪しげな言論を用いるソフィストの一人とみなす人びともいた。

喜劇作家アリストファネスの作品『雲』（前四二三）では、ソクラテスは次のように描かれている。田舎の男が、借金撃退法を学ばせるために自分の息子をソクラテスの学校に預けると、その息子は見事に借金取りを撃退する。しかしその後、息子は父親と口論になったとき、父親を殴ってよいという理屈を繰り出して父親を殴ってしまうのである。そこでのソクラテスは、神々や自然のことをもっともらしく語り、昔からの教育法である「正論」（厳しいしつけ、運動による心身の鍛錬、ホメロスなどの詩歌による教育）を否定して、勝手気ままに人生をおくるための「邪論」を教えるような、まことに怪しげな人物とされている。

もっともこの『雲』は、ソクラテス個人に対する攻撃を意図したものというより、規範を相対化するソフィストたち全般を批判して、父祖伝来の規範に帰るべきことを主張したものであり、アテネの一部の人びとのなかに強くあった復古的な心情を表しているというべきだろう。

このような復古的な心情を含めて、規範の「相対化」に満足せず、自分たちにとって何が「よい」ことなのかを明確にしたい、という心情がアテネの市民たちのなかに広くあったことがこの作品からも窺える。そしてプラトンがソクラテスのなかに見出したのは、「何が魂のよさ（徳）なのか」を対話のなかで追求し明確にすることで、規範を再建しようとした人物だったのである。

なぜソクラテスは訴えられたのか

では、そのようなソクラテスはなぜ訴えられ、刑死するに至ったのか。そのさいの訴状について、ギリシア哲学の研究者である加来《かく》彰俊《あきとし》は、ディオゲネス・ラエルティオスの『哲学者列伝』のなかの記述が正式のものだろうと推定している。「ソクラテスは、国家の認める神々を認めないで、他の新奇なる神霊のたぐい（ダイモニア）を導入するという罪を犯している。また若者たちを堕落させるという罪を犯している。よって死刑が相当である」[13]というものである。

国家の認める神々を認めない「不敬神」と、若者たちを堕落させたという二点の罪状は、先のアリストファネスの『雲』を思い起こさせる。『雲』では、ソクラテスは天上や地下のことを探究する自然学者で、神々など信じない（「太陽は石である」と唱える）無神論者とされており、かつ、邪論を教えて若者を堕落させているからだ。
しかしこの訴訟には隠された政治的動機があっただろうと加来は述べている。ソクラテスが親しかったクリティアスは例の恐怖政治を行った親スパルタ政権「三十人僭主」の一人であって、現政権の民主派はソクラテスを民主政の敵とみなし、その言動の影響力を恐れていたという。両派が和解したさいに、過去に行ったことは問わないという約束をしたため、直接にクリティアスの名前は訴状には出されなかったが、じつはそのことが訴える者たちの念頭にあった。「不敬神」はこの真の告訴理由を隠すための煙幕だったとみなしてよい、というのである。

加来はそう認めながらも、「若者たちを堕落させている」という罪状のほうが、訴えた者たちのより強い動機であったように思われる、と述べている。[14] ソクラテスが親しくしていた（追いかけていた、ともいわれる）青年アルキビアデスは、美しく才気に溢《あふ》れ弁舌も巧みだったが、ペロポネソス戦争のさいに将軍として選ばれながらスパルタに寝返り、アテネを最終的な敗北に導いた、まさしく〝とんでもない〟人物であった。

しかしソクラテスには、裁判で自分の非を認める気持ちはまったくなかった。むしろこれを、自分が行ってきた街角での対話、つまり「愛知」の意義を市民に説くよい機会とみなしていたようにみえる（この点については次章で詳しく述べる）。

そしてこの裁判の結果は、大差ではなかったが、有罪とする審判員の数が上回って、ソクラテスは死刑を宣告されることになった。彼は国外に逃げることもできたが、あえてそうせず、みずから毒杯を飲んで死んだ（前三九九）。

しかしこの後も、ソクラテスの刑死の是非についてはさまざまな議論が続いた。ソフィストのポリュクラテスは『ソクラテス告発』という文書を書いて、ソクラテスへの死刑宣告は正しかったと述べたようだが、これに対する批判もソクラテスの仲間や弟子たちから出された。これらの文書は「ソクラテスもの」と呼ばれているが、その一つがプラトンの描いた『ソクラテスの弁明』であり、他にもクセノフォンの同名の書が現代まで伝えられている。

プラトンによる対話篇とは?

ソクラテスは自分では生涯、著作を残していない。生きた対話こそが愛知の営みだ、と考えていたのかもしれない。ソクラテスがどのように対話し哲学しようとしていたか、については、プラトンの描く対話篇（およびクセノフォンその他の文書）によってそれを窺うしかないのだが、しかしプラトンの書いたものがソクラテスの実際に語ったことを「祖述」したもの、つまりなるべく忠実に書き残そうとしたもの、ではなさそうである。

たとえば『ソクラテスの弁明』（以下、『弁明』と略す）は、プラトンの著作のなかで最初期に属すると推定されているものだが、その内容は、五〇一人の審判員の前でソクラテスが訴状を反駁し、さらに哲学することの意義を訴えるというものであり、プラトン自身もその場にいたようである。だから、その内容がソクラテスの語ったことを忠実にたどったものである可能性もなくはない。しかし『弁明』をていねいに読んでいくと、後にふれるが、じつに注意深く見事に話が組み立てられており、とても一人の人物が発した言葉をそのまま記録したものとは思えなくなってくるのである。

『弁明』はそもそも何のために書かれたのか、を考えてみよう。それは一方で、ソクラテスの刑死を反駁して、彼の愛知の営みがいかに重要なものであったかを人びとに訴えるために書かれた。それは確かだが、しかし、おそらくそれだけではない。プラトン自身が、これを書くことによって、ソクラテスの愛知の営みの意義を自分のなかでつきつめ、明確にしようとしたとも考えられるからだ。

プラトンはソクラテスを主人公とした対話篇を生涯書き続け、その執筆時期は文体の比較研究により初期、中期、後期として分類されている。そして『弁明』に登場するいくつかのテーマ（哲学と弁論術のちがい、哲学の目的である「魂の世話」、ソクラテスはなぜ死を恐れなかったのか、など）は、のちの対話篇でもふたたび取り上げられ、詳しく語りなおされる。*

＊「弁論術」と「魂の世話」については、中期に入る直前（初期の終わりころ）の長編『ゴルギアス』で、「ソクラテスの死」については初期の『クリトン』と中期の『パイドン』で詳しく取り上げられる。なお、プラトンの著作の執筆時期については、巻末の「資料」を参照。

そこからみるとプラトンは、ソクラテスの「愛知」の意味や、逃亡せずにあえて死を選んだことの意味を、対話篇を書くことによってくりかえし確かめ、深めようとしていたとみなすことができる。

一般的には、プラトンの初期対話篇はソクラテスが行っていたじっさいの対話の雰囲気をよく伝えるものとされている。つまり初期作品はソクラテスの祖述に近く、中期に分類される『パイドン』『饗宴』『国家』『パイドロス』ではプラトン独自の思想である「イデア論」が登場し、それがソクラテスの口を通じて語られる、とされる。この見方の源泉としては、アリストテレスの『形而上学』が、倫理的方面を主題として普遍的な定義を求めた人物としてソクラテスを紹介し、さらにイデア論をプラトン独自の思想として述べていることが挙げられる。[15]

しかし、徹底的に初期の対話篇を読み込んだ『初期プラトン哲学』において、加藤信朗はこの常識に反論し、初期作品をプラトン自身が明確な意図をもって描いたものとして読むべきことを主張している。[16] 私も加藤に同意する。初期作品といえども、それは師の言葉を祖述して後世に伝えようとしたものではなく、師のめざした「愛知」とは何だったのかを確かめ深めようとして書かれたものであって、プラトン自身によるソクラテス論であり哲学論である、と考えたい。

初期対話篇を主として検討すること

さて、プラトンの対話篇をこれから検討していくにあたって、初期対話篇を中心に取り上げることにしたいと思う。なぜかといえば、初期対話篇のうちに、ソクラテスの愛知＝対話の哲学の真髄を取り出そうとするプラトンの努力が率直に言い表されていると考えるからだ。対話の哲学の復活と再生をもくろむこの本でも、まずはここからスタートしなくてはならないと思う。そのさいの論点を、以下にあらかじめ示しておこう。

・魂の世話とは

『弁明』のソクラテスは、愛知の営みを「魂を世話すること」（魂への配慮）として特徴づけている。この魂の世話とはどのようなことを意味するのか。

・「〜とは何か」の問い

初期対話篇を特徴づけるのは「〜とは何か」の問い（正義とは何か、節度とは何か、敬虔《けいけん》とは何か、など）である。この問い方は、魂の世話とどのように結びついているのか。

・じっさいの探究の仕方

ソクラテスの対話を描き出すさいに、プラトンはそこでの探究の仕方をどのように描き出しているか。そのやり方は、私たちにとっても有効なものかどうか。

これらの論点を確認することによってはじめて、中期にプラトンが提出したイデア論の意義を確かめることもできるはずである。

じっさいの検討の順番としては、まず『弁明』によってソクラテスの求めた愛知を「魂の世話」という言葉で特徴づけ（第3章）、続いて、「勇気とは何か」を主題とする『ラケス』を取り上げて「〜とは何か」の問いの意義と、その具体的な検討の仕方を浮かび上がらせる（第4章）。さらに、「〜とは何か」の問いをじっさいの対話のなかでどのように展開しうるかを考えたうえで（第5章）、最後に、中期プラトンの哲学の意義を考えたい（第6章）。

第3章

魂の世話――『ソクラテスの弁明』

まず、プラトンの描く対話篇のなかでも、もっともよく知られている『ソクラテスの弁明』を取り上げるところから、はじめよう。これは「無知の知」「魂の世話」という二つのキーワードによってよく知られているが、哲学（愛知）とはどういうものであってなぜ大切なのか、ということを、ソクラテスが真正面から市民たちに語りかけている点で重要な作品である。〈アテネの市民たちよ、お金や肉体ばかり気づかっていて恥ずかしくないのか。何よりもまず、あなた自身の「魂」を世話しなくてはならないのではないか〉というソクラテスの言葉は、多くの読み手の心をゆさぶってきた。この「魂の世話」の意味するところを、みていこうと思う。

真実か説得力か

裁判の告発は、若い詩人メレトス、弁論家リュコン、保守派の政治家アニュトスの三名連記でなされた。裁判では詩人のメレトスが代表として演台に登場したようである。メレトスが五〇一人の裁判員に向かってソクラテスの罪状を語ったあと、今度はソクラテス自身が演台に立って語り始めるところから『弁明』はスタートする。

アテナイの皆さん、皆さんが私の告発者たちによってどんな目にあわれたか〔告発者たちの言葉にどのような印象をもたれたか〕、私は知りません。ですが、私のほうは、あの人たちのおかげであやうく自分自身を忘れるところでした〔彼らの言うことが本当であると信じ込みたくなるくらいでした〕。それほど説得力をもって、彼らは語ったのです。しかし真実は、あの人たちは、いわば何一つ語りませんでした。（17A）

続いてソクラテスはいう。私は多くの聴衆の前で語るのは不慣れであり「皆さんがお聞きになるのは、この人たちが語ったような美辞麗句で飾り立てられた言論でも、多彩な語句や表現で整えられたものでもな」い（17B—C）が、しかし私は「真実　アレーテイア **alētheia**」を語る、と。そして裁判員に向かってこういう。自分の語ることが正しいかどうか、それだけを検討してほしい。「そのことだけが、裁判員つまり正義の裁き手の徳であり、弁論する者の徳は真実を語ることなのですから」（18A、傍点引用者）。

このように『弁明』の冒頭は、「説得力」と「真実」とを、つまり、美辞麗句を用いる「弁論術」と、真実を求める「愛知」とを対比するところからスタートする。そして直ちに、ソクラテスの愛知の主題であった「徳」（アレテー）という言葉が出てくる。この点からも、プラトンがじつに巧みにこの『弁明』を構成していることがわかる。

真実を語り明らかにしようとすること——これこそが愛知の求めるものである——と対比され

る「弁論術」は、ではどのような本性をもつものか。
『弁明』からいったん離れてみよう。弁論術は、プラトンの初期対話篇の最後のほうに（つまり中期の直前に）位置づけられる長編『ゴルギアス』のテーマとなっている。そこでのソクラテスは、弁論術の大家ゴルギアスに対して、「弁論術の正体は何か、それは何のためのものなのか」と問いつめていく。

問いつめられたゴルギアスはいう。弁論術とは「それによって人びとは、自分自身には自由をもたらすことができるとともに、同時にまた、めいめい自分の住んでいる国において、他の人を支配することができるようになるものなのだ」（『ゴルギアス』４５２D）と。こうして、弁論術がめざすものの正体とは、自分の思いどおりに聴衆を操作し支配することであることが明らかにされる。

弁論術は、印象的で美しい言葉やリズムを用いて、法廷や民会の議論で〝勝つ〟ための技術である。しかしこれは本来の意味での「技術　テクネー technē」ではなく、むしろ「迎合　コラケイアー korakeiā」の術というべきものだ、と『ゴルギアス』のソクラテスはいう。「それは最善ということを無視して、快いことだけを狙っている」（『ゴルギアス』４６５A）。つまり、聴衆の耳に快い言葉を用いることによって自分の主張を受け入れさせる。しかしその最終的な目的は、自分の思い通りに聴衆を支配することにある。

このように、弁論術の求める「よさ」とは、つきつめれば、私利私欲を実現するための手段として役立つことにある。これに対して、哲学の求める「よさ」とは何か。言葉の表面的な美しさではなく、これこそが真実だと互いが洞察しうるものを求めることであり、またこのような洞察をともにめざすような、相互の関わり方を求めることだろう。そしてさらに、深く洞察しえたもの、つまり真実に従って生きようとする姿勢も含まれてくることが予想される。

ソフィストや弁論家の一員とみなされてきたソクラテスを、真実を求め語ろうとする者として際立たせ、愛知の道を弁論術からはっきりと区別すること。『弁明』の冒頭の構成には、プラトンのそのような意図が反映されているということができる。

もう一つ、付け加えておきたいことがある。この『弁明』では、哲学者が求め語る「真実」にある特別なニュアンスが付加されている、ということだ。ソクラテスは、自分が裁判にかけられるに至った過程の真実（と彼がみなしているもの）を語っていくが、それは次第に、自分は真実を語るからこそ憎まれ排斥されたのだ、という主張へとつながっていくのである。この不都合な真実を語るからこそ憎まれるという論点は、『弁明』の文脈では「無知の知」と深く関わって語られているのだが、この「不都合な真実を語り憎まれる存在としての哲学者」というイメージは、現代に至るまで影響を及ぼしている。たとえばプラトンの敵対者として自分を位置づけていたニーチェも、まさしくこの意味での、〝危険な〟〝とんでもないことをいう〟哲学者であり、じっさいに学界や世間から無視された人生を送ったのである。

無知にとどまるか、不知の自覚か

演台に立つソクラテスは、今回自分を告発したアニュトスら以外にも、自分には「古くからの告発者」、つまりずっと自分を憎み中傷し続けてきた人びとがいる、という。――彼らはあなた方の多くを子どものころからいいくるめて、何一つ真実ではないことでより強烈に私を告発し、中傷してきた。それを宣誓供述書風にいってみれば、「ソクラテスは不正を犯し、余計なことをしている。地下と天空のことを探求し、弱論を強弁し、またまさにその類のことを他の人々に教えることで」(19B)ということになるだろう、と。

これはまさに、アリストファネスの『雲』に登場するソクラテスのイメージだが、これに対してソクラテスは、自分には地下や天空の知識もなければ、弱論を強弁することもできない、そもそもお金をとって教えたこともない、という。

ではなぜこんな中傷が生まれてきたのか。ソクラテスはその事情を説明していく。――自分の友人のカイレフォンがデルフォイの神殿におもむいて、神託《しんたく》のお伺いをたてた。「ソクラテスより知恵ある者がいるか」と。すると巫女《ふじょ》は「彼より知恵のある者はだれもいない」と答えた。これに自分は困惑した。自分のことを知恵ある者だとは思っていなかったからだ。長い間困惑していたが、とうとう知恵があると思われている政治家を訪ねて、その人に知恵があるかどうかを吟味しようと思った。もし自分よりも知恵のある人がいることがはっきりとわかれば、それでもってこの神託を反駁することができるだろう、と。

しかしその政治家と対話してみたところ、自分にはこう思われた。「この人は、他の多くの人間たちに知恵ある者だと思われ、とりわけ自分自身でそう思い込んでいるが、実際はそうではない」と(21C)。そしてソクラテスはそのことを当人に示したために*、当人にも、居合わせた多くの人たちにも、憎まれることになった。

＊プラトンの初期対話篇での「吟味」のようすからすると、ソクラテスからさまざまな質問を浴びせられ、最後には当人が答えられなくなってしまった、ということが想像される。

自分は帰りながら、こう考えた。たぶんこの人も私も「善美のこと　カロン・カガトン **kalon kagathon**」を何一つ知っていないのだが、「私はこの人間よりは知恵がある。〔……〕この人は知らないのに知っていると思っているのに対して、私のほうは、知らないので、ちょうどそのとおり、知らないと思っているのだから。どうやら、なにかそのほんの小さな点で、私はこの人よりも知恵があるようだ」（21D）。

さらに自分は、知恵があるという評判の詩人や手仕事職人のところにも行ってみた。しかしそういう人たちにはむしろ知恵が欠けており、劣っていると思われた人たちのほうが思慮を備えていると思われた。評判の高い人びとは自分がもっとも知恵ある者だとうぬぼれてしまっていた。私は、自分と他の人びとを吟味することは神命《しんめい》である、と考え、そして「知恵があると自負する者も知恵をもたない」というその真実を明らかにすることで、憎まれてしまったのだ。

——以上のくだりが、いわゆる「無知の知」と呼ばれて知られてきた箇所である。しかしこの「無知の知」という標語を、すぐれたプラトン研究者であり『弁明』の訳者の一人でもある納富《のうとみ》信留《のぶる》は、誤りであるとしている。

納富はいう。『弁明』の筆者プラトンは、「無知」（アマティアー）という言葉を、政治家や詩人たちが「自分は知っていると思い込んでいる」という、おごり高ぶった恥ずべき状態を指すものとして用い、「知らない」というニュートラルな事実のほうは「不知」（アグノイア）という言葉で区別している。だから、「自分が不知であると思っている点で、自分は政治家よりも知恵があるようだ」というソクラテスの自覚のことは、「無知の知」と呼ぶべきではなく、むしろ「不知の自覚」と呼ぶべきであるとする。[17] 以下、私もその呼び方に従うことにしたい。

さて、知恵があると評判の人びとは、「善美のこと」、つまり何がよいことなのかについて、知っていると思い込んでいる。このような彼らのうぬぼれと傲慢さに対して、知らないことをそのまま知らないと思っているというソクラテスの謙虚さとが対比されることによって、この「不知の自覚」のエピソードは印象深いものとなっている。そして、「本当は神こそが知恵ある者なのであり、この神託では、人間的な知恵などというものも、ほとんどなににも値しない、とおっしゃっているのでしょう」（23A）というソクラテスの言葉も含めると、この不知の自覚は、人間の傲慢さ（ヒュブリス）を戒めるギリシアの伝統的な規範とまっすぐにつながっているように響いてくる。

そしてプラトンが描いている初期対話篇のほとんどが、やはりこの不知の自覚で終わる形をとっている。テーマとなっているのは、勇気、節度（思慮分別）、友愛、正義、敬虔などの「徳」だ。ソクラテスの対話の相手は、「それが何か」をわかっているつもりで自分の考えを表明するが、ソクラテスが投げかける質問に答えているうちに自分でもよくわからなくなって行き詰まる（アポリアと呼ばれる）。こうして最後には、実はよくわかっていなかったことが明らかになる、というのが、これらに共通するストーリーである。

しかし、『弁明』の語る不知の自覚のエピソードの印象深さ――うぬぼれと謙虚さの対比に人間と神々との対比が結びついている――には、いささか読者を迷わせる（ミス・リーディングな）面があると私は思う。自分は「よいこと」について何も知らず神のみがそれを知っているという論の運びは、「謙虚に生きよ」という結論とともに哲学は不要という帰結をもたらしかねないからだ。

しかしソクラテスやプラトンの求める愛知は、「自分はよいことを知らないのだから、謙虚に生きるべきだ」という単一の結論に人を導くことを目的とするものではなかった（少なくともプラトンは、ソクラテスの愛知をそのようなものとして受けとってはいなかった）。先ほどの初期対話篇でも、ほとんどの場合、最後にソクラテスはさらなる探究の必要を語って去っていく。つまり、不知の自覚は愛知の最終結論ではなく、そこから勇気や正義をさらに探究して、それらを各自の深い洞察と納得のもとにもたらすことを励ますものであったとみなすべきだろう。

言い換えれば、不知の自覚は哲学（愛知）の出発点であって、哲学の目的ではない。むしろ哲学の目的は、「魂の世話（魂への配慮）」というキーワードのほうに鮮明に言い表されている。『弁明』では一般的には「不知の自覚」（いわゆる無知の知）のエピソードがよく知られているが、むしろ「魂の世話」のほうが『弁明』のより重要なキーワードだと私は考えている。

しかし「魂の世話」の意義を検討する前に、『弁明』の続きを確認しておこう。

「古い告発者」の話を終えたソクラテスは、続いてメレトスら新しい告発者の宣誓供述書の内容を確認する。「ソクラテスは不正を犯している。若者たちを堕落させ、かつ、ポリスが信じる神々を信ぜず、別の新奇な神霊《ダイモーン》のようなものを信ずるがゆえに」と（24B―C）。

この二つの点（若者たちを堕落させた罪と不敬神の罪）について、ソクラテスはメレトスを壇上に上げ、いつも行っているように彼に質問をしはじめる。しばらく問答が続くが、結局のところ、「若者を堕落させた」と非難するメレトス自身が、若者たちの教育についてまったく何も考えていないことがあらわになってしまう。

続いてソクラテスは、不敬神の罪について反駁していく。「君は私が神をまったく信じていないと主張しているのか」と問うと、メレトスは「そうだ」と答える。

ソクラテスには奇癖があって、何かしようとするときに「それはしてはならない」という神霊（ダイモニア）の声がしてくることがあった、という。おそらくメレトスらはその点をもって不敬神（新奇な神を導入した）の罪に問おうとしたのだろうが、神の子どもであるダイモニアの声がするということは神の存在を信じているということに他ならない、とソクラテスは反論している。

生の吟味と魂の世話

以上のように、『弁明』の前半で旧・真の二種類の告発者への反駁を終えたソクラテスは、後半では、哲学すること（愛知）の意義を、裁判員と聴衆に向かって積極的に語りだしていく。

ソクラテスはいう、もし愛知の営みをやめれば釈放すると皆さんからいわれたとしても、決してそれに従うわけにはいかない。「知を愛し求め、私自身と他の人びととを吟味して生きねばならぬ」（28E）ということは、アポロンの神が命じたことだからだ、と。

ここでは、自分のやってきたことは神意なのだ、という強い使命感とともに、「愛知」を「私や他の人びとを吟味すること」と言い換えているのが注目される。他の初期対話篇での対話を考慮するなら、ここでいう「吟味」（エクセタゼイン exetazein）とは、各人の生き方の根底にある価値観――何をもって「よし」とするかについてのその人の了解――を対話の場に引きずり出し、その見方がはたして正しいのかどうかを試すこと、といってよい。

『弁明』の最後のほうでは「吟味なき生は生きるに値しない」（38A）と強い調子でソクラテスは語っているが、しかしなぜ、このような各人の価値観の吟味が必要とされるのだろうか？ これは単に無知を暴くため、ではないだろう。自分の価値観が引きずり出され吟味されることによって、はじめて、人は自分の魂を世話することができる、というような「吟味と魂の世話とのつながり」がありそうである。まずは、この魂の世話についてソクラテスが語っている箇所を、二つ取り上げてみる。

> 私は［……］あなた方のだれかに出会うたびに、勧告し指摘することをけっしてやめはしないでしょう。いつものように、こう言うのです。
> 『世にも優れた人よ。あなたは、知恵においても力においてももっとも偉大でもっとも評判の高いこのポリス・アテナイの人でありながら、恥ずかしくないのですか。金銭ができるだけ多くなるようにと配慮し、評判や名誉に配慮しながら、思慮や真理や、魂というものができるだけ善くなるようにと配慮せず、考慮もしないとは』と。（29D―E）

私の神に対する奉仕ほど大きな善は、このポリスであなた方にはまだ生じていないと、私は考えるのです。そう言いますのは、私は歩き回って、あなた方の中の若者であれ年長者であれ、魂を最善にするように配慮する前に、それより激しく肉体や金銭に配慮することがないようにと説得すること以外、なにも行っていないからです。こう言ってです。『金銭から徳は生じないが、徳にもとづいて金銭や他のものはすべて、個人的にも公共的にも、人間にとって善きものとなるのだ』と。（30A―B）

＊ここでの「配慮する」（エピメレイスタイ **epimeleisthai**）は「世話する」とも訳せる。したがってこの二つの箇所は、「魂への配慮」とも「魂の世話」とも訳すことができる。ちなみに『ゴルギアス』では、このエピメレイスタイに代わってほぼ同義のテラペウェイン（**therapeuein**）という言葉が多く用いられている。

「金銭」「評判・名誉」「肉体（健康だけではなく肉体美も含むかもしれない）」は、私たちが日々気遣っている、重要な事柄である。これらに対してソクラテスは、「恥ずかしくないのか」という激烈な言葉でもって、「魂を最善にすること」「魂の徳（アレテー）」をこそ気遣え、という。

しかし第一に、なぜ、魂を最善にすること、つまり魂の世話は、金銭や評判よりも大切なのだろうか。そもそも、魂が「よい」とはどういう事態を指すのだろうか。そして第二に、先ほど指摘したように、魂を最善にしようと配慮する「魂の世話」と、対話における「吟味」とは、どのようにつながってくるのだろうか。どちらについても、ソクラテス自身はこの『弁明』では明確な答えを与えていないが、他の対話篇も考慮にいれながら、この二点について考えてみることにしよう。

魂のよさ（アレテー）とは

魂を「最善」――「よい」を意味するアガトス（agathos）の最上級ベルティステー（beltistē）――にせよ、魂の「よさ（アレテー）」を配慮せよ、という言葉を耳にするとき、私たちはさまざまなイメージを思い浮かべることができる。アレテーを、その原義である「優秀性・卓越性」の意味で受けとるならば、「魂のよさ」とは卓越した技能や知力ということになる。また後のキリスト教のイメージでの「魂のよさ」としては、神のまえで敬虔であること、欲望に振り回されない心の清らかさ、他者に対する優しさ（利他性）などが思い浮かぶ。

プラトン自身に即してみると、初期対話篇で魂の「よさ（アレテー）」の具体例として取り上げられるのは、正義、節度（思慮分別）、勇気、知恵、敬虔などであり、これらは一般に「徳目」とか「美徳」と呼ばれるものである。しかし、これらの一つひとつについて、また全体としての徳について、それがどのようなものなのかを『弁明』でのソクラテスはまったく語っていない。

しかし、裁判の場であるということもあって、「正義　ディケー　dikē」の徳についてソクラテスはさまざまに語っている。『弁明』で正義が語られている箇所を抜き出すことによって、ソクラテスの「アレテー＝徳」のイメージを確認することを試みよう。

①発言者の言葉が印象的かどうかではなく、それが真実かどうかを判断して裁くのが、裁判員の正義の徳である。――これはすでに見た。

②死を恐れず正義を貫くべきである。――自分の行う吟味が人びとのあいだに多くの敵意を呼び起こしたことについて、ソクラテスはいう。「それで君は、ソクラテスよ、恥ずかしくないのかね。今にも死ぬかもしれない危険をもたらす、そんな生業《なりわい》に従事していて」（28B）と私に言う人がいるかもしれない。しかしそれは立派な考えではない。何か行動をするときには、死するかどうかではなくて、「正しいことを行うのか、それとも不正を行うのか」を考慮すべき（28B）であり、最善だと考えて従事しているときには死を恐れずあえて危険を冒すべきだ、という（28D）。

ソクラテスは、自分が行ってきた自他の吟味は正義であり最善のことであって、死を恐れずやり抜くべきことだ、と述べているのである。

③死が何をもたらすかについて私は（人は）知らないが、不正をなすことが悪く醜い恥ずべきことであることは、知っている。――ソクラテスはいう、死を最大の悪と思い込むのは、例の恥ずべき「無知」に他ならない。私は冥府（ハデス）の世界のことはよく知らない。しかし、「より善き者に――それが神であれ人間であれ――従わずに不正をなすこと、それは悪く醜い恥ずべきことだと、私は知っています」（29B）。

④不正を行う（ソクラテスを死刑にする）ことは、自分自身を害することになる。——「もしあなた方がこの私を死刑にしたら〔……〕私よりも皆さんご自身を害することになるのです」（30Ｃ）。だから私は自分のために弁明しているのではない。私を有罪投票することで過ちを犯さないように、と弁明しているのだ、とソクラテスはいう。

これはなんとも意外な言葉だが、後の『ゴルギアス』によれば、正義は魂の根幹をなすことであり、不正を犯すことは何よりも自分自身の魂を腐らせてしまうことであるから、最大の害悪なのである（『ゴルギアス』480Ａ—Ｂ）。

⑤自分は公共の法を尊重し、たとえ恫喝《どうかつ》されても「死を恐れて、正義に反して譲歩する」というようなことは決してしなかった。——ソクラテスは二つの例を挙げている。その一つは、ペロポネソス戦争末期のアルギヌサイの海戦（前四〇六）のさい、海に投げ出された仲間を収容できなかった責任を問われて、十人の将軍全員に対して一度に死刑判決が下されたことである。ほんらいアテナイの法では一人ひとりを審議し判決することになっていた。

これについてソクラテスはいう、自分は評議会世話役のうちでただ一人、法律に反してはならないと述べたが、演説者たちは自分を訴追し拘束しようとした。「私は法や正義と一緒に危険を冒すことこそ、逮捕や死を恐れて、正しくない評決をしている皆さんと一緒になるよりも、むしろ為すべきことと考えたのです」（32Ｃ）。

もう一つの例は、ペロポネソス戦争の敗戦時にスパルタの後押しで成立した例の「三十人僭主」のさいの話である。この政権が法にもとづかずにかつての将軍サラミス人レオンを死刑にしようしたときにも、自分はそれに反対したとソクラテスは述べている。
これらの二つの例では、公共の事柄がきちんと法に則って行われ、たとえば恣意的に死刑にされないことが「正義」であり、その正義のために危険に身をさらす勇気をもつ者が「正義の人」だということになるだろう。*

*この二つの例は、「自分は権力の不正と戦い続けた」と主張したいために語られたのではない。なぜ自分は政治家になって人びとに向かって公共的に語ることをしてこず、私人として対話だけを行ってきたのか、という点を自ら説明して、自分が直接に政治に関わっていたらとっくに命をなくしていて公共の役に立つことができなかっただろうから、私人として対話の活動をするのが適切だったのだ、とソクラテスは主張しているのである。そういう文脈のなかでの話である。

このように五つの箇所を挙げてみたが、これらから浮かび上がってくるのは次のようなイメージだ。――魂の徳の一つである正義とは、自分が社会に対して「最善のこと」を為しているという使命感をもっており、また、権力者の恣意《しい》に従わず「公正」であろうとすることであり、そして「死を恐れず」これらを断固として貫くことである。さらに、以上のような正義は「魂にとってもっとも重要なもの」であって、不正をなすことは自分の魂をダメにしてしまうものである、と。
一言でいえば、死をも恐れず、最善のこと・公正なことを断固として貫く勇気ある姿勢、ということになるが、確かにソクラテスは、彼にとって「最善のこと」である愛知の姿勢を貫き、また国外に逃げずに判決の結果に従って毒杯を飲んだ人物であった。この断固たる姿勢にプラトンら若者たちは魅せられただろうし、またその印象は、その後のヨーロッパの人びとの心に深く刻まれてきたにちがいない。

生の充実の追求か、それとも正義の実現か

しかし、正義に従って生きることが魂にとってもっとも大切であると信じ、死をも恐れずそれを実行するという、このソクラテスのヒロイックな姿勢に対して、違和感をもつ人もいるのではないだろうか。もちろん、たとえば「国境なき医師団」や「国連UNHCR協会（国連難民高等弁務官事務所）」の活動などを思い浮かべて、正義の実現をめざす生き方に憧れる人もいるだろう。しかしまた、「正義は大切だとは思うが、それが人の配慮すべき第一のことなのだろうか。人はまず、自分の生を充実したものにすること、つまりは幸福の追求をこそ配慮すべきではないか」と思う人もいるはずだ。

幸福ないし生の充実の追求と、公正さなどの社会正義の実現の二つは、確かに、ともに重要な価値あること、といえそうである。しかしこの二つの関係をどう理解したらよいか、という問題がここにはある。

この論点に関連するものとして、ニーチェの『道徳の系譜』（一八八七）の第一論文（「善と悪／よいとわるい」）を取り上げてみよう。ニーチェは、「よい・わるい」の価値判断には、じつはまったく起源の異なる二種類のものがあるという。

その一つは道徳的な価値判断（「僧侶的価値評価法」）である。これはなんらかの規範（たとえば神の与えた律法）を基準として、それに自他の行為が当てはまっているかどうかを判断するもの

であり、ニーチェはこれを「善と悪 Gut und Böse」と名づけている。

もう一つ、この種の価値判断とは別種の価値判断がある（「貴族的価値評価法」）。これは生命体のエネルギーが生長するときの高揚感と自己肯定感（気持ちいい、オレってかっこいい！）を基準としたもので、この価値判断は「よいとわるい Gut und Schlecht」と呼ばれる（ここでの「わるい」は「つまらない」を意味する）。

ニーチェは、この後者こそが、生長し力を増大することを使命とする生命体にとって本来の価値評価であると考え、前者の道徳的な価値評価は、神という絶対の規範を捏造《ねつぞう》することによって、生命力の強い者を否定して弱者をその上位に置こうとするもの（弱くても心正しき者を神は愛する）であって、その根本にあるのは弱者が強者に抱く「恨み・妬《ねた》み」（ルサンチマン）である、とした。

道徳的な価値判断を、弱者が強者へ向けるルサンチマンから生まれたものとみなすこのニーチェの主張はよく知られているが、これは、真理や正義の唯一性・絶対性を解体しようとしたフランスのポスト・モダン哲学に深い影響を与えた。ルサンチマンを動機としてしばしば正義の「絶対化」が起こることを私も認めるが、しかし、強者へのルサンチマン（攻撃衝動）が道徳的な価値判断の本質であるとはいえず、道徳的判断もまた人間の生を成り立たせるうえで重要なものだと私は考える。*

＊じつはニーチェも規範を全否定しているわけではなく、対等な者たちが互いに共存するために「正義」を形作ることを認めている（『道徳の系譜学』第二論文§9—§11）。正義の根底には共存共栄

を求める人びとの共同の意志（一般意志）がある、というルソーの「社会契約」の発想をニーチェが受け入れていることがわかる重要な箇所だが、この論点はニーチェの思想としてはあまり注目されてこなかった。

ニーチェの言うように、人間どうしの深刻な対立があるとき、とくに弱い側やマイノリティが、何らかの超越的な権威（絶対正義）を持ち出して自己を正当化し、相手のほうを道徳的に劣ったものとして指弾することがしばしば起こる。これは現代でも、さまざまな社会運動でよく見られる。このいわば心理的な「反動」によって強化された〝絶対的な〟善悪は、互いの理解を妨げるだけでなく、ひどい場合にはテロルにもつながる点で大きな問題である。

しかしこれをニーチェのように、ルサンチマンにもとづく道徳的価値判断の醜さ、という点で批判するのは一面的である。重要なのは、対立する両者が相互理解に努めることによって、両者の間に「ともに生きようとする意志」が形作られることであり、まさしくそのことを阻害するところに「絶対正義」の問題がある、とみなすべきだろう。そして、互いに共存しようという意志によって構築される正義（社会正義）は、私たち各自が創造力を発揮しながら生きるための重要な社会的条件であり、だからこそ、創造的な高揚と社会正義とを対立させるべきではないと私は考える。この論点は「正義の本質観取」を行う本書第三部でもふれる。

しかしこのニーチェの観点からすると、ソクラテスとプラトンは道徳的な価値判断のみを重視して、生の高揚・充実という人間の生におけるもっとも重要なものを抑圧した思想家である、と見えてくる。しかも中期のプラトンは、永遠にして不変の「正義そのもの」「勇気そのもの」というイデアや、それらを統括する「善のイデア」について語った（『国家』）。そうなると、「真なる世界＝道徳的な世界」を捏造することで生の高揚を抑圧した思想家、というニーチェのプラトン批判[18]はじつに正しいように思えてくる。

徳を「人としての立派さ」としてみる

このニーチェの批判は強力で、一度これを念頭におくとプラトンのテクストをそのようにしか読めなくなるほどである。しかしこの「魂のよさ＝徳」ということを、禁欲的な道徳主義者のイメージから切り離して、いったん「人としての立派さ」とか「生き方の美しさ」というふうに受けとってみたらどうだろうか。

私たちはときに、心から「この人は立派だ、偉い人だ」と思うことがある。どんな人のことを立派だと思うか、というテーマで何人かで話しあってみるとおもしろいワークショップになりそうだが、いま私自身の場合はどうかと考えてみると、さしあたって次のようなタイプが思い浮かぶ。

一つは、さまざまな困難な状況（災害にあったり、病気になったり）のなかでも、いじけることなくまっすぐに生きる努力をしている人。ニーチェのいうルサンチマン（恨み・妬み）に陥らず、自分（たち）にとって必要なことのためにまっすぐに努力している人に対して、私は「聡明で勇気のある人だなあ」と思う。また、とくに困難な状況にあるのでなくても、スポーツ選手などで可能なかぎりの最大の努力をしている人がいる。どちらにしても、自分にとって大切なものがよくわかっていてそのために最大の努力ができる人のことを、私は「偉いなあ」と思う（自分がなかなかそうできない、ということもあるかもしれない）。

また別のタイプとしては、人びとを幸せにするために、ごく自然な使命感をもって仕事をしている人たちがいる。少子高齢化が進展するなかで、必要な支援をどのようにして地域のなかでつくりあげていくか、救急を含む医療の体制をどのように構築するか、地域のなかで自治をどうやってつくりあげるかなど、いろんなところで「偉いなあ、この人は」と思える人に出会う。自分が褒められるかどうかは二の次三の次で、「人びとにとってよいこと」の実現に力を注いでいながら、自然体でユーモアを忘れない人たちがいる。

このように、「魂のよさ」を人としての立派さ、偉さと受けとってみるならば、それは私たちが憧れること、「自分もそうなれたらなあ」と思えるようなことなのである。そしてこれは、ニーチェの非難する道徳的価値判断とはまったくちがうものだ。

ニーチェが道徳的価値判断というときには、神という絶対者が一定の規範を人びとに強いていて、それに従っているかぎり自分のことを「正しく生きてきたのだから天国に行ける」と思えるが、そこから逸脱するなら「私は地獄に落ちてしまう!」と恐怖する、そのような「報賞と懲罰の檻《おり》」とでもいうべきものがイメージされていた(マックス・ウェーバーが『プロテスタンティズムの倫理と資本主義の精神』で語っていたプロテスタントの「預定説《よていせつ》」のことを、私は思い出す)。このような「檻」の息苦しさから脱出したいという動機が、ニーチェのなかには強くあったにちがいない。

しかしこうした「報賞と懲罰の檻」のイメージを、そのままソクラテスやプラトンに重ねるべきではないだろう。正義を実現しようとする「魂のよさ」を、裁く神から下される絶対の規範としてではなく、私たちが憧れる「人としての立派さ」として、受けとることができそうである。

もっとも、ソクラテスの死を恐れず正義を断行する生き方は、私の感度からしても、いささかヒロイックにすぎると思う。しかしまた、社会が公正なものであるようにと願い、そのために使命感をもって努力をしている人の立派さ、というものは確かにある。そして、そのような使命感をもって生きることは、その人自身にとっても、やはり充実した生を送ることにつながるだろう。

つまり、充実した生を送るということと、正義を実現しようとすることとを、根本的に相反するものとして捉えるべきではない。充実した生を送るということのなかには、楽しいことを味わうだけでなく、人びとや社会に役立つことをする（なんらかの役割を担う）ことのうれしさと誇りとが、含まれているからだ。*

＊人間が人生においてめがけるものを、①「愛情的承認」の喜び、②「評価的承認」（競争で勝ったり役割をよく果たして人びとから評価されること）の喜び、③新しいことや面白いことの味わい、の大きく三つに分類できると私は考えている。[19]

「よさ」の内実を問う

このようにソクラテスの語る「魂のよさ＝徳」は、なんらかの絶対的な規範に隷属することではなくて、私たちが「立派な生き方」に憧れる、ということのほうにむしろつながっている、というのが私の読みである。

「あの人は勇気ある人だ」「正義の人だ」と私たちがいうとき、そこに私たちが直観している「よさ」（立派さ、偉さ）がある。その内実を言葉でもってハッキリさせることができれば、つまり、どこが立派なのか、なぜ立派なのかをハッキリさせることができれば、私たちもそうやって生きようと望むかもしれない。このように、愛知の対話のめざす「魂の世話」とは、〈語り合いながら「よさ」の内実を明らかにしていくことによって、私たち一人ひとりのなかに憧れの力を呼び覚ますこと〉である、と（やや先回りになるが）いっておきたい。

さらに、この「よさ」の内実への問いは、個々人の「美徳」についてだけでなく、私たちが生の充実とか幸福と呼ぶものに対して向けることができるし、それを社会正義に対して向けることもできる。そうすれば、個々人の幸福追求と社会正義との関係についてハッキリさせることもできるはずである。そして道徳的な価値判断（善悪）についても、その「よさ」の内実を問うならば、これをニーチェのように悪しきものとして退けるのではなく、それが人の生のなかに積極的な意義をもって存在していることを、やはり理解することができるはずである。

そして、これらとはかけはなれているように思えるが、「金銭のよさ」についても、やはりそれを問うてみることができる。

ソクラテスはお金や肉体への配慮よりも、魂のよさを配慮せよ、といった。これは一見すると、快楽を禁ずる禁欲主義的道徳にもみえるが、ソクラテスは金銭への配慮がまったく無意味だといっているのではない。「徳にもとづいて金銭や他のものはすべて、個人的にも公共的にも、人間にとって善きものとなるのだ」とソクラテスはいっていた。よい魂が用いるならば金銭や肉体はよいものとなる、つまり、金銭や肉体はいわば次善のものであって魂が用いる手段にすぎないのに対し、魂のよさは根本的なものだ、といっているのである。

では、あらためて金銭の「よさ」とは何だろうか？　ソクラテスからいったん離れて、思いつくことを挙げてみよう。

まず、市場経済が一般化した生活のなかでは、お金がなくては生活できない。つまり金銭はまさに「生活の基盤」となるものである。お金が生活費ギリギリしか入ってこなかったり不足したりすると、物資が不足するだけでなく、気持ちも休まらない。

他方でお金に余裕があると、さまざまな楽しい物事を手に入れることが可能になる。趣味や美しい服、おいしい料理、旅行などのように。このように「享受を可能にしてくれるもの」であるからこそ、お金には魅惑の力があり、私たちが宝くじを買ったりする理由もそこにあるだろう。また、商売やＮＰＯのようなさまざまな社会的な活動を企てるときにも、お金が必要になる。この意味でお金は、「活動を可能にするための資源」という意味合いがある。

さらにもう一つ。お金があると、お店の人がちやほやしてくれる。まわりの人からも、お金持ちとして一目置かれる。つまりお金は、人びとからの「社会的承認」を獲得するためにも役立つだろう。

まとめてみると、お金は、生活の基盤であり、さらになんらかの活動の資源となる、という実質的な面をもつとともに、他方で生活の余裕をつくりだして好きなものの享受を可能にし、そして人びとからの承認を得させてくれる。そしてとくにこの享受と承認という点で、お金は人びとを魅惑する力をもつことになる。そしてこの魅惑の力は、ときには不正をしても金銭を得ようとすることにもつながりかねないが、他方で金銭はその使用の仕方によっては、人びとの役にたつ公共的な意義をも獲得しうる。*

*ヘーゲルの『精神現象学』(一八〇七)の「精神」の章に、「国家権力と財富」という箇所がある。財富は「私」の利益を満たすもので、そのかぎりでは「公的」な意味合いをもたないが、これも多くの人びとに分配されるならば、公的な意義が出てくる。同時に、国家権力は公的なものだが、それも最終的には一人ひとりの私的な喜びや安全につながらなければ意味がない。こうして私的利益と公的意義とが不可分に連関していることをヘーゲルは示している。

おそらくソクラテスが金銭や肉体の配慮よりも魂の配慮を優先させるのは、第一に、金銭の魅惑に負けずに「人としての生き方のよさ」をまず考えてほしい、ということと、第二に、「金銭をそのために用いるべき、真によいこととは何か」を問う必要がある、ということが含まれている。

つまり、金銭の「よさ」の内実を考えることができれば、「何のために、どういう使い方をするのがよいか」ということが見えてくるし、金銭の魅惑の力に盲目的に引きずられることもなくなるかもしれない。

*

私たちが憧れるさまざまな「よさ」がある。ぜいたくや、性的な魅惑力。音楽や演劇のような「表現」の世界の素晴らしさ。それぞれのよさの内実を問うてみること。また、社会的な「よさ」がある。よい医療・看護・介護とは何か、よい教育の柱となるものがあるとすれば何か、よい政治といえるための条件は何か、と問うてみること。

このようにして「よさ」の内実を確かめることができれば、それは、一人ひとりが自覚的に

「こうやっていこう」と自分の生き方を選択することにつながる。また社会を担う「私たち」として、自分たちの向かうべき方向を明確にしていくことができる（そのさいには、その方向が実現するために必要な、具体的な条件を同時に考察することが必要だろう）。

こうして、「よさ」の内実を問い確かめることは、魂をよくしようと努める「魂の世話」にとどまらず、社会をともに担う私たちによる「社会の世話」にまで広げていくことができる。この二つは、ニヒリズム（どこにもほんとうに価値のあるものはない）やシニシズム（どうせ努力しても無駄だ）に代わって、生きることと社会の未来への憧れとまっすぐな努力とを、生み出すことができるだろう。

＊

この「よさ」の内実を問う、ということは、『弁明』のなかの「真実を語る」という論点にもつながってくる。真実を語って無知を暴いたソクラテスは人びとの怒りを招き、ついに裁判にかけられたのだった。

私なりに言ってみるならば、真実を語るとは、多くの人びとがつきつめることなく「価値あり」とみなしているものの正体をつきとめようとし、人びとの前でそれを言葉にすることであった。

『弁明』のなかでは、「善美のこと」について知っていると自負する人びとを吟味にかけたら、その人たちがじつは「知らない」ことが明らかになって、彼らの怒りをかうことになった、とソクラテスは語った。そのさい彼らは、ソクラテスからの質問に追いつめられて何も言えなくなった、だけではないかもしれない。むしろ彼らは、自分の価値観の根底にあるものを露わにされたことに対して、逆上し怒ったかもしれないのである。

たとえばゴルギアスの弁論術の根底にある「よさ」とは、人びとの好みに迎合することによって、かえって人びとを支配し自分の思いどおりに操ろうとすること、であった。いかに美辞麗句で飾られ説得力があるように見えても、その言葉に公共的な正義はまったく欠けている。しかしこのようなことを露わにするということは、それが恥ずかしいもの、つまり真正な価値としての資格をもたないものであることをさらす、ということを意味する。そうすれば当然、憎まれるだろう。

哲学者は、よさを吟味しその正体をさらすものであることによって人びとに憎まれる、とソクラテスは語った。哲学者がどんな社会でも憎まれ排斥されるとは限らないが、哲学の行う「よさの吟味」ということのなかには、批判的機能とでもいうべきものが確実に含まれている。政治家の語る美辞麗句のなかに潜む価値観を露わにしてみせるならば、ときに憎まれるだけではすまないことがあるかもしれない。そういうこともまた、「よさの内実を問う」ということのなかには含まれているのである。*

*しかしまた、ただ批判し続けることが哲学の仕事なのではない。どういう権力がよい権力なのか、どういう教育がよい教育なのか等々を明らかにし、積極的な建設に向かおうとすることが大切だと考える。

さて、この章では、「生の吟味」と「魂の世話」とがどうつながっているか、という問いが立てられていた。このつながり方について、さしあたって次のようなことが考えられる。

・生の吟味とは、対話によって自分が暗々裏《あんあんり》に抱いている価値（よさ）の内実が明るみに出されることをいう。

・対話のなかでは、この吟味と同時に、「何がほんとうによい（真正な価値）といいうるか」を確かめていく。

・そうすることによって、自分が深く納得しうるような価値（よさ）とその根拠を見出すことができれば、その「よさ」に憧れ、それを実現しようとして生きていくことができる。これが魂の世話ということであろう。

次の第4章では、じっさいに、プラトンの描く初期対話篇の一つ（『ラケス』）を検討しながら、このつながり具合について、また「よさの内実」を明らかにしていくための方法について、具体的に確かめていくことにしよう。

第4章
「〜とは何か」の問い——『ラケス』

さて、哲学＝愛知の営みの本質は「よさの内実を問う」ことにあり、それによって、自身の魂や社会を配慮することができる、ということをみてきた。ではそのような営みを、ソクラテス（プラトン）は、具体的にはどのような仕方で推し進めようとしたのだろうか。そのことをこの章では検討したい。

初期対話篇の多くが、「勇気とは何か」（ラケス）、「節度（思慮節制）とは何か」（カルミデス）、「敬虔とは何か」（エウテュプロン）のような、「〜とは何か」の問いによって特徴づけられる。これは勇気や正義とよばれる「徳・よさ」の核心を問い確かめようとするものだが、それは同時に、対話者の言葉——より正確にいえば、対話者の言葉に表れる生き方上の価値観——を引きずり出し、ソクラテスとともに吟味することで、それが真実に「よさ」といいうるもの、つまり互いが深く納得しうるものかどうかを確かめることでもあった。

このように、それぞれの価値観の吟味と、勇気や正義などの「よさ」の内実とを、同時に確かめることによってはじめて、みずからの魂を「よきもの」にすることができる。これがソクラテスの考える愛知であり、魂の世話だったのである。

では、具体的にはどのような仕方で、ソクラテスはこれを行っているのか。その具体的なやり方を、「勇気」を主題とする『ラケス』に即して検討してみよう。

1 「勇気とは何か」に至るまで

場面と状況の設定

まず場面設定を確認しておこう。二人の老人リュシマコスとメレシアスは有名な政治家の息子に生まれたが、若いときに忙しい親からしっかりと教育してもらえなかったせいで、自分たちは目立った業績を挙げることができなかったと考えている。だから、彼らの若い息子たちには、きちんとした教育を与えたいと願っている。そこで自分の息子たちが「何を学んだり、何に励めば、もっともすぐれた者になれるか」（179D）について、二人の将軍ニキアスとラケスとに教えてもらおうとする。その場に居合わせたソクラテスも、ニキアスとラケスの推薦によって話に加わることになる。

そのさい、ニキアスは慎重かつ知的な性格として、他方のラケスは屁理屈を嫌う生粋の軍人として描かれている。* 本篇は『ラケス』と呼ばれているが、実質的にはラケスとニキアスが交互に考えを述べている。また対話の場面が設定されている時期は話のなかで言及される戦争などから推定できるが、ソクラテスが五〇歳くらいで、対話の内容はまったくのプラトンの創作と考えられる。

＊二人ともソクラテスより年上である。ニキアスは保守派貴族を代表する将軍で温和で慎重な性格として描かれ、ペロポネソス戦争の一時終結を実現していた人物である（ニキアスの平和、前四二三・前四二一）。前四一五年、シケリア大遠征に彼は反対したが民会はそれを決議し、ニキアスは司令官として派遣されるが、勝機を逸して全軍の壊滅を招き、本人も敵によって処刑される。
ラケスは前四二七年からシケリア戦隊の司令官となる。前四二四年のデリオン戦でソクラテスとともに従軍する。ニキアスとともに「ニキアスの平和」の締結のために尽力した。前四一八年、ペロポネソス半島に出兵したおりに指揮官であったが、マンティネイアの大会戦でスパルタに大敗して戦死した。[20]

まず、「重装武闘術」を学ばせるのは役に立つかどうか、という質問がリュシマコスから出され、ニキアスは賛成するがラケスは反対する。そこで「あなたはどちらに賛成か」と訊かれたソクラテスは、数が多いほうの意見をあなたは採用するつもりか？　と多数決に反対の旨を述べる。「というのは、私が思うに、賢明な判断が下されなければならないことについては、人数の多さによってではなく、知識［エピステーメー epistēmē］によって判断されねばならないからです」（184E）。だから、ここにいる我々のうちに、これを判断しうる知識をもった者がいるかどうかを調べなければならない、という。

さらにソクラテスは、「我々がそのことについて［……］思案している当の事柄はいったい何なのか」（185C）、つまりそもそも「何」の先生を捜しているのか、について我々のうちで同意ができていない、といいだす。目薬が目のためのものであるように、武闘術も魂を鍛えるためのものだろう。つまり「我々は今、若者の魂のために、学科について考察している」のだから、「魂を世話することにかけて専門的技術をもつ者」（185E）は誰かと問うべきだ、という。*

＊三嶋輝夫訳で「心」とされているところを「魂」と変えた。以下同じ。

こうして「魂の世話」という主題に場面は導かれていく。ソクラテスはリュシマコスに向かって次のようにいう――魂の世話についての専門家だということを証すためには、どの先生について学んだかを示すか、もし自分で発見したのなら、これまで誰の面倒を見てその人を「くだらない者」から「立派ですぐれた者」に育てたのか、について実例を挙げなくてはならない。だからそのことをニキアスとラケスから聞き出しなさい、と。

それを受けたリュシマコスは、ニキアスとラケスに対して、あなた方はソクラテスから質問を受けてそれに答える気持ちがあるか、つまりはソクラテスの「吟味」を受ける気があるか、と問う。

人生の吟味と哲学の問い

これに対する二人の答えが、なかなかおもしろい。それぞれのソクラテスへの評価と、ソクラテスの行う愛知（対話）への評価が窺われるからだ。

知的なニキアスはソクラテスと親しく、ふだんの愛知の対話のようすを知っていてこんなふうにいう。「誰でもソクラテスの間近にあって対話を交わしながら交際しようとする者は、たとえ最初は何かほかのことについて対話をはじめたとしても、彼に議論（ロゴス）によって引きまわされ、ほかならぬ自分自身について、〈現在どのような仕方で生きており〉、また〈すでに過ぎ去った人生をどのように生きてきたのか〉について説明することを余儀なくされる羽目におちいるまでは、けっして対話を終えることはできない」（187E―188A、〈 〉は訳者三嶋による補い）。つまり、これまでの生き方がすっかりさらされてしまうことになるのだが、自分にはその覚悟がある、と述べる。

このくだりは『弁明』でメレトスがソクラテスによって吟味されたことを思い起こさせるが、しかしこのあとの対話のなかで、ニキアスは（ラケスも）自分の過去の人生についてあれこれ質問されたりはしない。「勇気とは何か」についてニキアスが自分の考えを述べると、それに対してソクラテスやラケスが質問をしたり疑問をぶつけたりするだけである。ではなぜ、「勇気とは何か」に答えることが、答える者の人生の吟味につながるのだろうか。

それは、「勇気とは何か」についての自分の考えを提示することが、自分がどのようなことを「勇気」とみなしてきたかについての、その人なりの了解を示すことになるからだ。つまり、その人がどういうことを「よいこと」とみなし、どのように生きようとしてきたかが、その答えのなかには現れてくる。だからこそ、勇気についての考えの提示や、それに対する質問に答えることは、その人自身の生き方の吟味を意味するのである。

これは哲学の対話のもつ、とても重要な面だ。哲学とは、あらかじめ客観的な答え（正解）があってそれに該当する答えを出すと評価される、というような、自動車免許の「学科試験」のようなものではない。そうではなく、勇気とは何かをめぐるそれぞれの答えを通じて、それぞれの人の価値観（何をもってよしとするか）、つまり生きる姿勢が現れ出ることになる。

だからそれを提示しあうことのなかには、①自分の価値観をあらためて言語化し自覚すること（自分の価値観の自覚化＝自己了解の深まり）、②他人の反応から、自分のとはちがう他人の価値観を知って驚いたり、その見方から自分自身を見つめ直したりすること（他者了解を通じての自己了解）が含まれている。そしてさらに、③自他に深く共通しているものを見出すことができる場合（共通了解の成立）もあるかもしれない。

このようにして、自分自身の生き方、とくに価値観を確かめ直したり、刷新したりできること。一言でいえば、自己了解の深まりがもたらされること。これが哲学の営みのもっとも重要な存在理由であろう。そうした意義を、どのようにすればより豊かに展開しうるか。私たちが哲学の対話を行ううえで大切なこの問題には、『ラケス』の検討をした後に、もう一度戻ってくることにしたい。

では、『ラケス』本文に戻ろう。ラケスもまた、ソクラテスからの質問を受けることに賛成するが、それは、ソクラテスが言行一致の人だからである。ラケスはいう、徳について語っていることとその人の行動とが一致していると、自分は言論好きになるが、それが一致していない人の語る言葉を聞くのは苦痛だ。自分はソクラテスとの対話を経験したことはないが、戦地における勇気ある堂々とした彼の行動を自分は見ている。だから自分も大喜びで吟味を受けることにしよう、と。

行動のよくない者の語る理屈は嫌いだが、行動の素晴らしい者との議論ならばうれしい、というところからは、ラケスの武人らしいまっすぐな気性が伝わってくる。

徳の一部分としての勇気

続いてソクラテスは、次のように言って「問い」を確定させる。――自分たちはいま、〈どのようにすれば彼らの息子さんたちの魂に徳が備わって、彼らを前よりもすぐれた者とすることができるか〉について思案している。そうだとすれば、自分たちには〈徳が一体何であるのかを知っていること〉が必要である。というのも、それを知らないならば〈どうすれば徳をもっとも立派に身につけることができるか〉に関しても助言者にはなれないからだ、と。

しかし、いきなり徳の全体について考察するのは大変だろうから、まずは徳の「ある部分」について検討することにしよう、とソクラテスはいい、「〈勇気［アンドレイアー andreiā］とは何であるのか〉を言うべく試みてみることにしようではありませんか」（190D）と提案するのである。

2　ラケスの答えとその吟味

「〜とは何か」の問いにおいて問われているもの

こうして問いは定まった。〈勇気とは何か〉である。これを問われたラケスは、こう答える。――それを言うのは少しも難しくない。「誰かが隊列に踏みとどまって敵を防ぎ、逃げ出さないとするならば、いいかね、その者は勇気があるのだ」(190E)。

とてもわかりやすい武人らしい具体的な答えだが、これに対してソクラテスは、自分が聞きたかったのはそういう答えではないのです、はっきり言わなかった私の責任ですね、といいながら、さまざまな勇気の例を挙げてみせる。

あなたは「逃げ出さない」とおっしゃったが、逃げながら戦う勇猛なスキタイ人もいる。また、海の危険に対して勇気ある人もいれば、病気や恐怖のさいに示す勇気も、欲望や快楽に対して戦う勇気もある。それをふまえたうえで、「勇気が何であるがゆえに、それらすべてのものにおいて同一のものであるのかを、おっしゃってみてください」(191E)とソクラテスはいう。また、同じ問いを次のようにもいう。「勇気について、それがどのような能力として、快楽においても苦痛においても、また我々が今しがた勇気があるといったあらゆることにおいて同一なのであり、従ってまた勇気と呼ばれているのかを言ってみてください」（192B）と。

たしかにソクラテスのいうように、勇気が発揮される生の場面はさまざまである。「隊列に踏みとどまって逃げ出さない」という答えでは、病に立ち向かっている場合の勇気は説明できない。それらすべてが勇気と呼ばれるからには、そこに同一のものがあるはずだから、その同じである点を言葉でもって言ってほしい。つまり、それらの共通性を示せ、とソクラテスはいう。しかし単なる共通性の挙示を求めているのではないだろう。求められる答えは、「なぜそれらの行為がすべて勇気と呼ばれているのか」を示さなくてはならないからだ。そして、勇気が魂の「よさ」（徳）である以上、それらがなぜよいのか・どういう点でよいのか、を示すことにならなくてはならないだろう。

つまり、このソクラテスの問いは、単に勇気の「定義」――物事を類と種とに分類・整理するさいに必要な、後のアリストテレスのいう定義――を求めているのではないし、具体例をたくさん挙げてそこから共通性を抽出する、いわゆる「帰納法」の手続きを行うことを求めているのでもない。そうではなく、さまざまな行為たちが「勇気ある」と呼ばれて賞賛される理由（根拠）をつきつめて答えることを要求しているのである。前章で「よさ」の内実を取りだす、という言い方を私はしてきたが、この「〜とは何か」の問いこそ、勇気という「よさ」の内実を取りだそうとする特有の問い方だったのである。

そしてラケスが「戦場で逃げ出さない」と語ったときに、彼はその行為のなかに勇気を直観していたはずである。しかし言葉にされたのは具体例であって、そこで直観されていたはずの「勇気といえる理由」は、まだ言語化されていない。その次元を言語化し明確化するために、ソクラテスは他の例をさまざまに挙げているのである。＊

＊フッサールは、『イデーンⅠ』（一九一三）の最初の章「事実と本質」において、私たちは事実（具体的な個物）に目を向けることもできれば、本質に目を向けて目の前のものを本質の実例の一つとして把握することもできる、と語っている。じつは、私たちはふだんまったくの個物を見ているのではなく、個物を一般者（本質）の一例として見ているのである。だから、個別的な特質に目を向けることもできれば、一般性そのものに目を向けること＝本質直観もできる、ということになる。この点については第二部で詳説する。

付言しておけば、さまざまな異なった実例には、別の場面を想像させ、そこでの勇気のあり方を考えさせるという点で、発見的な意味がある。たとえば「快楽における勇気」というような言葉があると、勇ましく戦うのとは違うが、快楽に溺れてやるべきことを見失ったり身体を壊したりすることを毅然として自制する、という種類の勇気があることに気づくことができる。それは各自の勇気のイメージを広げ、また勇気の意味を深めることにも役立つだろう。対話のさいに、具体的な例を出しあうことは、その点で大きな意味がある。

さて、『ラケス』本文に戻ろう。このソクラテスの要求に対して、ラケスはどう答えたか。
――「魂の何らかの忍耐強さ」（192C）であるように思われる、と彼はいう。確かにこの「忍耐強さ」（カルテリア karteria）という答えは、恐怖に負けない、という点で、戦いで逃げないという前の答えのなかで直観されていたものを言語化しており、かつ、ソクラテスの挙げた他の諸例をもそれなりに包括できるものになっている。

ソクラテスの示唆――勇気と知の結びつき

「魂の忍耐強さ」というラケスの答えに対し、ソクラテスは「あなたは勇気をきわめて立派なもののの一つだとお考えになっているはず」です、という。「いかにも」と答えるラケスに対し、ソクラテスは「思慮を伴った忍耐強さ meta phronēseōs karteria」と「無思慮を伴った忍耐強さ」の二つを提示し、前者は立派でよいものだが後者は有害で悪質なものではないか、という。するとラケスも、「思慮ある忍耐強さ」を答えとすることに賛同する。

これは、いったん出た答えに、必要条件をプラスしたものとなっているが、この必要条件が「思慮」（フロネーシス phronēsis）であることは、ソクラテス（プラトン）にとって重要な意味がある。

というのは、ソクラテスのなかに、勇気を単に大胆さや剛胆さのような「気質」としてではなく、広い意味での「知」として位置づけるべきだという考えがあったからである。この考えは、『ラケス』と同じ初期対話篇の一つで内容的にも深い関係をもつ『プロタゴラス』のなかに登場する。そこで、高齢の大物ソフィストであるプロタゴラスは、徳について「知恵、節度、正義、敬虔の四つは似通っているが、勇気だけは例外である。不正で節度を欠き、不敬虔で無知であっても、勇気がある人、つまり大胆な人はたくさんいる」（大意、349D）と主張する。若きソクラテスはそれに対して、「知恵のある人こそ大胆であり、勇気があるのではないか」と反論を試みるのである（350B―C）。

この『ラケス』でもやはり、「思慮ある忍耐強さ」こそが勇気なのであって、思慮を欠いた単なる大胆さは勇気とはいえない、という論点が出てくることになる。そしてソクラテスは、「では、何に関して思慮ある忍耐強さなのか」と問いかけ、自分からいくつかの例を挙げてみせる。

①のちに必ず多くの金を得られることを承知のうえで、思慮をもって忍耐強く出費する

②胸の炎症にかかっている人に飲食を懇願されても、屈することなくそれを拒絶する医師

③援軍が来ることや、相手の軍の質と数が自分たちより劣っていることがわかっていて（思慮していて）闘おうとする人／有利だとわかっていないのに、敵軍のなかで踏みとどまってもちこたえようとする人

④馬術や投石術のような技術を身につけて戦う人／身につけていないのにあえて挑戦する人

これらの例を出されたラケスは、①と②の例については「決して勇気があるとはいえない」といい、さらに③と④の例では、前者よりも後者のほうが勇気がある、と答える。つまり、自分たちが有利であることを知っている者や技術を身につけて闘う者よりも、有利だと知らず技術もないのにあえて闘う人のほうが、勇気があると答える。

この答えに対してソクラテスはいう。先ほど「思慮を欠いた大胆さと忍耐強さは醜く有害だ」ということになったのに、あなた（ラケス）の答えではむしろ「思慮を欠いた者のほうが勇気がある」ということになってしまった、と。こうしてラケスは、この議論がアポリア（行き詰まり、

袋小路）に入ってしまったことを認めざるを得なくなるのである。

＊

なぜ、このようなアポリアが生まれてきたのだろうか。それはもちろん、ソクラテスがラケスを「ひっかけ」たからである。ソクラテスが例示した「思慮」はすべて、合理的な予測ないし技術知という性格をもつ。①の「必ず多くの金が入る」という思慮は、合理的な予測であり、②の飲食の懇願の拒絶も、医術からする合理的な指図といえる。しかし、技術があり未来を合理的に予測できるときには、勇気はいらない。

勇気とは、恐れや危険などの困難があっても、その場を逃げず踏みとどまり、忍耐強く立ち向かうことであろう。しかしここでの思慮は「合理的な予測」であるから、困難を取り払ってしまう。困難が取り払われてしまうなら、勇気は発動されえない。

では、勇気に必要な思慮があるとすれば、それはどういうものだろうか？——これは『ラケス』では最後まで論じられないのだが、私自身の考えでは、「これは万難《ばんなん》を排して立ち向かうべき大切なことかどうか」という、行為の価値（よさ）についての思慮であろう。なぜいま逃げずに立ち向かわねばならないのか、についてハッキリとした確信があるときに、人はまさしく勇気をもって困難な事態に立ち向かうことができる。

「これは自分の人生にとって大切なことであり、ここで退くわけにはいかない」とか、「これは、みんなのために必要不可欠なことだ、これくらいの困難に負けるわけにはいかない」という、はっきりとした了解と決意があるときに、不思議なくらい勇気が出てくることがある。そういう意味で、勇気はその人の「人生と事柄の価値についての了解」と不可分なものであり、ソクラテスの示唆するように、単なる気質としての大胆さとはちがうものなのである。

『ラケス』に戻ろう。以上からわかるように、ソクラテスの語ることは、必ずしもそのままソクラテス自身の思想とはいえない。そうではなく、ときにその言葉は相手を欺き《あざむ》（ミス・リードし）相手をアポリアに陥らせるのである。

しかしソクラテスは、人をひっかけて喜んでいるわけではない。ラケスは勇気を思慮（広い意味での知）との関わりで捉えることには賛同したものの、どのような思慮が勇気に結びつくのか、という点については不明確なままだった。だからこそ、ソクラテスのミス・リードにうかうかと乗ってしまったのである。つまり、ラケスの陥ったアポリアは、ラケス自身の勇気についての了解の不十分さに対応したものだったといえる。*

＊加藤伸朗は次のように指摘している。「ソクラテスにおける「徳とは何であるか」の問は応答者のうちにある信念の集合のなかに分け入り、そこでの徳の観念の不透明性のうちに突き入り、アポリアとなって凝固する。論がアポリアとなって止まるところ、そこにいわばラケスというその人の在る場所がある」[21]。この指摘は鋭い。吟味によってアポリアへ陥る、その地点にまさしくその人自身のあり方——私の言葉でいえば自己了解のあり方——が関わっている。だからこそ、愛知はその人自身の吟味でもある、ということになるのである。

3　ニキアスの答えとその吟味

ニキアスの答え――勇気とは〈恐ろしいことと平気なことの知識〉

アポリアに陥ったラケスに代わって、続いてニキアスが勇気について答えることになる。

ニキアスはいう。自分は以前、ソクラテスが「我々は各自、知っていることに関してはすぐれた者であり、無知であることに関しては劣った者である」と語るのを聞いた、と。ソクラテスも「確かにそう言いました」と答える。「そうだとすれば、勇気のある者がすぐれた者である以上は、その者が知者であることは明らかなのだ」（194D）とニキアスはいう。

このように、ニキアスははっきりと、勇気とは「ある種の知（ソフィアー sophiā）」であるというところからスタートする。問題は、これがどのような性質をもつ知か、ということになるが、ニキアスの答えは、「戦争ならびにそれ以外のあらゆることにおける〈恐ろしいこと［ディノス deinos］と平気なこと［恐れる必要のないこと　タルラレオス tharraleos］についての知識〉」（195A）というものである。

この答えはしかし、わかりにくい。なぜ、恐ろしいことと、恐れる必要のないことの知識が勇気につながるのか、『ラケス』の本文を読んでみても、具体例がまったく語られないために、その意はどうにもつかめない。

そこで先に挙げた『プロタゴラス』を参照してみると、その最後のほうに、再びソクラテスが、勇気が知であることを示そうとする箇所がある。――ソクラテスはいう、「臆病な人や、向こう見ずな人や、気の狂った人が恐れを抱く場合には、その恐れはみっともないものであり、大胆にふるまう場合には、その大胆さはみっともないものではないのでしょうか？〔……〕彼らの大胆さが、みっともなくて悪いものになるのは、まさに彼らがわかっておらず、無知だからなのではありませんか？」（360B）と。そして、「臆病な人が臆病であるのは、恐ろしいものについての無知のためだ」（360C）と主張する。

つまり、臆病な人は、ほんらい恐れるべきでないものを恐れるからこそ、その恐怖がみっともないものとなり、蛮勇を発揮する人はほんらい恐れるべきものを恐れないからこそ、その大胆さがみっともなくなる、ということだ。つまり、何を恐れるべきで、何を恐れる必要がないのか、その点に関する「無知」こそが、臆病や蛮勇の本体だということになる。そして以上をもとに、勇気を〈恐ろしいものと恐ろしくないものについての知恵〉（360D）として『プロタゴラス』のソクラテスは結論づけるのである。

この結論は、『ラケス』でニキアスが出した先ほどの「勇気とは」の答え（恐ろしいことと恐れる必要のないことの知識）とほぼ同じものである。そこからすると、ニキアスのいわんとすることは、勇気とは恐れるべきことを恐れ、恐れる必要のないことは恐れない態度であり、その意味で勇気とは「何を恐れるべきかの知」である、ということになりそうである。

では、その「恐れるべきこと」とはたとえばどういうことか、と問いたくなるが、それはいったん措《お》いて、ニキアスの答えに対するラケスとソクラテスの反応をみよう。

ラケスの反論――医者は勇気のある者か？

ニキアスの答えに対し、ラケスは「知は勇気とは無関係だ」と真っ向から反論する（自分も勇気に思慮が必要だと認めたことは忘れているようだ）。そして、ニキアスの答えに従うなら、医者や農夫が勇気ある者になってしまうではないか、という。なぜなら、医者は病気について、恐ろしいこと（病気が悪くなること）と心配する必要のないこととの知識をもっているし、農夫もまた、農業において恐れるべきこととそうでないことを知っているからだ、という。

医者や農夫は先ほど私が述べた「技術知」の持ち主であるから、病気や収穫の今後の経過について合理的な予測をすることができる。つまりは恐れるべきこと（対策を打たないと病気がひどくなったり収穫が激減したりすること）と、恐れる必要のないこと（悪い兆候のように見えてもじつは心配のないこと）とを明確に区別できる。

「そんなことが勇気などといえるか」とラケスはいうのだが、ラケスのこの反論は、さきほどソクラテスがラケスに対して挙げた四つの例と内容的にはまったく同じことを、そのままニキアスにつきつけたことになる。というのは、医師が病人に食事を懇願されても拒絶するのは、食事をすると病気が悪化することを知っているからだが、しかしその拒絶の行為はラケスによれば決して勇気などではない。未来への予測をもたないのにその場にふみとどまることこそ勇気だ、というのが、ラケスの正直な思いであった（だから、思慮のありなしをめぐってアポリアに陥ってしまったのだった）。

このラケスからの反論に対して、ニキアスはどう答えたか。――医者や農夫の語るのはただの専門的な知識にすぎない。「ある者にとって、健康であることのほうが病んでいることよりもいっそう恐ろしいかどうか」ということを医者はわからないだろう。そしてニキアスはラケスに問い返す。「君はすべての者にとって生きているほうがよいと主張し、死んでしまうほうがよい人間が多くいるとは主張しないのかね」（195C―D）。

すると「僕としても、後者の点についてはそう思う」とラケスは答える。

そこでニキアスは問う、「死んでしまったほうが本人のためであるような者と、生きていることが本人のためであるような者の両者にとって、同じものが恐ろしいと君は思うかね」（195D）と。自分はそう思わない、とラケスは返す。

このくだりが具体的にはどんな事態を指しているのか、文章の前後を見ても十分な情報に欠けているのだが、読み方としては二通りの可能性が成り立つ。

一つは、あることが恐るべきことかどうかは、あくまでも「本人」の価値観による、とする読み方である。たとえば、さまざまな不幸に見舞われて生きることに絶望している人や、病気による身体的苦痛がひどく回復の可能性のない人は、死んでしまったほうがよいと思うかもしれない（『ラケス』の訳者三嶋輝夫は「解説」で尊厳死の問題とのつながりにも言及している）。また、病気になることで、社会から課せられるもろもろの義務から解放されて楽になったと思う人がいるかもしれない（「疾病利得」という言葉がある）が、そういう人にとっては、健康であるよりも病んでいるほうが「よい」のかもしれない。*

＊医学はもともと、健康がよい・生きているほうがよいという一般的な価値観のうえで、ある症候が恐るべきことかどうかを判断するものだが、しかし現在では、医師と患者とがよく話し合って、「患者がどのようにこれから生きていきたいか」の意志をもとに、治療方針を決めるようになった。

しかし、まったく別の第二の読み方も成り立つ。――無価値・無意義な生を過ごしているので死んでしまったほうがよい者（一般大衆のなかのつまらぬ者たち）と、その生に価値があり生きているほうがよい者（貴族的で優秀な者たち）とがある。無価値な者にとって死は「恐れるべきこと」ではない、という読みである。*

＊加藤信朗も、ニキアスの貴族主義的な見方がここに現れていると述べて、この第二の読みをとっている。そして、ニキアスの勇気の見方をソクラテス的だとみなすこれまでの『ラケス』解釈に反対して、ソクラテスは、①すべての人の魂の問題を考えており、かつ、②生死を超える価値を求めているのであって、「死がよい・悪い」という見方じたいがソクラテス的でない、と主張している。[22]

この場合は、しかし、無価値な生き方と価値ある生き方とを、どのようにして、またどれが区別する権利をもつのか、ということが問題になる。アテネの将軍であったニキアスやラケスは、自分たち優れた者こそがこの判断をする権利をもつと考えていただろうが、この見方を延長すれば、人の死が恐るべきものかどうかは、最終的には、国家・公共的な観点からみて損失となるかどうか（社会における生産性や貢献の度合い）によって決まる、ということになりそうである。

ニキアスについての二つの読みのどちらが正しいかは完全には決定しがたいが、私自身としては、ニキアスの貴族主義的立場がここに出ている、という第二の読みのほうが有利だと考える。「君はすべての者にとって生きているほうがよいと主張し、死んでしまうほうがよい人間が多くいるとは主張しないのかね」（195C—D）というニキアスの言葉からもそれは窺える。

しかしいずれにせよ、死なないほうがよい、健康なほうがよい、収量は大きいほうがよい、という一般的な価値観のうえに医学や農学のような技術知（テクネー）は構築されているが、そのような技術知よりも深い次元の、「よしあし」に関する知が必要であることをニキアスが示唆していることはわかる。

ソクラテスによる確認と吟味

続いて今度はソクラテスが、ニキアスに「知」という点について尋ねる。あなたのいうことに従えば、クロミュオンの猪《いのしし》（英雄テセウスによって退治された伝説の荒くれ猪）には勇気はなかったことになるが、と。動物は知をもたないからである。

するとニキアスは、自分は獣のことを勇気があるとは言わない、とソクラテスの問いかけを認めたうえで、こういう。「〈恐れを知らないということ〉と〈勇気があるということ〉とは同じではないのだ。勇気と先慮［プロメーティア promēthia］にはきわめて少数の者があずかるに過ぎないのに対して、向こう見ずとか大胆さとか先慮を欠いた恐いもの知らずについては［……］きわめて多くのものがあずかるのだ」（197B）。

以上を確認したうえで、ソクラテスはニキアスの答えを吟味していく。まず〈恐ろしいこと〉と〈平気なこと〉について考察してみよう、〈恐れ〉とは〈これから生じる悪についての予期〉〈恐れる必要のないこと〉だと私は考えるが、あなたはそう思うか、と（198B）。これにニキアスは同意する。すると、恐ろしいものとは〈これから生じる悪〉、平気なものとは〈これから生じる悪くないもの、もしくは善いもの〉だということになる、とソクラテスはいい、これにもニキアスは同意する（198C）。

しかしこの同意に対してソクラテスは、一つの同じ知識は、未来を知るだけでなく、現在や過去まで含めてよいもの・わるいものを知っているはずだ、という論を展開する。「例えば、健康に関しては、すべての時間にわたって、ほかならぬ医術こそが、単独で、生じつつあることについても、すでに生じてしまったことについても、またこれから生じることがどのように生じるかについても、見守るのです」（198D）。農業については「農作に関する技術」が、戦争については「統帥術《とうすい》」が、やはり、現在・過去・未来のすべてにおけるよいもの・わるいものを見通すことになる。

ソクラテスは続ける。そうすると勇気は、単に〈恐ろしいこと〉と〈平気なこと〉についての知識ではなく、「あらゆるあり方の、あらゆる善いことと悪いことについての知識」（199C）であることになる。すると、その知をもつ者は節制・正義・敬虔のいずれにおいても欠けるところがないはずだ。この知は、勇気という徳の一部分の知ではなく、徳全体の知になってしまった。結局、「勇気が何であるかを我々は発見しなかったことになります」（199E）。

この結論をニキアスもまた承認せざるを得なくなり、こうして『ラケス』は終わる。

＊

この、ニキアスの答えが最後に陥ったアポリアも、ラケスの答えと同様に、勇気における「知」とはどのようなものか、が不明確なところから生じてきたものといえる。

ニキアスは、自身のいう〈恐ろしいこと（恐れるべきこと）〉と、〈平気なこと（恐れる必要のないこと）〉の知が、医術や農作のような技術知（未来に関する合理的予測を可能にする知識）ではなく、そもそも「何をもって恐るべきこととみなすのか」という、生き方のうえでのよしあしの次元に関わっていることを、示唆してはいた。ニキアス自身の答えは貴族主義的な価値観を匂わすもので、決してよく考え抜かれたものではなかったにせよ、である。

しかしこの、何をもって恐るべきこととみなすべきなのか、という問いは、最後まで明確に取り出されることがないままに終わってしまう。

というのは、ソクラテスはニキアスの答えを吟味するさいに、ふたたび医術や農作のような技術知を持ち出しており、そしてニキアスはまさにその点を反駁すべきであったのに、そうしなかったからである。医術は過去・現在・未来について、何が善いことで何が悪いことかを知る、とソクラテスは言う。しかしそれは、健康や生命という一般的な価値を前提としたうえで、さまざまな症状などを判定したり、未来を予測したり過去の原因を推定したりする、ということであって、〈何が、私たちが生きるうえで「よい」こと、大切なことなのか〉という、生き方のよしあしの次元は、そもそも医術や農作ではまったく問われていない。

だから最後のソクラテスの推論――〈恐ろしいこと〉と〈恐れる必要のないこと〉の知は、「あらゆるあり方の、あらゆる善いこと悪いことについての知」につながり、それは結局は「魂の徳全体」の知識になってしまう――は、これもまた明らかにミス・リードと言わざるを得ない。未来を予測したり原因を推定したりする技術知は、生きることにとって、また魂にとって何がよいことなのか、という「よさ」の次元を問わないからだ。技術知は決して魂の徳の知識にはなりえない。ソクラテス（プラトン）がそのことをわかっていないはずはない。

こうしてラケスのときと同じく、勇気を構成する知の性格について、ニキアスが十分に自覚的でなかったからこそ、やはり彼もアポリアに陥ってしまったのである。

さて、これまで私たちは、この『ラケス』を詳しく読んできた。そこで見えてきたことをあらためて整理・補足しておけば、次のようになる。

（一）「〜とは何か」の問いにおいては、さまざまな勇気の実例に共通していて、それが勇気と呼ばれるゆえんのものが問われていた。そしてそこには、勇気が価値あるものとされる根拠を確かめるという動機があった。

この問いにおいて求められているものを定式化しておけば、①勇気と呼ばれる事柄に共通し、それらがそう呼ばれるために必要な条件を明確化すること（共通条件の明確化）であり、かつそれは、②勇気が価値あるものとされる根拠を明確化すること（根拠の明確化）にもつながることが期待されていた。そして、ここで求められているもの（共通条件＋根拠）は、後の哲学では〈本質 essence〉と呼ばれるようになる。第二部でとりあげるフッサールの〈本質〉のとらえ方も、このソクラテス－プラトンを正確に受け継いでいるといえるものだが、それは第二部で示すことにしよう。

（二）勇気については、気質や体力とは異なった、生きるうえでの価値の了解（何が生きることにとって大切なのかの理解）の次元が問題となっており、それは「知」と呼ばれていた。しかしこの「失われることを恐れねばならず、失わないためには逃げずに戦わねばならないこととは何か」という価値の了解の次元が正面から議論されることはなかった。

ここで、勇気という事柄に共通する条件を、あらためて私たちなりに考えてみよう。すると、①守らねば（あるいは獲得しなければ）ならない〈大切なもの〉があると了解されている、②しかしそうするためにはかなりの〈困難〉がある、③その困難を〈乗り越えて闘う〉、という三つの契機を挙げることができる。そこからみると、ラケスの「忍耐強さ」という答えは②と③を適切に表現しているが、①の価値の了解の次元が明確でなかったことになる。

（三）価値の了解の次元は、しかし、ラケスとニキアスの陥ったアポリアを通じて、間接的に示されているといえる。

プラトンの前期対話篇は、最後にはアポリアに陥って答えの出ないままになるという終わり方をする。不知の自覚（無知の知）を実演してみせるのだが、しかし少なくとも『ラケス』を詳細に読むかぎり、それはまったく収穫のない、不毛な終わり方ではなかった。というのは、対話者それぞれの生の了解の仕方が「～とは何か」の問いによってあらわになり、さらに、その問いに対して無自覚な点がアポリアになって浮かび上がるからである。だからこそ、そのアポリアが生まれてくる「もと」になった無自覚さに気づくことができるならば、その先へと思考を向けていくことができるのである。

こうして対話篇は、答え（正解）を与えることはしないが、ただ無方向に読者を投げ出すものではなかった。それは、対話の彼方にあるものへと読者を導こうとする、すぐれた意味での愛知の書であり、事柄をみずから考えさせる教育の書であったといえるかもしれない。*

＊これは加藤信朗が『初期プラトン哲学』において強調している点である。加藤の『ラケス』の徹底した深い読みには多くを教えられた。この書に出会って、私は初期対話篇を本気で読もうとする気持ちになった。

次の章では、私たちはいったんソクラテスから離れて、「～とは何か」の問いがどのような豊かな意味あいをもちうるかを考えたい。そうすることで、対話としての哲学の可能性をより具体的に探ってみたい。

第5章
哲学対話の可能性

哲学対話に「答え」はあるか

ソクラテス－プラトンの「～とは何か」の問いは、行為や生き方のなかに直観されている「よさ」を対話のなかで確かめることによって、魂に〝憧れ〟を取り戻させようとするものであり、そのような意味で、まさしく魂を配慮し世話することだったと私は考える。*

＊一般的には、「魂の世話」とは魂を「道徳的に」よいものにしようとすること、と理解されている。しかし私は、魂を快活にしたり魂に憧れを取り戻したりすることを含めて、この言葉を受け取りたい。

しかし初期対話篇においては、対話は最後にはアポリアに到達するだけで、なんらかの積極的な答えが導かれることはなく、しばしばソクラテスは「あらためて探求しよう」と述べて立ち去っていくのだった。なぜプラトンはそのような書き方をしたのだろうか。また、じっさいのソクラテスの対話もそのようなものであったとしたら、なぜソクラテスは、彼自身の答えを対話の相手や公衆に対してさらすことをしなかったのか。

一つ想像されうる回答として、ソクラテスのような、年齢も経ており知者として知られている人物が自分の考えを答えとして示すなら、それが「正解」のようにして権威をもってしまいかねない、ということがある。ソクラテス・プラトンはそれを避けようとしたのかもしれない。権威者の語る正解を求めるのではなく、あくまで互いの考えを出しあい、それぞれが深い納得を求めて進んでいくのでなければ、「愛知」とはいえないだろうから。

そして先ほど検討したように、アポリアに逢着《ほうちゃく》したといっても、それは必ずしも不毛なものではなく、読み手が注意深くアポリアに陥った理由を読みとっていくならば、アポリアの向こうに進むべき方向をうっすらと感知できることを、私たちはみてきた。

しかしそのことを認めるとしても、対話を通じていくぶんかは「わかったぞ」「そうか、みえてきた」という感触が得られないならば、対話はしだいに苦痛と徒労を感じさせるものになってくるだろう。そして対話者たちは「魂の世話」に至る前に挫折してしまいかねない。そこからみれば、この「〜とは何か」を問う愛知の営みが実を結ぶためには、「なるほど、このようにして互いに納得できる答えを見つけていくことができるのだな」と読者が思えるような、より肯定的な書き方が必要だったのではないかと私は考える。*

＊しかしプラトンは、初期対話篇において「〜とは何か」の問いと対話を肯定的な方向で発展させることをせず、中期以降の著作において、むしろ「物語」の形で本質的なことを述べる、という書き方をとった（『饗宴』『パイドロス』における恋愛論など）。なぜ彼がそうしたのかは、哲学史上の大きな謎である。

しかし他方では、私の考えとはちがって、対話からなんらかの「答え」が出てくることに警戒心をもつ人がいることも予想される。「答え、つまり正解が与えられてしまうならば、一人ひとりの探求の意欲がそがれるだけでなく、それぞれの感じ方や生き方の自由が阻害されてしまうかもしれない」と。また、「人の生き方は多様であり、対話によって、だれもが納得しうるような答え（共通了解）を得ることは、そもそも不可能だ」と考える人もいるかもしれない。

　問題を整理しておこう。「～とは何か」の問いをめぐる哲学対話から、なんらかの積極的な答え、つまり〈対話の参加者が（可能ならばその場にいない人たちも含めて）深く納得しうるような共通了解〉を導くことは、そもそも可能なのか。また、そのようにして共通了解を導こうとすることは、一人ひとりの感じ方や生き方を阻害するものにならないか。

　この問題は、哲学対話の存在理由に関わってくる点でひじょうに重要である。なぜなら、もし積極的な共通了解が出せないとするならば、対話の意義は、各人の体験や考えを互いによく聴きあい理解しようと努める、ということに帰着するだろう。しかし他者の体験や考えを聞くことは発見の多いものであるとしても、それに加えて、ともに探求しつつ深めた結果、何か共有しうるものが見えてくる、ということがなければ、哲学対話は徒労感をもたらすものにしかならず、最終的には人びとが意欲をもって継続しつづけるほどの意義あるものにはならないと私は考える。

　この章では、この「共通了解は可能なのか」という問題を正面から考えてみたい。そのために、あらためて「勇気」というテーマを取り上げて、勇気という言葉が私たちのさまざまな体験のなかでどのような意味をもっているかを具体的に調べてみる。そのことを通じて、共通了解は可能なのか、さらに、哲学対話はどのような意義を持ちうるのかを、検討してみたい。

1　勇気という言葉の発せられる局面とそこでの意味

ソクラテスが『ラケス』で指摘していたように、勇気という言葉が発せられるのは、さまざまな生の局面においてである。彼が挙げていた例のなかでも、とくに、病気のさいに見せる勇気や欲望に対して示す勇気は私としても興味のあるものだが、しかし『ラケス』のなかでは、それぞれの例一つひとつに着目しながらそこでの勇気の意味をていねいに確認していく、というやり方はしていなかった。

以下で試みてみたいのは、私たちの生のさまざまな局面に即して、そのつど勇気という言葉がどんな意味をもっているかをみてとっていくことだ。私自身が勇気ということで思いつく体験例や、これまで行ってきた哲学のワークショップで参加者たちが発言してくれた体験例を挙げながら、これを試みたい。

①恐怖に負けず新たなことに挑戦する

勇気という言葉で私がすぐに思い出すのは、「泣こかい、飛ぼかい、泣こよっかひっ飛べ」という薩摩《さつま》の歌である。用水路のような小さな川があって、それを子どもが飛び越そうとしている。でも、恐い。挑戦したい気持ちと、恐い気持ちとのあいだでドキドキしている、そんな子どものイメージが浮かんでくる。その子どもに「泣くくらいだったら、思い切ってやってみろ」と肩を押すこの歌は、いかにも武を重んじた薩摩らしいものだなあと思う。

　このような怖さと挑戦とのあいだで揺れる気持ちは、幼いころから育ってくる過程のなかで私たちのだれもが味わう、基本的な経験ではないだろうか。なぜなら子どもの成長の過程は、一方で親に依存し甘えながら、他方で知らなかったことを知り、できなかったことに挑戦しながら「できること」を拡大していくプロセスだからである。跳び箱を上手に跳ぶ子を見ながら、「怖いけど、私も飛びたいなあ」と思うように。

　そんなとき、勇気という言葉はどんなふうに働くだろうか。自分だったらとても恐くてできないことができる子を見て、「あの子はすごい、勇気があるなあ」。自分についても、怖さに負けずに挑戦して成功したとき、「私はがんばったぞ、勇気を出した」と心で語るかもしれない。そしてまわりの大人が「勇気を出したね」と言ってほめてくれるかもしれない。

　これらの場合、「勇気」という言葉は〈怖さに負けずに、これまでできなかったことに挑戦する〉という意味をもつ。そしてこれが価値あることとされるのは、自身の可能性を広げるための努力だからである。

　そしてこれは、子どもだけに当てはまるわけではない。大人になってからも、職業を思い切って変えるときのように、これまでやってきたことを転換して新たなことに挑戦しようとするときには、私たちはやはり「怖さに負けず挑戦する」ことをする。もっともこの場合、当人は「自分は勇気を出した」と思っても、まわりは「それは無謀だ」と感じて勇気と認めないこともある。

②悪者をやっつける「勇者」

次に思いつくものとして、物語のなかで出てくる「勇者」というものがある。桃太郎のように「悪い者をやっつける力持ち」のことだ。この場合にはしかし、勇気とか勇ましいという言葉を使っていても、その力点は、恐怖や困難の克服にではなく、「力が圧倒的に強い」こと、そして「悪者を退治する」というヒーロー的なところにありそうである。

そもそも、他者に対して「勇気があるなあ」と口に出すときには、「自分にはこんなに大変と思えることを、あの人はよくできるなあ、すごい」と感嘆するだけで、「その人自身が困難に直面してそれを乗り越えようとしているのか」ということは問題にしないことが多い。先の「跳び箱」の例でも、飛べる子は楽々と跳んでいるのかもしれない。

このように、勇気という言葉は「困難や恐怖を乗り越える」というところにその原義があるとしても、その点が引っ込んで、「力の圧倒的な強さや際だった能力」に対して用いられることがあることがわかる。しかしそれはあくまでも転義というべきだろう。

③集団の空気に負けず正しいことを貫く

子どもがもう少し成長して学童期、さらに中学生になると、勇気という言葉でどんなことを指すだろうか。大学生に勇気の例を尋ねてみると、「小学校のとき、ある同級生が何人かにいじめられているのを、やめさせようとした子がいた」「いじめのことを、クラス会ではっきりと「こんなことがあるけどよくない」という子がいた」という例が必ずといっていいほど出てくる。

ここには正しいことを貫く強さがあるが、この行為を大学生たちが勇気と呼ぶ理由はそれだけではない。集団の空気に逆らうのは怖いのだが、それに負けない強さがここでは勇気と呼ばれている。つまりここでの勇気は、多数の空気に負けずに自分の意志を貫く強さでもある。――この話を耳にするたびに感じるのだが、空気を読もうとし集団から浮くことを怖がるといわれる若者たちのなかに、じつは「集団に合わせることを否定できる強さ」に対する憧れがあるのかもしれない。

この勇気は、大人の世界にももちろんある。会社内で慣行的に行われていた不正を内部から告発するような場合は、やはり勇気ある行動として人びとから評価されるだろう。

④人間関係上の努力としての勇気

「言いにくい」という点でこれと似た例として、恋人関係、友人関係、家族のような親密な関係や、仕事上での同僚との関係のような、具体的な関係のなかで発揮される勇気がある。

相手に対していろいろな不満が（あるいは関係としてよくないものが）積もってきているとする。これを口に出さないほうが無難なのだが、あえて口に出す。自分の想いを率直に相手に伝え、また相手のほうの気持ちも一生懸命に聴く。そしてどうすれば互いにいい仕方でやっていけるかを話しあう。――なかなかできないことだが、そのような努力をすることには、まさしく「勇気」が必要である。

そのさい、いえなかったことを思い切って口に出すのだから、しばしば相手に対して〝どなって〟しまいやすい。しかしそのとき――私の年来の主張なのだが――「あえて攻撃性を殺す」ということが肝心である。どなると自分には「発散の快」があるが、相手はたいてい反発して、その言葉の中身を受けとめることができなくなるからだ。

関係改善を心から望むのであれば、自分のなかの攻撃衝動をあえて押さえて、不満なり問題点を相手に〝わかって〟もらおうとしなくてはいけない。もしそうできれば、相手に対する尊重の気持ちと、互いの関係をよいものにしたいという真剣さとが相手に伝わるから、関係改善の可能性はとても大きくなる。

このようにして関係改善のために努力することも、とても大切な勇気である。

⑤チキンレースは勇気か？

ここでまったく違った場面を考えてみよう。昔暴走族がやっていたらしい、チキンレースというものがある。港で猛スピードで車を走らせ、海に落ちる直前で停める。なるべく海に近付いたほうが勝ち、という度胸試しである。

これは、最初に取り上げた「恐怖に負けず挑戦する勇気」の一種といえるかもしれないし、じっさいこれを勇気とみなす人もいるかもしれない。しかし私自身としては、いま「度胸試し」といって勇気と呼ばなかったように、これにいい意味での「勇気」を感じない。これは、どちらが命知らずか、どれほど常識はずれのめちゃくちゃなことができるかを競い合って、そのゲームに勝てば暴走族のなかでのランクが上がる（ハクがつく）ということだ。だからそれは、暴走族のなかのランクを争うだけの、競争的な意味しかないように私には感じられるのである。

しかしそれは、最初の「恐怖に負けず挑戦する勇気」とは、どこがちがうのだろうか。恐怖に負けずに困難に挑む、という点では同じだが、それによって〝得ようとするもの〟に共感しない、というところだ。ワークショップで学生が挙げてくれた例のなかに、「高校生のとき自分は英語力にはまったく自信がなかったが、思い切って勇気を出してイギリスに留学した」というものがあったが、そのような挑戦に対しては本人だけでなく、まわりもそれを勇気として評価するだろう。

つまり、いかに困難や恐怖に負けずそれを乗り越えようとしたとしても、〝それでもって得ようとするもの〟に対して、それが「よいこと」だという共感を多くの人びとが持ち得ないとき、その行為は「勇気ある行為」とはみなされないことがある。

先ほどの『ラケス』の検討のさいに、勇気と呼ばれる事柄に共通する条件として、①守らねば（あるいは獲得しなければ）ならない〈大切なもの〉があると了解されている、②しかしそうするためにはかなりの〈困難〉がある、③その困難を〈乗り越えて挑戦する〉、という三つがあると述べた。この①の了解について、それが真に「大切なもの」といえるかどうかという点が、ある行為を勇気とみなすかどうかの一つの決め手になるといえるだろう。

また、〝得ようとする大切なもの〟じたいは素晴らしいことだとしても、資力などさまざまな条件からみてとても無理であると思われるときには、私たちはそれを「無謀」と呼んで勇気とは呼ばないことがある。また、その行為がまわりに損害や迷惑を及ぼす可能性が想定される場合にも、私たちはそれを勇気とは呼ばず「あいつはバカだ、迷惑だ」というだろう。

　つまり、挑戦するさいの実現の可能性や、その行為がまわりに与える影響も、私たちがその行為を勇気として評価するかどうかに関わってくることになる。

⑥人生をまっとうするために困難から逃げない

　では、「その他にどんな行為を勇気があると思うか」と自問してみると、「人生上の問題から逃げない」という言葉が思いつく。逃げ出したくなったり目をふさいでいたりしたいことがある。しかし逃げても何の解決にもならないとわかって、その問題に正面から相対しようと腹をくくる。そういうことを勇気だと私は思う。

　なぜなら、「その問題に全身で立ち向かわねば、自分の人生はまっとうできない。見て見ぬふりをして過ごすことができたとしても、それでは自分の人生はほんとうのものにならない」と思うことが人生にはあるからだ。つまり、自分の人生をまっとうなものにしたいという願いがここでの勇気には含まれており、そのことがここでの〝得ようとする大切なもの〟といえそうである。

　でもなぜ、こんなことを私は思いつくのか、とさらに問うてみる。それはこれまでの人生のなかで、「あのとき逃げずに勇気を出すべきだったなあ」と思うことが、親しい関係においても、また職場においてもいくつか思い出されるからだ。また、困難から目を背《そむ》けてしまいたいという自分の弱さをよく知っているからでもある。だからこそ、若干の後悔とともに、そうでないようにこれからの人生を生きたい、勇気をもちたいと願うのである。

＊

さて、以上の検討を整理し、さらに深めてみたい。

まず、勇気という言葉について、それが発せられる例をいくつか挙げてみると、そこにいくつかの「典型」ないし「類型」ともいうべきものが確認できることがわかる。

あらためて確認しておけば、困難や恐怖に負けずこれまでできなかったことに挑戦するという、チャレンジ精神の勇気があった。また、周囲の意見に負けず正しいことを貫く勇気や、関係改善のために努力する勇気もあった。さらに、自分の人生をまっとうするために逃げずに立ち向かう勇気も、取り上げた。しかしまた、戦いにおいてともかく強い（桃太郎）というように、困難や恐怖の克服という契機が見えなくなっている場合もあり、また恐れ知らずの度胸（チキンレース）のように、価値あるものとして認めがたいものもあった。

ここで挙げられた諸例でもって、勇気という言葉が発せられる典型的な局面が包括されているかどうかについては検証の余地がある。しかしそのことも含めて、以上の作業から〈テーマとなる価値について、私たちの生においてその言葉が発せられる「典型的な局面」を明らかにし、そのつどの局面におけるその言葉の意味を明らかにする〉という課題があることがわかる。

そしてまた、典型的な局面が複数あるのにもかかわらず、それらのすべてについて、三つの共通する契機（①大切なものがわかっている、②恐怖そのほかの困難がある、③その困難を乗り越えようとする意志）を認めることができることもわかってくる。

さらに、〈勇気が価値あるものとされているのはなぜか〉（よさの根拠）としてはどのようなことがいえるだろうか。なすべき大切なことや逃げてはならない課題があったりするのに、私たちはしばしば困難や恐怖にひるみ、見て見ぬふりをしたくなることがある。だからこそ、それに打ち勝つことが価値あるものとされている、といえそうである。

さらに、以上の考察から見えてくるものとして、私たちが勇気を出すための条件として、「なぜ大切なのかがよくわかっているからこそ、困難に立ち向かえる」という了解の契機（プラトンでは知と呼ばれていた）が必要であることも確かめることができた。それは、ここで挑戦し闘うべきかどうかについて「それは大切なのか、大切だとすればそれはなぜか」を自らに問い確かめることとの必要性を示唆している、とも言えるだろう。

しかし他方で、プラトンでは気質や体力などは軽視される傾向があったが、困難に立ち向かえるかどうかには、自身の体力や気力の状態、さらに他者からの援助が期待されるかどうかも、大事な条件となってくる。その点では、勇気が出るための条件として、大切なものの了解（ないし知）だけを強調するならば一面的であるともいえそうである。

2　哲学対話をどのように行えばよいか

以上の検討をふまえつつ、「〜とは何か」を問う哲学対話は、どのようなものであればより豊かで有意義なものになるか、ということを、続いて考えてみよう。

さまざまなエピソードを出しあう

まず大切なことは、「勇気とは何か」の答えをすぐさま出そうとする（『ラケス』ではいくつかの例が示唆されてはいたが、そこからいきなり答えに向かっていた）よりも、勇気という言葉が発せられるさいの、私たちの生のさまざまな局面に着目するほうがよい、ということだ。

私たちはつい、どこかにあるだろう「唯一の答え＝正解」を言い当てようとする誘惑に陥りがちである。しかしそうするのではなく、「私たちは、いったいどんなことを勇気と呼んでいるのか」ということ（実際に経験したエピソードや念頭に浮かぶ例）をさまざまに出しあうほうがよい。

なぜなら「正解の言い当て」の姿勢に陥ると、どうやってそこに行けるのかわからずに立ちすくんでしまったり（議論の空転）、逆に、自分の直観をそのまま「これが正解だ」と無批判に主張する独断に陥ったりしがちだからである。

だからこそ、抽象的に「〜とは何か」を問うのではなく、問われているテーマ（勇気、正義という言葉）を、私たちがじっさいに生きているあり方と結びつけて具体化する必要がある。[*] つまりそのテーマに関して、自身の具体的なエピソード（体験例）や思いつく例を互いに出し合うことからスタートすべきなのである。

＊哲学の問いを「私たちがいかにそれを体験しているか」から考えようとする方法が、フッサールの現象学である。いわゆる〈現象学的還元〉とは、じっさいに体験している場面から考えるということを

意味する。第二部で詳しく取り上げる。

それは、とても豊かな発見をもたらす。他者のエピソードを聴きながら、そのさいの具体的な事情や気持ちの動きなどハッキリしない点を相手に尋ねてみる。そうやって確かめていく過程で、「自分にもそういうことがあったなあ」「その感じわかるなあ」という共感が生まれ、これがうれしい経験となる。さらに、自分では思いつかなかった例を他者が挙げてくれたときには、「そうか、そういうものもあるね！」とあらためて気づくことができる。

こうして、さまざまなエピソードを挙げて交換することは、自分と他者の生のあり方を、（勇気のような）テーマに即してあらためて見つめなおす、という意義をもつ。そのことじたいが、共感と気づきに満ちた過程となりうるのである。

そのさいのやり方上の注意点として、互いの意見を大事に聴きあい尊重しあう雰囲気が、何よりも大事である。その雰囲気があってこそ、それぞれの体験や思いの率直な開示が可能となるからだ。具体的には、「尋ねあい」「確かめあい」を意識するとよい。相手の語ることを聴いてピンとこないことについては、「それはどんな感じ？」と尋ねたり、また自分の理解が正しいかを「あなたのいいたいことはこういうことかな？」と確かめたりする。こうしたやり方を、私はワークショップのさいにくりかえし強調している。

典型的なものに分けてみる（カテゴリー分け）

このようにしてエピソードや思いつく例を出しあってみると、参加者は「勇気と呼ばれること」の広がりがわかるだけでなく、それらがまったくバラバラではないこと、つまりどういう生の局面において発揮される勇気なのかという点で、いくつかの典型に、つまりいくつかのカテゴリーに分かれることを感知できるはずだ。

その上で、同種類の具体例について、そこで直観されている共通なものを言葉にして確かめることができる。するとたとえば、「困難や恐怖に負けず挑戦しようとすること」というような言葉がでてくることになるだろう（そのようなカテゴリーには「チャレンジ系」というような名前をつけてみてもいいかもしれない）。

さまざまな具体例をそうやって確かめていけば、それらのカテゴリーのちがいが人生上のさまざまな局面や、語り手の固有な生の課題に対応している、ということもわかってくる。

すべての例に共通する基本的な契機（本質）を挙げる

さらに、勇気の場合にはそれが勇気と呼ばれるために必要な三つの契機が認められたように、すべての例に共通する基本的な契機（本質）の抽出を試みることができる（それが無理かどうかは、じっさいにやってみれば明らかになる）。そして、それとともに、なぜ勇気や正義などが「よい」ものとされているのかを考えてみることができる。すると、どのカテゴリーの勇気にも共通する理由だけでなく、カテゴリー（典型）ごとに少しずつちがう理由を挙げることができるかもしれない。

生き方の了解（自己了解）の交換による気づき

以上のような語りあいは、勇気、正義、美などの言葉（価値あること、よいこととされていること）を一つのテーマとして、参加者のそれぞれの生き方の了解——どんなふうに自身の生き方や自己と他者や社会との関わりを了解しているか——を交換する営みになってくる。

まず、具体的なエピソードや何かの例を挙げようとするなかで、自分がどのようなことを「よい」と考えて生きているのか、ということにあらためて気づくことができる。また他の人たちは、どのようなことを「よい」と考えて生きているのか、そしてその見方は、その人たちのどんな生の条件（家族構成のちがいや、身体の障害があるなどのさまざまな条件）と関係しているのかに気づくことができる。他者たちの価値観と生の条件を知ることは、そこからふりかえって、自分はどのような状況のもとに生きてきて、そのなかでどのような生きる姿勢を身につけてきているのか、ということをあらためて自覚させることになる。

また、勇気などをただ「よいもの」とするだけではなく、勇気を出すための条件となっているものに焦点を当てることもできる。エピソードを出しあうときに、「なぜあのとき勇気を出すことができたのか」をふりかえってみれば、「自分のなかでぜひとも必要だと思われた」ということや、「見守ってくれている人・応援してくれる人がいた」というようなことが見えてくるかもしれない。

このようにして、価値をめぐる対話は、他者の生き方への了解（他者了解）を深めるとともに、そこからふりかえって自己の生き方への了解（自己了解）を深めていく過程となりうる。そしてそれと同時に、互いの生に深く共通するところを見出すことができる。それは、互いの生のふれあいを感じさせ、自分自身への気づきを深める点でも、喜ばしく心に残る経験となりうる。

一言でまとめれば、自己了解と他者了解の深まりとともに、人びとの生に共通するものへの気づきと各人の生の条件のちがいへの気づきを、哲学的な対話はもたらしうる。そのさいのテーマは、勇気・正義・美のような価値だけでなく、なつかしさ・嫉妬・不安のような情緒に関わるものでも可能である。

3　哲学対話に答え（共通了解）はあるか

さてこの章の冒頭で掲げておいた問い、つまり、〈勇気とは何か、のような価値の問いにおいて唯一の正解はあるのか、それとも多様な答えしかないのか、また、正解を出されると自由な生き方を阻害しないのか〉という問題について、これまでの検討を踏まえて答えることを試みよう。

共通了解が得られるもの

まず、いきなり唯一の正解を求めるべきではないし、正解があると前提してスタートすべきでもない。しかしじっさいに互いのエピソードを出しあってみると、それぞれの考えがあるだけだという相対主義の主張に反して、哲学対話は共通了解を生み出すことができる。すなわち、以下の点についてである。

①「人はどういうことを勇気と呼んでいるのか」という点についての、いくつかの典型的な生の局面（類型）

②それぞれの類型において「よい＝価値あり」とされていることの内実

③（勇気の場合には）すべての類型に共通する基本的契機（本質）

④それが価値あることとされてきた理由（複数の理由が挙げられるだろうが、まったくバラバラではないことが予想される）

しかし、ここは大切な点だが、以上のような共通了解の獲得のみが哲学対話の目的ではない。共通了解を目指す過程のなかで、互いの生を理解しようとし、そこから互いの生の共通性とともに各人の生の条件の違いへの気づきと、自分自身の生き方についての新たな気づきが生まれてくる。このような過程の全体を、哲学対話の目的と考えるべきなのである。

こうして右の四つの項目は、参加者の互いが認めうるという意味で共通了解とされるだけでなく、「どんな人の生にも共通するもの」として挙げられたものだが、これに対して、このような「共通なものの存在」を主張することは多様な生き方を阻害しないのか、という疑義がありうるのだった。

確かに、「人の生に共通なもの」と対話のなかで考えられたものが、特定の生の条件（文化や階層のちがい）に規定されたものにすぎない可能性がある。したがって、いったん「人間の生に共通なもの」とされたものであっても、それはつねに、他者たちからの異議と訂正可能性に対して開かれているもの、として理解される必要がある。

しかし、このことは「共通なものの探求じたいが抑圧的であり、それを行うべきでない」ということを意味しない。むしろ、「これは真に共通なものなのか？」という問いかけがなされることによって、いったん「共通なもの」とされたものがじつは「特定の条件の下での共通なもの」だったことがわかってくることもある。だから、共通なものの探求じたいを否定する必要はないし、そうすべきでもない。

もう一つ、検討しておこう。勇気の場合には、「すべての類型に共通する基本的な契機」（本質）を見出すことができたが、正義や美などの他の価値についても、どんな場合にも共通する基本的な契機を見出すことはできるだろうか。私は、おそらく基本的な共通の契機を見出すことは可能だと考えている。なぜなら、正義というときに、なにがしか人びとのあいだで共通に了解しているものがあり、かつ、正義が価値ありとされる理由についてもそういうものがありそうだと思えるからである。逆からいえば、正義という言葉について互いに理解しているものがまったく異なるということは考えにくい。

しかしそれがじっさいに見出しうるどうかは、さまざまな「体験例」に即して検証されねばならないのはもちろんである。さらに、どこかに正義とは何かの「正解」があってそれを見つけるという姿勢ではなく、あくまでも、その哲学対話が確かめたい核心の問い――たとえばそれは〈正義という価値はどのような種類（質）のものであって、美の価値とはどうちがうのか、またなぜそれは価値あるものとされてきたのか〉というものかもしれない――があるはずであり、そのような観点から、正義と美のちがいが私たちの「生」に即して検討されなくてはならないだろう。

繰り返し強調しておきたいのだが、私たちは「あらかじめ存在する正解を発見する」というイメージをいったん捨て去る必要がある。そうではなく、互いの生をそのテーマに即して検証し、さまざまな具体的な生のあり方において、人びとの間の共通性が見出せるかどうかを問うていかねばならない。

自他の了解から人間の「生一般」の了解（哲学的人間論）へ

哲学対話は、「互いの生に共通するもの」についての共通了解をもたらすことができる。そしてこのような「共通するもの」は、「人間の生一般についての了解」（人はこんなふうに生きているのだなあ、という了解）をそのつど生み出すだけでなく、さらにそれが、人間存在についての一般的な理論（哲学的な人間論）へと発展していくことも、期待できる。

勇気の例でいえば、「恐怖に負けず挑戦する勇気」は、人間が幼いときの親への依存から少しずつ脱して新たな可能性を求めようとする、というあり方を示唆していた。また、大人になってからも、人は自分自身の生の新たな可能性を求めようとする、ということを示唆していた。

図１

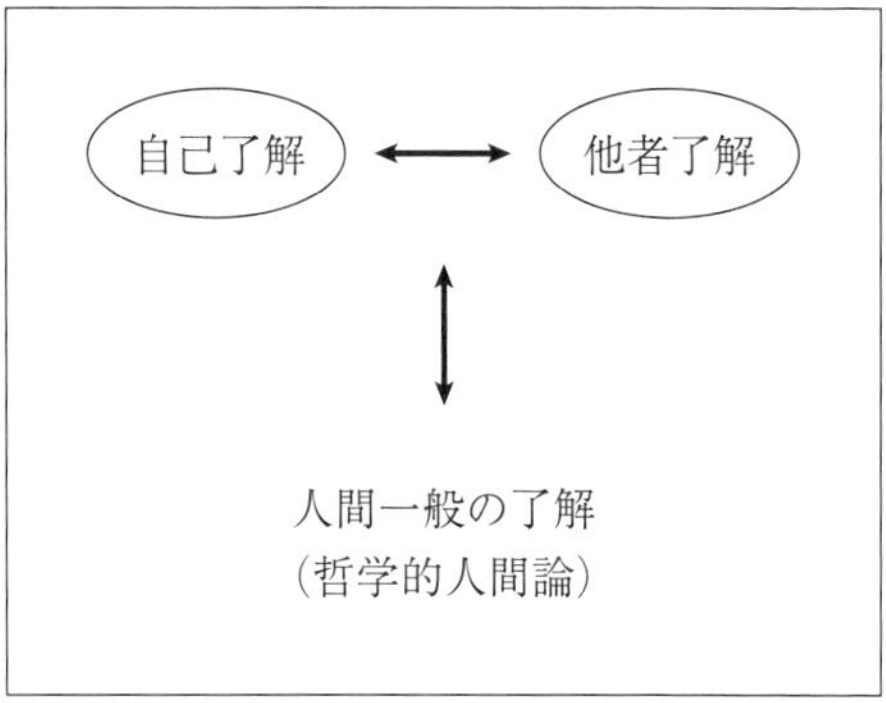

「正義を貫く勇気」は、集団のなかで公正さが失われたり、一人ひとりが大事にされなくなったりする局面がしばしばあり、そしてそれを変えなくてはという気持ちを人がもつことから生まれてくる。「関係の努力への勇気」は、親しい関係のなかでの齟齬《そご》や不満の解決という課題をだれもがもつ、ということから要請されるものだった。そして「人生をまっとうしたいという勇気」は、人が動物と異なって「そのつど」ではなく「人生」というものを意識し、その人生をよきものとしたいという願いをもつという点で、やはり「人間の生一般」の次元につながっていた。

　そして哲学対話は、人が相互に理解しあおうとしながら自分自身の生に対する了解を検証し刷新しようとするものだが、その必要性は、人が自分自身の生への了解（他者や物事や自分自身に対する態度）を形づくり、またそれを刷新しながらよりよい生の可能性を追求しようとする存在であるところから生まれたものであることも、理解される。

　まとめておこう。哲学の対話は、自己了解と他者了解とを深めながら、人間一般の生についての了解を深めることであり、それは「人間の生一般」についての理論につながっていく。また逆に、そうやって形作られた「人間の生一般」についての理論に照らしながら、自分や他人のあり方を検証することができる（図１を参照）。

一つ付け加えておけば、勇気についての哲学対話と、たとえば教育や社会正義のような「社会理念」についての哲学対話には、質のちがいが出てくるだろう。勇気や美のような「よさ」、また嫉妬のような「情緒」についての対話は、自己了解・他者了解の深まりと、人の生一般についての全体的・普遍的な了解に至ることが目的である、といってよい。

しかし教育や社会正義を問題にするときには、対話である以上、それぞれの自己了解・他者了解の深まりももちろん大切だが、私たちの社会の人びとが深く納得し、これでいこうと思えるような「共通の理念」を構築することが重要な目的となるからである。

第6章
魂・国家・哲学・イデア——中期プラトンの思想

さて、第一部最後のこの章では、さまざまな徳について「〜とは何か」を問うていた初期対話篇から、プラトンの思想がどのように進展していったかを確認していきたい。

これまで、私たちが生きるうえでの「よさ」（とくに「魂のよさ」としての徳）の根拠を明らかにするために、ソクラテス－プラトンが「〜とは何か」の問い、つまり本質を問う方法を編み出したことを見てきた。初期対話篇の最後に位置するとされる『メノン』も、この方法をより明確なものとして示そうとしている。

しかし中期以降のプラトンの作品（『饗宴』『パイドン』『国家』『パイドロス』）では、それまでのものと明らかに変わって、プラトンその人が自身の思想を語り出す。だがその仕方は、「〜とは何か」の問いを吟味しながら「答え」を出す仕方ではなかった。あるときは宗教的な人物から聞いた話として、またあるときは比喩を用いるようにして、自在に、プラトンの思想がソクラテスの口を通じて語られていく。対話という体裁はかろうじて保たれているが、基本的には、ソクラテスが長く〝演説〟するようになってくる。

なぜ、「〜とは何か」を問うてその答えを示さなかったのか、ということは、プラトンの哲学をめぐる一つの謎だが、少なくとも確実なことは、これまでのように答えを示さないやり方に代わって、プラトンは自分のなかに熟してきた思想、つまり彼なりの答えを大胆に語りたくなっている、ということだ。そしてその焦点は、大きく「魂」と「国家」に集約され、さらにこの二つと関連して、「哲学（愛知）の意義」が改めて位置づけられる。

おそらくプラトンは、勇気や節度のような個々の徳の検討を通じて、「そもそも魂の徳とは何か」「そもそも人（魂）は何を求めているのか」という人間存在の根本を問う地点に歩み出て行ったにちがいない。これが『饗宴』や『パイドロス』として結実していく。さらに、魂だけでなく、国家についてその「よさ」を問うたものが長編の『国家』となっていくのである。

さて、本章で最初に取り上げたいのは、初期対話篇の最後の作品といわれる『メノン――徳について』である。そこでは勇気や節度のような個別的な徳ではなく、そもそも「魂の徳とは何か」が問われる。初期対話篇らしく答えは出されずに終わるが、議論の内容から、プラトン自身の徳についての思想がかなり明確に読みとれる。この『メノン』から、プラトンの「徳とは何か」の答えを確認したい。

次に取り上げたいのは、中期対話篇の一つ、『饗宴』である。ここでのエロス（恋愛）論は、単に恋愛という個別事象をテーマにしたものではなく、むしろ、人はそもそも何を求めて生きているのか、魂の欲するものは何か、という水準で語られる。そしてこの問題意識のうえで、哲学（愛知）を位置づけている点も注目される。

最後に取り上げたいのは、『国家』である。「よさ」の根拠を問う哲学の営みは、一つには「魂のよさ（徳）・魂の求めるもの」へと集約されるが、他方で「よい国家とは何か」という問いへと集約されてくる。この『国家』では、理想の国家の条件が語られ、哲学者が国家を統治すべきだという思想が語られる。そして、国家の「よさ＝徳」を規定するとともに、それと類比的に「魂のよさ＝徳」が規定されている点も注目される。

第5章で確認したように、哲学対話は人間の体験世界一般の構図についての論となり（哲学的人間論）、また、社会正義の根拠と基準の論（哲学的な社会論・国家論）につながることを予想していた。プラトンもまた、その道を進んでいるといえそうである。

そして以上の魂と国家の論には、すべて「イデア」論が関わっている。イデアは「〜とは何か」の問いを探求していった末に到達する「究極の答え」であるが、しかしそれはまた、生成変化する現実に対して、永遠で変わることのない「真に存在するもの」（真実在）として語られる。たとえば『パイドロス』では、ソクラテスは物語だと断りながらも、生まれる前に人は魂だけで存在しており、神々とともに天球の外側にあるイデアの世界を観照しそれに育まれて幸福だったが、そこから脱落して肉体をまとうことになったのだ、とも語っている。

ニーチェはこの「イデア界」に対して、生成変化する現実の生に耐えられない者が、現実世界とは別のところに「永遠不変の真実の世界」というフィクションを打ち立てることで自分を支えようとしたものとみなした。このイデア論をどうみるべきか、ということも、『饗宴』と『国家』を検討していくなかで、あわせて考えてみたい。

1　徳とは〝よさを判定する〟知である――『メノン』

プラトンの初期対話篇では、これまで見てきた勇気（『ラケス』）のほかにも、敬虔（『エウテュプロン』）、節度（『カルミデス』）などがテーマとなっていた。初期対話篇最後の『メノン』は、これらのテーマをひっくるめて、そもそも「徳とは何か」を問うた著作である。

メノンは外国テッサリアの有力者の息子で、弁論家のプロタゴラスから弁論術を学んでおり、政治家になって活躍しようと願う美しい若者である。そのメノンとソクラテスが「徳とは何か」をめぐって対話するのだが、この対話は以下の点でとてもおもしろいものとなっている。

一つには、「〜とは何か」の問いが、生き方の吟味でもあることがハッキリと示されている点である。そしてこれは、「勇気」のような個別の徳ではなく、「全体としての徳」を問うところからもたらされている。徳（アレテー）は人としての優秀性・卓越性を意味する言葉であり、だからこそ、ある人が何をもって徳とみなすか、ということは、その人の生きる姿勢をあらわにしてしまうのである。「徳とは何か」に対するメノンの答えからは、「人を支配し、よいものを獲得できる実力こそが徳だ」という彼の生き方・考え方が透けてみえてくる。

二点目は、探求の「方法」がさまざまに問題とされている点である。メノンが「徳とは何か」に答えるのを容易にするために、ソクラテスは物体の形や色を一般的に定義するやり方を例示しており、その他にも、循環論法の禁止（徳の一部である正義でもって徳の全体を説明することはできない）や、幾何学の証明を思い起こさせる「仮説（ヒュポテシス）」を用いた探求の仕方も登場する。さらに「そもそも知らないものをどうやって探求できるのか」という難問をメノンが提示すると、ソクラテスはいわゆる「想起説」によってこれに答える。

三点目は、「徳」とは何かについて、かなり明確な答えが与えられている点である。徳がある種の「知」であることが明らかにされるとともに、「よさ」の根拠を問い確かめる営みとしての哲学（愛知）の重要性が、間接的にではあるが、これまでの作品よりも一歩深まった仕方で伝わってくる。

この節では、とくにこの三点目についてみていくことにしたい。本文の中ほどに、「徳は知といえるか」をメノンとソクラテスが検討する箇所があるが、ここを取り出して集中的に読んでみることにする。

『メノン』のおおまかな流れ

そこまでの流れを大まかに確認しておこう。作品冒頭で、メノンは「徳は生まれつきのものか、それとも教えられるものか」とソクラテスに問う。政治家として活躍できる能力こそ徳だと思い、ゴルギアスからも弁論術を教えてもらっているメノンは、当然「教えられる」という答えを期待している。しかしソクラテスは例によって「そもそも徳とは何かすら私は知らない、君はどう考えるのかね」といって、「徳とは何か」の問いにメノンを引きずり込む。

するとメノンは、「男の徳とは、国事を処理する能力を持ち、かつ処理するにあたって、よく友を利し敵を害し、しかも自分はそういう目にあわないように気をつけるだけの能力を持つことです。女の徳とは、所帯をよく保ち夫に服従することによって、家そのものをよく斉《ととの》えるべきです。他にも子どもの徳も、召使いの徳もあるでしょう」(『メノン』71E、大意)と、さまざまな実例を出して答える。

するとソクラテスは『ラケス』のときと同様に、①それらの例に共通していて、かつ②それらが徳と呼ばれるべき根拠(共通性+根拠=本質)を答えるように、と求める。

そこでメノンは、「徳とは人を支配する能力だ」とか「徳とはよいものを獲得する力だ」と答えるが、「「正しく」行わなければ徳とはいえないのではないか」とソクラテスにいわれ、それを認める。だがそうなると、徳を「正しく人を支配する能力」や「正しくよいものを獲得する力」と定義することになり、「正しい(正義)」という徳の一部でもって徳全体を定義することになる。この循環論法はダメだ、とソクラテスは指摘する。*

＊この失敗は、たんにメノンの論理的思考の弱さから出たものではない。支配したり獲得したりできる「力」こそが〈徳=人間としての立派な能力〉の核心だと思い込み、その見方を相対化できなかったからこそ、この失敗が生じたのである。メノンはいったん、これまで自明なものとして抱いてきた徳の見方を捨てて、〈徳=人間としての立派な能力とは、そもそも何なのか〉と自身に問いかける必要があった。そのさい、正義や節度が大事な徳とされてきた理由についても、あわせて考えなくてはならなかったはずである。

こうしてなかなか答えられないのにしびれを切らしたメノンは、「そもそも知らないものをどうやって探求できるのか」という（〝逆ギレ〟的）難問を出すが、ソクラテスはこれに「想起説」で答える。すなわち、「神々のことに関して知恵がある人」から、魂は不死で何度も生まれ変わっていると聞いた。だから、徳についても他のことについても人は知っていたのであり、探求はまったく知らないことを知るのではなく、思い出す（想起する　アナムネーシス anamnēsis）ことなのだ、というのである。――これは神話的に語られているが、徳などの探求はまったくの無知から始まるのではなく、体験的にわかっていること（実感）を明確化することだ、と私としては読んでみたいところである。

「よいもの＝有益なもの」の検討

さらに「徳とは何か」の探求を続けよう、とソクラテスがいうと、メノンは承諾しながらも、まず「徳は教えられるかどうか」を知りたい、といい、それを承知したソクラテスは「徳が知であれば教えられることになるのだから、徳が知かどうかを考察しよう」という（『メノン』87B以下）。

「徳は知であるかどうか」の検討をはじめるにあたって、ソクラテスは次のことを確認する。

①徳は「よいもの（アガトス）＝有益なもの（オーフェリモス ōphelimos）」である。だから、
②もし、「よいもの＝有益なもの」のすべてが知である（知にもとづく）ものならば、
③徳は知であることになる。

以上の三点を確認したうえで、ソクラテスは「よいもの＝有益なもの」を具体的に挙げながら、その性質を検討していく作業に入る。

まずソクラテスが挙げるのは、「健康、強さ、美、それに何といっても富のようなもの」である。しかし「これらは正しい使用に導かれるときにはためになるが、そうでないときには、有害となってしまうのではないか？」と彼はいい、これにメノンも賛同する。

次にソクラテスは、「魂に属することがら」で有益なものを挙げる。「節度、正義、勇気、ものわかりの良さ、記憶力、堂々たる度量」である。これらもやはり、ためになることもあるが有害であることもある。たとえば勇気が知でなくある種の「元気」のようなもので、知性なしにただ単に元気を出すという場合には、害をこうむるからだ。

だから、「魂に属することがら」は、それ自体は有益でも有害でもないが、知もしくは無知が働くことによって有益となったり有害となったりする。こうして「徳が有益なものであるからには、かならず知［思慮 フロネーシス］でなければならない」（88D）。

すると、先の健康や富などのあらゆるものについても同じことがいえる。「魂がこれら富などを正しく使用し導くならば、そうしたものは有益なものになるが、正しく使用しなければ、有害なものになる」（88D—E）。

こうして、「魂に属することがら」も、他のすべての物事も、その「よさ＝有益さ」はすべて、「徳である知」にもとづくことが明らかになった。——なお以上は、『弁明』のなかの「徳にもとづいて金銭や他のものはすべて、個人的にも公共的にも、人間にとって善きものとなるのだ」（30A—B）という言葉をふたたび取り上げて、詳しく展開したものである。

「よしあしを判定する知」としての徳

こうして「徳は知である」ことになり、そこから「徳は教えられる」という結論が導かれた。しかしこの結論じたいはあまり重要ではない。それよりも、このくだりでは「よさ＝有益さ」を可能にするものを追いつめていって、そこに「知」が見出されたことが重要である。そして徳はまさにそのような「知」であることが語られている。

それはどのような知なのか、と問いたくなるが、これについてもその輪郭はすでに描かれている。つまり①単なる情報や技術知ではなく、物事が真によいものかよくないものか（有益か有益でないか）を判定しうる知であり、かつそれは②その判断にもとづいて魂の他のさまざまな能力や富や健康のような資源を導くことができるという点で、能動的な力としての知でなくてはならないだろう。

①について私なりに敷衍《ふえん》してみよう。徳＝知はもっとも有益なものであり、幸福をもたらすもの（88C）とされていることからすれば、それは、自分自身の幸福を可能にするもの（また破壊するもの）は何であるか、さらには他人や社会の人びとの幸福を可能にするもの（また破壊するもの）は何であるかについて深い洞察をもつこと、といえるかもしれない。

②について。徳（アレテー）には物事をなしうる優れた「力」という意味あいがあり、メノン

も徳を、人を支配したり財を獲得したりできる力としてイメージしていた。他方のソクラテスにとっては、その力とは、魂のさまざまな能力を導き、ひいては諸資源を用いることができるという意味で「力としての知」であったともいえるだろう。

徳を育成する営みとしての愛知

『メノン』の続きをたどってみよう。いったん「徳は教えられるもの」と結論が出たのだが、ソクラテスは「しかし自分には徳は教えられるのかどうか、確信がもてない。なぜなら、かつて徳を教えられる教師はいなかったし、かつての偉大な徳ある政治家たちも、自分の息子を徳あるものには育てられなかった」（95A―96D、大意）と言いだす。

確かに彼らは、正しい「思わく」（ドクサ doxa　個人的信念や考え）をもっており、だからこそ正しく立派な行為ができた。「しかしそうした考え［思わく］は、長期間留まってはくれないで人間の魂から逃げ出してしまうので、したがって人がこれらの考え［思わく］を原因の推論［aitias logismō］により縛りつけてしまうまでは、たいした価値はないのだ。［……］だが、いったん縛られたならば、それらの考え［思わく］は初めに知識［エピステーメー　epistēmē　根拠を伴った知］になり、しかるのち、安定的に持続するものになる」（98A）。だが残念ながら、これまでの偉大な人物たちは「思わくの正しさ」によっていたのであって、正しさの原因を明確に理解していたわけではない。彼らはいわば詩人のように〝霊感を吹き込まれて〟正しい行為をしたにすぎなかったのである。

さて、これまでの『メノン』の議論によって、プラトンが愛知の営みをどのようなものとして考えていたのかが、きわめて明確になっている。つまり、

①愛知とは、対話を通じて、各人が自分のなかのあいまいにわかっている（あるいはあいまいにしかわかっていない）ことを明確化していきながら、「なぜそれがよいことなのか」の根拠をハッキリつかむことである。

②そうすることで、知は「よしあしを深く判断し、これにもとづいて魂の諸能力や諸資源を導く力」となる。これこそが霊感や個人的信念に導かれるのではない「徳」である。

以上のことから、

③したがって愛知とは、そのような「知である徳」を育成しようとする営みである。

ということになるはずだが、しかし、この③は『メノン』では語られないままに終わる。『メノン』の最後で、ソクラテスはこれまでの議論をまとめて、「徳にはそれを教える教師はいない」のだから、「徳は教えられるものでもないし、知でもない」ということが同意された。しかしそれだけではなく、「人を正しく導くのは、正しい考え［思わく］と知識の二つだけである」ということも同意された（98E—99A）と述べている。

思わくと知識だけが人の行為を正しく導くのであれば、「徳は知ではない」という結論ではなく、思わくを育てて「知である徳」に至る可能性が認められなくてはならないはずだが、『メノ

ン』のソクラテスはこの点にはふれない。

こうして、〈徳は簡単には教えられないとしても、知である徳を育てていくプロセス＝愛知の営みがある〉というプラトンの想いは隠されたままに、『メノン』は終わる。しかしこの育成プロセスとしての愛知のあり方は、続く『饗宴』『国家』『パイドロス』などのいわゆる中期対話篇のなかで、はっきりと語られることになる。

2　人は「何を求めて」生きるか——エロス（恋愛）と魂の欲求

続いて、中期対話篇の『饗宴』を読んでいこう。これは、酒宴に集まった当時の知識人たちが、酒をほどほどにしてエロス（恋愛）の神を讃える演説をそれぞれ行う、という体裁で描かれた作品である。演説を行う者の言葉を、その人らしく書き分けているところなど、プラトンの文才がまさしく花開いている感がある。

話にはそれぞれに興味深い点があるが、ここでは、いわば前座を務める五人の話が終わったあとにソクラテスが語る「エロス論」を中心に検討することにしたい。

ちなみに、エロスという言葉はこれまで「恋愛」「恋」と訳されてきたが、『饗宴』の訳者中澤務は、エロスは「激しい性的な欲望」を指し、フィリアは肉親間、友人間に働く「より静かな情愛」を指す言葉であると述べて、エロスのもつ「激しさ」を強調している。[23]

さて、ソクラテスは、これまでの五人のようにエロス神を讃えるスピーチをするのではなく、マンティネイアというポリスからやってきた、巫女のような謎の女性であるディオティマがかつてソクラテスに語ったという、「エロスの道」を紹介する。そしてその道は、最後には「美そのもの」（美のイデア）に到達することになる。

では、この『饗宴』のおもしろさは、いったいどこにあるのか。私見では、恋愛という人間にとって重要な体験の意味を、「人はそもそも何を求めて生きるのか」という地点から考察しているところにある。人も動物の一種だから、身体的欲求（飢え・乾き）を満足させようとするし、さらにその満足が安定して得られるように衣食住を配慮する。しかしそれだけを人は求めているのか、と問われれば、多くの人は「いや、そうではない」といいたくなるだろう。では「何を」求めているのか？　この〈身体的欲求の充足を超えて、人はいったい何を求めて生きているのか〉という私たちの抱く疑問に、プラトンのエロス論はじつに示唆的な回答を与えているのである（とくに動物と対比的に語ってはいないのだが）。

エロス（恋愛）論の要点

そのプラトンのエロス論は大きく三つの部分に分かれるが、それぞれの要点を簡潔にまとめてみよう。

1．エロスは「よいもの」を永遠にわがものにすることを求める。

・人は、〔美しいものを含む〕「よいもの」をわがものにすることを求める。その目的は幸福〔エウダイモーン eudaimōn〕になることにある。金儲けをする、スポーツを愛する、知を愛する、などもすべて「よいものへの欲望」であるが、とくに恋愛の欲望が「エロス」と呼ばれてきた。

・人は「常に」よいものを求める、ということから〔いささか強引に〕〈エロスは、よいものを「永遠に」自分のものにすることを求めている〉と結論される（２０４Ｃ—２０６Ａ）。

２．エロスは名誉と不死を求め、そのために子どもをつくろうとする。

・人は名誉と不死とを求めており、肉体的・精神的な「子ども」をなすことでそれを実現する〔明確ではないが、エロスが究極的に名誉と不死を求めていることが示唆されている〕。

・魂が生みだす精神的な意味での子どもとは、「知恵をはじめとするさまざまな徳」であり、具体的には、詩人のつくりだした作品や偉人たちのつくりだした法制度のなかに体現されている。とくに最上の知恵は「国と家とを治める知恵」である（２０６Ｂ—２１０Ａ）。

３．「エロスの道」には五つの段階がある。

・「エロス〔恋愛〕の道」には「究極にして最高の奥義」がある。それは、美を求めるエロスの道を正しく歩んで、精神的な子どもである「知恵と徳」を生みだし、最後に究極の「美そのもの」に出会うことである。

・美を求めて進む段階は、少年愛〔パイデラスティア：年長者が若く美しい子と恋仲になり、その子を立派な大人に育てていく古代ギリシア世界の文化〕を背景に、以下のように語られる。

①容姿の美：若いときは一つの「美しい体」を愛して、その人を賛美する。

②魂の美：魂の美しさのほうが体の美しさよりも尊いと考えるようになり、魂の美しい者を愛していつくしみ、「若い人たちをより優れたものにしてくれる言葉」（210C）を生み出す。
③ふるまいと社会のならわしのなかにある美：これを観察し、それらが密接に関係しあっていることに気づく。
④知識の美：「知を求める果てしなき愛のなかで、たくさんの美しく荘厳な言葉と思想を生み出す」。つまり哲学をする。
⑤美そのもの：彼は突如「ある驚くべき本性を持った美を目の当たりにする」。それは、（一）永遠で不生不滅であり、（二）どんな視点からも美しい、相対性を超えた美であり、（三）他の具体物に影響されず「常にただ一つの姿で」独立して存在しており、そして（四）これ以外の美しいものはみなこの美をなんらかの仕方で分かちもつことによって、美しい。これが、エロスの道の終着点としての「美そのもの」（美のイデア）なのである（210A―210C）。

〈承認の欲望〉と〈連続性の欲望〉

巫女の女性によって語られることもあって、その内容は論理的であるというよりかなり直観的でもあるのだが、以上の論に私なりに検討を加えてみよう。

1では、「激しく求めるもの」であるエロスが、どんな人間のなかにもある「よいものへの欲求」、つまり人間の根本的な欲求として一般的に把握されている。そして、恋愛が金儲けやスポーツや知への愛などの、一つとして捉えられている。そしてエロスの求める目的は「幸福」だとされるが、その「幸福」とはいったい何か、ということはここでは追求されない。2では、恋愛の欲望が名誉と不死への欲望に通じることが示唆され、それが具体的には肉体的または精神的に「子どもをつくる」ことによって実現されると言われる。

この名誉と不死への欲望については、ディオティマの次の言葉が印象的である。「なにしろ、人は、名をあげて〈不死なる栄誉［クレオス kleos］を永遠に手に入れること〉を求めるエロスゆえに、ものすごい状態に陥るのだからな。すなわち、人は子どものためよりもはるかに熱心に、名誉のためにあらゆる危険を冒し、金を使い、あらゆる苦難に耐え、そして死をもいとわぬのだ」（２０８Ｃ―Ｄ）。

この文章は、人の求めるものが、身体的欲求の充足や衣食住の安定にとどまらないこと、究極的には「死をもいとわない」ことすらあることをよく示している。読者のなかには「名誉のために死にたくなんかない」と思う人もおられるだろうが、〈自分の行為や仕事を、皆が心から素晴らしいといってくれること〉をうれしく思わない人もいないだろう。

つまりこの引用文には、論証されているわけではないが、きわめて鋭い直観が含まれている。「名誉」は人間のなかに〈承認への欲望〉があることを、「不死」は〈連続性への欲望〉があることを示しているからである。この二つの欲望について、少し述べてみたい。

一九世紀初頭のドイツの哲学者ヘーゲルは、人間の欲望が身体の快と安全を守ろうとする欲求を超え出るものであり、その核心が〈承認への欲望〉にあることを明確に描き出している。『精神の現象学』（一八〇七）の「自己意識」の章で描かれる人間論は、〈他者に自己の価値を認めさせたいという承認の欲望〉を柱とするものである。人は、他者に自己の価値を承認されたいと望みながら、しかし同時に、自分の望むことを望むようにやりたいという〈自由への欲望〉をもっており、この二つの欲望の相克に苦しむ。この自己意識の章は（さらには『精神の現象学』の全体も）、人が〈承認の欲望〉と〈自由への欲望〉とをしだいに調和させていく成長のドラマとして描かれているのである。*

＊竹田青嗣・西研『完全解読　ヘーゲル「精神現象学」』講談社選書メチエ、二〇〇七年、または竹田青嗣・西研『超解読！　はじめてのヘーゲル「精神現象学」』講談社現代新書、二〇一〇年の、「自己意識」の章を参照。

もう一つの〈連続性への欲望〉とは、私がそのように呼んでみた言葉だが、これは人間が「有限な生」を生きる、というところからくる。二〇世紀ドイツの哲学者ハイデガーは、『存在と時間』（一九二七）のなかで、人は「時間性」を生きる存在であると述べる。私なりにわかりやすくいってみると、〈これまで〜してきた私は、これから…しようとして（…でありたいという可能性を求めて）、いま—している〉という時間的な人生の了解（ないし時間的な物語）を形づくりながら人は生きている、ということになる。また、だからこそ人は、この物語がいつか終わりになること、つまり「死＝あらゆる可能性が無になること」がやってくることを知っているのである。

おそらく人間以外の動物は、この意味での死を知らない。なぜなら、人間は「言葉」を用いることによって時間的な物語をつくれるが、言葉を持たない動物は物語をつくれないからである。そして、人は「自分の死」ということを「まったくの無」としては受け入れがたいだろう。

「自分が死んでも、子どもは生き続けていってくれる」とか、子どものいない人でも「後輩がこの仕事を継いでくれる」、さらには「自分が死んでも、故郷のこの風景は残る」というように、自分とつながりのある何かが自分の死後もこの世に残り続ける、という意味での「連続性」を、人は必要とするのではないだろうか。

光り輝く名声までは必要でなくても、自分の仕事や行為を他者からよいものとして認めてもらうことは必要であり、また、不死までは必要としなくても、死後も自分に関わりのある何かが続いていくことを、おそらく人は必要とするのだろう。

そして、この承認と連続性への欲望は「子どもをつくる」という論点につながっていくのだが、そこに進む前に、考えておかねばならない点がある。プラトンは、恋愛の欲望が名誉・不死の欲望へとつながっていることを示唆していたが、しかし、恋愛の欲望はほんとうに名誉の欲望とつながっているのだろうか?

恋愛と名誉（愛情的承認と評価的承認）

恋愛の欲望は、身体的欲求の充足を無視しても、人が激しく求めるものである。その激しさと非日常性の点では、確かにディオティマの語る名誉の欲望と似ている。しかし、好きな人を「わがもの」にしようとするときには、人は、相手が「自分だけに」関心をもってくれることを求める。恋愛が究極的に求めるものは、世間の用事いっさいを逃れて、二人だけでふざけたり、いっしょに同じ風景や映画をみたり、ときには互いの身体をむさぼるように味わおうとしたり、というように、「二人だけの魂と肉体の共振」を実現することだろう。

この、二人だけの世界を作ろうとする点で、恋愛の欲望は名誉の欲望とは大きく異なる。その点で、ディオティマの語る「エロスの道」は、ほんらい二者関係を核心とする恋愛を、社会的な名誉や徳と結びつけようとするものであり、その点に不自然さを感じる人もいるかもしれない。私自身もやはり、恋愛と名誉の欲望には大きな質のちがいがあると考える。つまりこの二つは、ストレートにはつながらないのである。

しかしそのことをふまえたうえで、〈愛情〉を求める欲望（これが激しくなれば恋愛の欲望になる）と〈評価〉を求める欲望（これが激しくなるとディオティマのいう名誉の欲望になる）とは、ともに他者からの承認に関係している点では共通性がある。

〈愛情的承認〉の場合には、自分という存在を評価ぬきで丸ごと認めて受け入れてくれる（好きでいてくれる）ことが重要であるのに対し、〈評価的承認〉は自分の仕事や作品を他者たちがよいものとして受けとめてくれる、つまり「評価」が問題になる点で大きくちがう。しかしどちらも、自分を価値あるものとして認めてもらうという点で、共通しているのである。＊

＊この承認の欲望はそもそも何に由来するのか、という大きな理論的な問題があるが、幼児がオギャーと泣くと親がそれに応えてオッパイをあげたりオムツを代えたりすること、つまり愛情に満ちた「欲求の応答関係」がその基礎だと考えられる。竹田青嗣『欲望論　第二巻』は、人間の赤ちゃんの場合、しばらくすると身体的欲求の充足だけでは満足できなくなって、「関係感情の快」（愛情的承認）を強く求めるようになり、さらにそこから「自我をほめてもらう快」（評価的承認）に進展していく、とみなしている。[24]

そして、この愛情と評価の二つは、どちらが欠けても人生の幸福が困難になるような「人の求めるもの」だといえそうである。――さらに、この「人の求めるもの」に、「自由な味わいの追求」を私は付け加えておきたい。さまざまな制約から離れて、自由に楽しいこと・新しいこと・興味のあることを追求し味わう時間をもつことも、人にとってまさしく〝必要〟だからである。

二者関係の美から公共的場面の美へ

さて、このように整理してみると、ディオティマの語るエロスの道の奥義とは、この愛情（恋愛）と評価（名誉）の二つを、パイデラスティア（少年愛）を通じてつなぎ、育んでいく道であると言える。つまり、容姿の美や魂（心）の美のような「親密な二者関係における美」から、人のふるまいや社会制度の美、さらには知恵の美のような「社会的・公共的な場面における美」へと、この道は進んでいく。

そこでは、それぞれの美はまったく別種のものではなく、根本的には同質のものが形を変えて進展していくようにみえる。しかしこの点について、疑義をもつ人もいるかもしれない。

まず、「容姿の美」から「魂の美」に移る、という点について。容姿の美には、性的な魅惑力、つまりまさしく〝エロティック〟な魅力が含まれている点で、それは魂の美しさとは異質なものではないか、という疑問である。たしかに、性的な欲望には、おいしい果実を味わうように相手の美しい肉体を味わい尽くそうとするところがあり、そこには「魂の美」は無関係かもしれない。

しかし、単なる性的欲望ではない「恋愛」には、相手をいとおしく思い大切にしたいということが必ず含まれている。恋愛が特別なドラマとして歌や映画で描かれるのは、その体験が非日常的な強烈さ（不安や嫉妬、また天にも昇るような心地）をもつだけでなく、恋愛のなかで湧いてくる相手への〝いとおしい〟気持ちが、しばしば他者や社会に対する不信と乾きを抱えて生きる私たちにとって、泉のような癒やしの体験として現れてくるからだろう。このように、恋愛のなかには「互いを慈しみ大切にしたい」気持ちがあり、それは、互いへの美しい気持ちやふるまいを育てる努力につながっていくことも多い。その意味では、容姿の美しさから魂の美しさへという進み行きは、おおむね成り立つと思う。[*]

＊このプラトンの進行とは対照的に、ジョルジュ・バタイユ『エロティシズム』（一九五七）はあくまでも「性的な魅惑力としての美」の根拠を解明しようとしているが、やはり優れている。

では次の、「親密な二者関係における美」から「公共的な場面における美」への進展はどうだろうか。親密な二者関係における美は、それが魂の美であっても「二人だけ」の世界のものであるのに対し、社会的な場面における美は、人びとが気持ちよくいられるように公平な配慮をしたり、集団や社会によく貢献したりすることの「美しさ」を指すのだろうから、両者のなかにはやはり質の違いがある。

しかし、恋愛のなかに含まれていた、相手を慈しみ、互いの関係をよいものに育てていこうとする気持ちは、他の人びとや集団や地域や国をよいものに育てていこうとする気持ちと、まったく別のものではないはずだ。そうだとすれば、パイデラスティアという二者関係のなかで、公共的な場面についての「知恵と徳」を育もうとしたことは、それほど無理なことではないと思う。

そして、プラトンの思想がおもしろいのは、「知恵と徳」を求める心と、名誉心つまり自分の「評価」を求める心を、背反するものとみていない点である。むしろ、皆からほめられる自分でありたい、ということを、どんな人にも備わっている欲望とみなしたうえで、それを「ただほめられさえすればいい」というものではなく、「ほんとうに人びとの幸せに通じることとは何か」（家や国家を治める知恵こそ最上のもの、とディオティマは言っていた）を問い確かめつつ実践していくような欲望へと育てていくことを、プラトンは考えていたのである。

哲学という生き方

このエロス論によって、プラトンのめざす愛知とはどのようなものであったかが、よく伝わってくる。愛知の営みは、「この人」を恋し大切に思う気持ちとまったく別なものではない。むしろその大切に思う気持ちからスタートし、それを、「人びと」の幸福を願う公共的な場面での知恵と実行力（つまり徳）へと育てることが、愛知として考えられている。そして、このような知恵（これはもちろん、社会的な人びとの幸福の条件だけでなく、個人的な幸福の条件を考えることも含むだろう）を人びとと対話しつつ育てていくことが、ソクラテス－プラトンの実践であり、生き方だったのである。

このようなプラトンの哲学観に対して、私自身は、哲学とはもともとそういう願いであり実践だったのだなあと思って、勇気づけられる想いがする。しかしまた、教育現場や、学生たち、また市民たちと哲学の対話をするときには、さしあたってこのこと（人びとや個人の幸福を願い、その条件を考えること）は私のなかの「想い」として潜めておきたい、とも思う。

なつかしさや嫉妬のような感情、勇気や正義のような価値について語りあうとき、まずは、それぞれの人がそれらをどのように体験しているか、その体験を率直に語りあいわかりあおうとすること、そしてそこから、互いの生の条件のちがいや、しかし深く共通するものとを新鮮に体感すること、それらのことが哲学対話において最も大切だと思うからだ。そこから、互いの生への深い共感が育ってきてはじめて、個人と人びとが幸福に生きられるための条件を確かめ、それを美しい「知恵」へと育てたいという意欲が対話者たちのなかに育ってくる。そのように、私としては考えたい。

「美そのもの」

最後に、エロスの道の最終到達点として、「美そのもの」（イデア）が登場するということの意味について、考えておきたい。

まず、美のイデアが最後に登場することには、知の探求の「最終目的」を設定するという意味があった、ということが考えられる。つまり、何が正解なのかを示すことはしないままに、〈美とは何かの哲学的探求は無駄ではないよ、最終的な目的地があるのだ〉というメッセージを伝えようとした、ということだ。

しかしそうだとしても、探求の結果として、すべての具体的な美しいものが分かちもっているとされるような、「美そのもの」を私たちは想定することが可能だろうか。『饗宴』でソクラテスの語る美の具体例はすべて「人間の容姿及び人間関係上の美」といえるところがあり、その点では共通点をもっているといえるだろう。しかし、嵐の勇壮さや、秋の空の吸い込まれるような蒼《あお》さ、一輪の花の色の鮮やかさをも含み込むような「美の本質」を立てられるだろうか。すべてが「人間」の感じることであり、かつ、それらすべてを「美」という言葉で呼ぶ以上、そこに共通するものを言葉にすることは不可能ではないかもしれないが、しかしそれを強行すると、結果的にきわめて形式的・表面的な答えになってしまう可能性もありそうである。

哲学対話としては、私たち各人の具体的な「美の体験」を出しあいながら、それらのちがいと共通性とをていねいに確かめていくのが本筋であって、いきなり「普遍的な美の本質がある」と想定しないほうがよいと私は考える。しかし、私たちのさまざまな種類の美の体験を、それぞれの成り立ちを含めて理解することを「課題」とすることは可能であり、それらの作業が最終的に美をトータルとして捉える結果につながる可能性はあるかもしれない。

もう一つ問題になるのは、イデアの「存在の仕方」である。探求の結果として得られる知恵ということであれば、それなりに了解できる。しかし『パイドロス』では、「神に供える物語」という体裁ではあるが、イデアは、転変し生成する現実とは異なる、永遠不滅の真実在（真に存在するもの）とされ、天上にイデアの世界があるようにも語られている（『パイドロス』２４７Ｃ―Ｅ）。この点をどう理解したらよいか、やはり難しさが残る。このイデアのあり方については、続いて『国家』篇の「善のイデア」のくだりを検討しながら考えてみることにしよう。

3　国家と魂の徳、善のイデア――『国家』

『国家』はこれまでのプラトンの著作のなかでもっとも大きなものであり、そこでは「理想の国家」のあり方、またその国家と魂における「徳」のあり方が明確に語られ、さらに、国家の統治者たるべきものへの教育に関連して、いわゆる「善のイデア」が語られている。プラトンがそれまでに蓄えてきた国家の思想を一挙に噴出させた感がある。

しかしここではその全貌をとりあげるのではなく、①前期に取り上げられてきた知恵・勇気・正義・節度などの徳が、国家と魂においてどのようなものとして示されているか、さらに、②正義などのもろもろのイデアを統括するものとされる「善のイデア」はどのように語られているのか、の二点に絞って、そのあらましをたどってみることにしたい。

3-1　国家と魂の徳

『国家』篇はもともと「正義とは何か」をめぐる対話から始まる。「正義とは強者の利益である」と主張するトラシュマコスを論破したあと、ソクラテスはこう提案する。大きな「国家」というもののなかで正義がどのように働いているかを観察し、それから小さな「魂」のなかでの正義の働きをみてみよう、と。そして、まずは思考実験として、言葉でもって国家をつくりあげていく作業にとりかかる。

「必要」から国家が生まれ、守護者が登場する

そもそも国家が生まれてくるのは、「われわれがひとりひとりでは自給自足できず、多くのものに不足しているから」(３６９Ｂ)である、とソクラテスはいう。つまりわれわれの「必要」(クレイアー **chreiā**)(３６９Ｃ)のために人びとが集まって居住するようになったものが、国家である。そして、必要のなかで最も重要なのは食、住、衣だから、農夫、大工、織物工、さらに靴作りなどの四、五人からなる国家が、国家としての最小単位であるとされる。

その国家では「分業」が行われる。一人ひとりの人間が自分の資質に合ったものを専門的に作るほうが、できもよいし効率的だからである。こうして職種も人間も増えていき、質素だが幸福な「健康な国家」ができていく。

しかし寝椅子や食卓、おいしい食事、デザートなどもないとつまらない、という対話者グラウコンに対して、ソクラテスは、人びとがぜいたくを求めるようになると国家は「熱でふくれあがった国家」になり、財貨を求めて他の国の土地を切り取ろうとする。他の国もそうしようとするから、戦争が起きると述べる。

こうして戦争をすることになると、それを専業とする人びと、つまり「守護者」(ピュラクス **phylax**)(３７４Ｅ)が必要となる(そこには軍人と統治者が含まれるが、最初は区別されず一体とな

っている）。そして、資質ある子どもを見つけて魂と身体とを教育し、気概と知恵と愛国心をあわせもつ守護者に育てあげることが、国家としてきわめて重要になる。とくに統治者は哲学する者でなくてはならないとされ、その教育法が『国家』篇の大きなテーマの一つとなり、体育や文芸の教育についても詳しく語られていく。

国家における徳（優秀性）

続いてソクラテスは、「完全な意味においてすぐれた国家」（427E）において、知恵・勇気・節度・正義の四つの徳（優秀性）を見つけ出していく作業にとりかかる。

まず、国家に「知恵」が備わっている、というときの知恵は、いわゆる技術知ではない。そうではなく「全体としての国家自身のために、どのようにすれば自国内の問題についても他国との関係においても、最もよく対処できるかを考慮するような知識」（428D）、一言でいえば国を統治するための知恵だが、これは守護者のなかの統治者がもっていなくてはならない。

続く「勇気」は、軍人の種族がもつ。そしてこれは「恐ろしいものとそうでないものについての、正しい、法にかなった考えをあらゆる場合を通じて保持しつづけること」（430B）である。立法者に教育されたとおりの考えを持ち続け、苦痛、快楽、欲望、恐怖のうちにあっても、それを投げ出さないのが勇気である、とされる。

ここでは、『ラケス』や『プロタゴラス』で出されていた「恐ろしいものと恐ろしくないものの知」という勇気の定義が、〈法ないし立法者からの教育に背くことこそ真に「恐ろしいこと」

であって、命を失うことは恐ろしいものではない〉という仕方で具体化されていることがわかる。

続いて「節度」はどうか。理想国家のなかでは「多数のつまらぬ人たちのいだく欲望が、それよりも数の少ない、よりすぐれた人々の欲望と思慮の制御のもとに支配されている」(431C―D)のでなくてはならない。そして、支配する人も支配される人も「だれが支配すべきか」について合意している必要がある。この合意ないし協和こそが「節度」であり、これは特定階層のなかにあるのではなく国家全体のなかにある、とされる。

最後に「正義」。「各人は国におけるさまざまの仕事のうちで、その人の生まれつきが本来それに最も適しているような仕事を、一人が一つずつ行わなければならない」「自分のことだけをして余計なことをしないことが正義なのだ」(433A)とされる。

具体的には、三つの階層(金儲けを仕事とする種族、補助者[軍人]の種族、守護者の種族)がそれぞれ本務に専心するのが正義であり、たとえば軍人に属する者が政務に就こうとすることは不正であり、国家にとって最大の害悪であるとされる。

ところで、この「自分のことだけをする」というプラトンの正義の規定は、社会正義という言葉で「公正さ」などをイメージする私たちの感度とは、かなりずれる。私たちはしばしば、法が実現しようとする目的、たとえば人権が守られ、教育の機会均等が実現されることなどを正義と呼んでいるからである。おそらくプラトンは、国家が全体として「正しく」働くこと(=国家の秩序が安定し各人の幸福を可能にするものとして機能すること)を最重要とみなしており、そのための最大の条件として「各種族の職務専心」を挙げているのだろう。正しく機能する国家が成り立つための最も重要な条件として、ここでの正義は考えられているのである。

魂の三つの部分と徳

次にソクラテスは、国家から個人の魂に眼を転じて、魂において以上の四つの徳がどうなっているかを調べていく。

そのさいソクラテスは、まず、一つの魂が三つの部分に分けられることを示し、魂を三つの部分が協同したり対立したりするような「共同体」とみなす。

すなわち、「魂がそれによって理《ことわり》を知るところのもの」は〈理知的部分〉と呼ばれるべきであるのに対し、「魂がそれによって恋し、飢え、乾き、その他もろもろの欲望を感じて興奮するところのもの」は、非理知的な〈欲望的部分〉とされる（４３９Ｄ）。

そしてこの二つに〈気概的部分〉が付け加わる。これは〈理知的部分〉の行う支配に従い、その味方となって戦うものであり、国家における軍人の種族に対応する。

こうして、国家と類比的な仕方で、魂の四つの徳が以下のように規定される。

まず、「知恵」は〈理知的部分〉に属するが、魂の全体を配慮するものであって、「三つの部分のそれぞれにとって、またそれらの部分からなる自分たちの共同体全体にとって、何が利益になるかということの知識」（４４２Ｃ）とされる。

次に、「勇気」は〈気概的部分〉に属し、「さまざまの苦痛と快楽のただ中にあっても、恐れてしかるべきものとそうでないものについて〈理性〉が告げた指令を守り通す」（４４２Ｃ）ことであり、「節度」も「それら［三つ］の部分の相互の友愛と協調」（ibid.）とされる。

では、最後に「正義」はどうなるか。ソクラテスは、金銀の預かりものを横領する、神殿を荒らす、仲間や国を裏切るなどの、いわゆる不正な行為は、よく養育された個人のなしうるものではない、と述べる。よく養育された個人のなかでは、三つの部分がそれぞれ自分の仕事をして余計な手出しをせず、三つがちょうど音階の調和のように結びあって一人の人間になりきるからだ、と。

このように国家の場合と同様、三つの部分がそれぞれ自分の仕事に専心している状態が、正義とされる。つまり、魂の徳としての正義は魂の諸部分の内的な調和であるとされ、それが、具体的な正しい・あるいは不正な行為として外に現れるということになる。

＊

以上の論は、若いころから政治に関心を寄せ、またソクラテスとともに魂の徳を問うてきたプラトンが、これまで考えてきた国家と魂の「徳（よさ）」についての自身の思想を明確な形として提示したものといえる。「この答えは決定的なものではない」と『国家』のソクラテスは断るのだが、しかしやはり、これはひとまとまりの論になっており、前期対話篇に対する「結局、探求しても答えなど出ないのではないか」という、おそらく当時の人びとも抱いた疑問に対して、それなりの回答を与えたものといえる。

そしてこの論は、後世にも大きな影響を及ぼしてきた。人びとが生活の必要のために集住して国家をつくり分業が広がっていく、という描き方は、近代の社会思想家たちに大きな影響を与えてきた（スミス『国富論』の分業論は有名だが、ルソー『エミール』にも十人からなる分業社会のくだりがある）。ホッブズから始まるいわゆる社会契約説も、このような国家の思考実験的な構築といってよいだろう。哲学者が統治者になるという構想をそのまま受け取った思想家は少なかったかもしれないが、「国内および対外的にもっともよく対処しうる知」とは何かという問いや、またそのような知をもつ政治家をどう育てるかという問いは、多くの思想家が受けとめてきたにちがいない。また、魂（心）を異なった志向をもつ諸部分からなる共同体として描くというアイデアは、明らかにニーチェ*やフロイトに通じている。

＊ニーチェの断片に、次のようなものがある。「主観を一つだけ想定する必然性はおそらくあるまい。おそらく多数の主観を想定しても同じくさしつかえあるまい。それら諸主観の協調や闘争が私たちの思考や総じて私たちの意識の根底にあるのかもしれない」[25]

しかしそのうえで、豊かな哲学対話を展開するという私たちの関心からみたとき、とくに魂の徳について「なんだかアッサリと答えが出てしまったなあ」という印象をもつ読者もいるのではないだろうか。それは、知恵・勇気などの徳が、魂が安定してよくその能力を発揮できるための機能として位置づけられており、私たちが第5章で検討したような仕方での考察、つまり徳についての私たちのさまざまな体験的な意味をもとにした考察ではないからだ。

ここでのプラトンの徳論は、あらかじめ「望ましい魂」という理想形が決められたうえで、それに奉仕する徳の「機能」が説明されるというものである。しかし、哲学対話を豊かなものとして追求するためには、理想をまず描くのではなく、勇気や正義といったものが私たちの具体的な体験のなかでどのようなあり方をしているかを、さまざまなエピソードを出し合いながら確かめていくことが必要なのである。

そうしてこそ、正義というものがなぜ必要とされるのか、勇気はなぜ大切なのかについて（さらにスポーツや恋愛などにおいて体験的に実感される、さまざまな種類の「よさ」についても）、一人ひとりが実感をもって確かめることができる。そして、これまでの「自己了解」を刷新することができる。「よさ」の根拠を確かめるというソクラテス－プラトンの志向は、そのようにして、各自の自己了解を刷新する営みとして発展させられるべきだろう。そしてそのような気づきを、〈人の体験世界はどのような基本的な構造を備えているか〉という人間論へ集約することも可能だろう。

では、プラトンの国家論についてはどうか。こちらでは魂（心）とちがって、「あるべき」を構想する必要がある。そうでないと、個々の社会政策が立たないだけでなく、私たちの社会の向かうべき大きな方向を語ることもできなくなるからだ。そしてそのさいには、国家は「何を」果たさなくてはならないか（国家の果たすべき役割）、そしてそれとつながるが、法や政策の「正当性」の根拠をどう考えるか、ということが問題になってくる（私見では、国家の役割と正当性について、近代哲学のルソーの『社会契約論』とヘーゲルの『法の哲学』は根本的に考えている）。

プラトンの国家論は、衣食住の必要、防衛の必要、国内秩序の安定の必要などを語っているが、法や政策の「正当性の原則」を解き明かそうとはせず、国家を運営するための優れた正しい知が守護者に属さねばならない、と言われるだけである。この点では、「対等なメンバーからなる国家」を原則とした近代社会との距離を感じずにはおられない。*

＊近代社会における「正当性の原則」については、正義の本質を検討する本書第三部第14章において明らかにされる。

3－2　善のイデア

続いて、「善のイデア」をめぐるソクラテスの言葉をとりあげたい。この「善のイデア」は、統治者たるべき哲学者が学ぶべき「最大の課題」とされるのだが、まず、哲学とイデアと統治との関わりについて、ソクラテスの語るところを確認しておこう。

真の哲学者とは

長々と守護者の教育法と選抜法について語ってきたソクラテスは、哲学者たちが王となって統治するのでなくては理想国家は実現しない、と述べ、「その哲学者とはどのような人間なのか」を規定する仕事にとりかかる（第五巻一九章以下）。そこでソクラテスはおよそ次のようにいう。

――真の哲学者とは「真実を観ることを愛する人たち」（475E）であり、つまり〈正義〉や〈美〉などの「実相」（イデア）を認識しようとする人たちである。しかし「いろいろのものを聞いたり見たりすることの好きな人たちは、美しい声とか、美しい色とか、美しい形とか、またすべてのこの種のものによって形づくられた作品に愛着を寄せるけれども、〈美〉そのものの本性を見きわめてこれに愛着を寄せるということは、彼らの精神にはできない」（476B）。これに対して哲学者は、「それ自体と、それを分けもっているものとを、ともに観てとる能力をもって」（476D）いる。

だから哲学者は、「ちょうど画家がするように、最も真実なものへと目を向けて、つねにそれと関連させ、できるだけ正確にそれを観るというやり方で、美・正・善についてのこの世の法も、制定する必要があれば制定し、あるいは現存の法を守護し保全する」（484D）ことができる。つまり、哲学者はよしあしの判定基準を明確に「範型」としてもっている。だから、哲学者が守護者となり王になってこそ、人びとの品性と国家とをもっともよきものにしていくことができる、とされる。

「善のイデア」こそ学ぶべき最大のもの

続いて、哲人統治者にはどんな知的教育が必要か、という点について、ソクラテスは次のように語る。

——先に、正義、節度、勇気、知恵についてそれが何であるかを語ったが、これは不完全なものにすぎない。このまだ下図にすぎないものを、守護者たるべき哲学者は、完全にしなくてはならない。「不完全な尺度は役立たない」からである。そしてそのさい、「〈善〉の実相（イデア）こそは学ぶべき最大のものである」（505A）。

ちなみに、ここで〈善〉と訳されているのは「アガトス」であって、道徳的な善に限らず、気持ちいい、役立つ、美しい、など「よさ」一般を広く指す言葉である。「善のイデア」という言い方で広く知られているが、「よさのイデア」と理解すべきものであることを確認しておこう。

ソクラテスは続いて、「善（よさ）」のイデアを理解することの難しさを強調する。善（よさ）は「すべての魂がそれを追い求め、それのためにこそあらゆる行為をなすところのもの」でありながら、「そもそもそれが何であるかについては、魂は困惑してじゅうぶんに把握することができ」（505E）ないようなものである、と。

しかしなぜ、この「善（よさ）のイデア」を認識する必要があるのだろうか。ソクラテスはいう、「いろいろの正しい事柄や美しい事柄は、それらがそもそもいかなる点で善いものであるのかが知られないでいるならば、それを知らない人を自分の守護者としてみても、あまり大した価値のある守護者をもつことにはならないだろう。その点を知らないうちは、何びともそれら正や美をじゅうぶんに知ることができないだろう」（506A）。

この言葉からは、「よさ」の根拠を知ることを哲学対話の目的としてきた、初期からのプラトンの見方が、この『国家』篇においてもそのまま生きていることを感じさせられる。正義の事柄というとき、いったいそれは「いかなる点で」よいのか。美しい事柄というとき、それは「いかなる点で」よいのか。そのように問うて、それぞれの事柄の「よさ」の根拠を深く知ることが哲学であるのなら、まさしく「善＝よさ」の認識こそが哲学の最大の課題となることを、私たちも理解することができる。

太陽の比喩

このように語るソクラテスに対して、対話者のグラウコンは、ではあなた自身は善（よさ）をどう考えるのですか、と問う。するとソクラテスは、直接に答えることは無理だが、「善のイデアに最もよく似ているように見えるもの」の比喩で答えよう、といって、太陽の話を始める。――何かを見るときには光が必要であり、「視覚をして最もよく見るようにさせ、見られるものが最もよく見られるようにするもの」は「太陽」である。つまり、太陽が光を発するからこそ、対象は見られるものになり、視覚にも見る働きが与えられる。

ちょうどそれと同じように、「認識される対象には真理性を提供し、認識する主体には認識機能を提供するものこそが、〈善〉の実相（イデア）にほかならない」（508E）。つまり善のイデアは、対象を認識されるようにし、認識する側に「ただしい認識」を可能にするものだ、という。

さらに、太陽が事物を「生成させ、成長させ、養い育くむものでもある」（509B）ように、事物の「あるということ・その実在性もまた、〈善〉によってこそ、それらのものにそなわるようになる」（509B）。つまり、善のイデアは、対象を認識されるようにするだけでなく、その「実在性」をも与えるというのである。

以上のくだりを、私はこう読んでみたい。――物事が認識されるのは、その物事がなんらかの点で「よかったり」「わるかったり」するからである。コップがそれなりの有用性をもち、ある人の演奏する音楽がうっとりするような美しさをもち、またある人の行動が正義を実現するものとして評価されるように、物事はそれが何らかの点で「よい」からこそ認識される。さらに「わるい」ことも、それが何らかの点で「困る」ものであるからこそ認識される。迫ってくる台風はそれが「有害」であるから、ある人の行動はそれが「犯罪」であるからこそ認識され、なんらかの対処が求められることになる。

しかしまた、この事情には、よい／わるいによって物事に光が当たる（いわば、ピックアップされる）という以上の意義がある。なぜなら、〈認識以前に客観的に世界があり物事がある〉と私たちはふつう思っているが、そう考えるのをやめて、〈そもそも生命体の欲求にとってのよしあし（必要か有害か）によって、世界は〝分節〟されてくる〉と考えることができるからだ。つまり、生命体の欲求がなければそもそも世界に秩序などなく、生命体からみたさまざまな用途（よさ）や有害性（わるさ）によってはじめて、世界はさまざまな物事へと区分されてくる、と考えられる。世界の秩序とはそもそも、生命体の欲求によって形作られたものだ、といってもよい。そして、そのように考えるならば、物事の実在性（存在）じたいが、そもそも生命体の「よい／わるい」の分節によって可能になっている、とみることができる。

一九世紀末のニーチェは、そのような見方をハッキリと言葉にしている。彼の遺稿のなかには、次のような断片がある。「現象に立ちどまって「あるのはただ事実のみ」と主張する実証主義に反対して、私はいうであろう、否、まさしく事実なるものはなく、あるのはただ解釈のみと。［……］世界を解釈するもの、それは私たちの欲求である。私たちの衝動とこのものの賛否である[26]」。

このようなニーチェの見方の先駆として、プラトンの先の言葉を受けとってみると、正義・不正、美・醜、道徳的な善・悪、有用・有害、などの諸価値の秩序はすべて、「よい／わるい」という根本的な分節がさらに細かくなったものとみることができる。『国家』篇において、善のイデアは、正義のイデアや美のイデアよりも上に位置する最上位のものとされるのだが、それも、〈善のイデアの探求は、なぜ正義はよいのか、なぜ美はよいのかの認識を含まねばならず、その点で、正義や美など一切の諸価値を包括するもっとも根本的な認識とならざるを得ないから〉と考えることができる。

しかし、この善のイデアはしばしば、唯一絶対の、神のような形而上学的存在者と考えられ、そこから正義のイデアや美のイデアが〝流出〟してくると読まれてきた歴史がある（新プラトン主義的な読み）。しかし少なくとも、先ほどの引用文をみるかぎり、〈「善（よさ）とは何か」の探求は、正義や美の探求をも包括する点で、まさしく最大の課題となる。なぜなら、よい・わるいこそが人が生きるうえでの根本の事柄だからだ〉と読むことができる。

＊

さて、『国家』篇における徳の説明や、哲人統治、また善のイデアについてみてきたが、最後にこれらのプラトンの考え方を、現代を生きる私たちの立場からみたとき、どのように評価することができるだろうか。

第一に、哲学を、さまざまな物事について「なぜよいのか・どんな点でよいのか」、一言でいえば「価値の根拠」を解明するものとして位置づけたことは、なんといっても、ソクラテスとプラトンの大きな功績である。

現代の哲学は、しばしば、①論理的なパラドクスを解明したり、あるいはパラドクスを創り出して見せたり、というような、私たちの生活の必要から乖離《かいり》した、まったくの知的ゲームになっているか、また②懐疑主義や相対主義の色が濃く、「よさ」の根拠を解明して共有する可能性を探ることを放棄している。どちらにしても、私たちが「個人」としての生をどうやって幸福にしうるか、また、「社会」における私たちのよりよい共存の仕方はいかにして可能か、という課題につながっていかない。

これに対して、ソクラテスとプラトンの対話の哲学は、個人の幸福とみんなの幸福をつくりだすための「よさ」の認識（価値の根拠の認識）を使命とするものであり、それは、「何がよくて何がわるいのか、なぜそれはよいのか」がハッキリせず、またとくに教育や社会の「よさ」に関する共通了解をもちえないでいる現代の私たちが、まさしく必要としているものだろう。

しかし第二に、プラトンの哲学には大きな問題点がある。「〜とは何か」の問い（本質への問い）は、価値の根拠についての共通了解を形成する可能性を切り拓いた点できわめて重要なものであるが、プラトン自身は、この問いを探求の方法として発展させて共通了解の可能性を広げていくことはしなかった。むしろ、中期の「イデア論」によって、共通了解の可能性は押しとどめられてしまった感がある。

なぜなら、プラトンのいうイデアは、哲学的探求の目的とされると同時に、生成し変転する相対的な現実に対する「真実在」として規定されているからである。私たちの生活から隔絶したところに存在する形而上学的な実体としてイデアがあるとプラトンが考えていた、と決めつけることはできないとしても、プラトンは形而上学的な実体としてのイデアなどはまったく考えておらず、あくまでもそれは探求の目的なのだ、と結論することもまた難しい。

そして、仮にイデアを「探求の目的」としてだけ受けとるとしても、そこにどのようにして到達すればよいか、また提出された答えが「〜とは何か」の答えとしてふさわしいものであるとどうやってみなしたらよいのか、がはっきりしない。対話のなかで答えを吟味するやり方は実例としては示されているが、〈「本質への問い」について、どのような手続きによって答えを導き、またその答えについて、他者はどのような仕方で賛同したり抗弁したり、あるいは何かを付け加えたりすることができるのか、つまり、探求を支えるためのエヴィデンス（根拠）をどう考えればよいのか〉という点について、プラトンの哲学のなかには直接の答えがない。

しかし、哲学対話を実りあるものするためには、エヴィデンス（根拠）の問題は決定的である。これを示せないのならば、価値の根拠の認識といっても、結局は論者それぞれの信念の領域ということになり、合理的な共通了解は不可能ということになるだろうから。

そして以上とつながることだが、プラトンの哲学、とくに『国家』篇は、知が一部の人のものだった時代状況を強く感じさせる。

私たちの生きる社会は、対等なメンバーから構成される「自由な社会」であり、メンバーはそれぞれの自由を広く認められ、かつ、不都合があればそれまでのルールを合意によって改変していくことが可能である。そういう社会では、「知」もまた、だれもがその議論に参加し、賛同したり抗弁したりできるという性格をもたざるを得ない。つまり知には「公開性」が基本的に伴わねばならない。

ソクラテスの対話は、まわりに集まってくる人びとのまえで二人が語り合う「公開性」を伴っていた。その自由闊達でオープンな姿勢が近代の思想家たちに大きな影響を与えてきたことは、この第一部の冒頭で述べたところである。そして『弁明』のソクラテスは、アテネの市民一人ひとりに対して「魂の世話」を訴えていた。どんな人が生きるさいにも必要なものとしての哲学、というイメージがそこにはあった。しかしながら、『国家』における「哲人支配」の構想には、プラトンの哲学＝愛知は結局、知的な支配階層たるべき人間の育成を旨とするものだったのではないか、という疑いもぬぐいきれない。

しかし私は、多くをソクラテスとプラトンに望みすぎたのかもしれない。私たちは第二部に進み、〈本質の問い〉をしっかりしたエヴィデンスの上に打ち立てようとしたフッサールの構想を確かめていくことにしよう。

第二部

「合理的な共通了解」をつくりだす——フッサール現象学の方法

序　共通了解に向かって

「〜とは何か」の問いを対話によって深めていこうとする、ソクラテス－プラトンが提案し実践しようとした哲学は、後代に受け継がれて発展してはいかなかった。その理由としては、やはり「〜とは何か」の答えが、あらかじめ存在する永遠不変の真実在（イデア）として提示されたことが決定的だったのではないかと私は思う。

つまりプラトンの哲学は、生きた対話として実践される哲学としてではなく、もっぱら現実世界の彼方にイデアの世界を思い描く「二世界論」の形而上学として受けとめられたのだ。初期対話篇で示されていたような、さまざまな事例を出しながら、それらのなかで直観されている共通な意味を言葉でつかまえようとする、という意味での哲学対話は、見失われてしまった。

この、諸体験のなかで直観されている共通な意味を取り出す作業を〈本質観取〉と名づけて、あらためて明確に取り出した哲学者こそ、プラトンからはるか二三〇〇年も後の、エトムント・フッサール（一八五九—一九三八）であった。

フッサールは、哲学をそれぞれの哲学者の抱く単なる信念ではないものへと、つまり、だれもがその正しさを洞察して確かめうる、という意味での合理的な共通了解へ改造しようと試みた。

そのようなフッサールの努力のなかで、ソクラテス‐プラトンの「～とは何か」の問いは、本質観取の方法として中核的な意義を担うことになる。

この第二部では、ソクラテス‐プラトンの方法を、フッサールはどのようなやり方で、〈各人の洞察にもとづく共通了解〉をつくりだすことのできるものへと鍛え直そうとしたのか、を見ていきたい。そして、豊かな哲学対話をつくりだすためには、フッサールの語る方法を——後に述べる二つの点で——修正する必要があることを主張したい。

フッサールのデカルト評価

フッサールは、『第一哲学』（一九二三／二四）のなかで、哲学の歴史のなかで特別に重要な人物として、「類いまれな双子星であるソクラテス‐プラトン」と「デカルト」を名指している（EP, S.8）。ソクラテス‐プラトンへの評価が高いのは当然としても、デカルトに対する高い評価はどこからくるのだろうか？

フッサール後期の著作である『デカルト的省察』（一九三一）は、現象学の根本精神をデカルトにまで遡って位置づけようとしたものだが、この書の冒頭で、フッサールは当時の哲学の状況について、さまざまな哲学体系が分立しているだけで、それらの間に真剣な対話が欠けていると指摘している。

多くの哲学者があり、それとほとんど同じだけ多くの哲学があるところで、本当の研究と

> 本当の協働作業がどうやって可能だろうか［可能なはずがない］。確かに現在でも多くの哲学の学会が開催されており、そこに哲学者たちは集まってくるが、残念ながらもろもろの哲学は集まってこない。それらの哲学には、それぞれが互いにとってあり互いに働きかけあうことができるような精神的な空間という統一が欠けているのだ。（CM, §2, S. 7）

では、「精神的な空間という統一」、つまり、互いに議論しあって可能ならば共通了解を形成しうるような、そのような場へと哲学全般を刷新するためには何が必要なのか？　フッサールはいう。「最初から始める哲学者というデカルトの徹底主義」（CM, §2, S. 7）を蘇らせなくてはならない。現代の哲学の絶望的な状況は、「哲学的な自己責任性 philosophishe Selbstverantwortlichkeit［哲学において自ら責任を負う］という徹底主義の精神」（CM, §2, S. 8）が失われてしまったところに生じたのだから、と。

その「徹底主義（ラディカリズム）」について、彼は次のように述べている。それは「究極的な、考えうるいかなる先入見からも自由な哲学であろうとする要求」であり、すなわち、「自ら創り出した究極的な明証性にもとづいて真に自律的に自らを形成し、そうすることによって、絶対的に自己責任を負う哲学であろうとする要求」（CM, §2, S. 8）である、と。

ここでの「究極」「絶対」という言葉に、絶対的な真理を獲得しようとする不可能な悪しき願望を感じて、抵抗を覚える人もいるかもしれない。しかしそう即断するのではなく、ここではひとまず、フッサールが〈自分のなかで、まちがいなくそうであると確かめられたこと（明証性

Evidenz〉だけを、受け入れようとする精神〉のきわめて徹底した姿をデカルトのなかに見出していたことを、確認しておこう。ではそのデカルトの徹底主義とは、じっさいにはどのようなものだったのか。

自己反省の明証性から共通了解へ

よく知られているように、デカルトはその主著『省察』(一六四一)において、決して疑うことのできない明証性と確実性を備えた知を得るために、少しでも疑わしいところがあるものはすべて取り除いていくという手続きをとる。

デカルトは「省察一」の冒頭でおよそ次のようにいっている。——感覚が与えるものはときとして誤る(錯覚が起こる)が、それだけではなく、まさにいま感覚している(いま紙を見つめている、手を伸ばしている)ことすらも「夢」かもしれないと考えることができる。そうだとしても、物体に色や形があることや、代数や幾何学の内容は疑い得ないと思われる。しかし、あらゆることをなしうる神がいて、じっさいには天も地も物体も存在しないのに私にはそう思われるようにしたり、また、私には明らかに正しいと思われる計算や推論をするたびごとに、それを誤らせたりすることもありうる。そう考えるならば、物体の性質一般や数学についてさえ、それを正しいものとみなすわけにはいかなくなる、[27]と。

このように、全能の「神」または「このうえなく狡猾《こうかつ》で有能な霊」がいて私を誤らせようとしている、といういわば究極の懐疑をデカルトは行う。しかしその次には、そうした究極の懐疑によっても絶対に疑いえないものとして、「われ思う、ゆえにわれあり」が提出されるのである。私は「この世界は夢ではないのか」「私の感覚し推論する一切が誤りではないか」と疑うことができるし、いったんは「私自身もじつは存在していないかもしれない」と疑うこともできる。しかしそのように疑うということじたいが、「疑っている私の存在」を証してしまう。こうして、疑っている私の存在を疑うことは決してできない、というのがこの命題の意味である。

このような、徹底した懐疑のなかにおいてすら疑いえないこの命題を起点として、デカルトは彼の哲学を形成しようとしたのだった。

この「われ思う、ゆえにわれあり」は、フッサールが先の引用で述べていた「自ら創り出した究極的な明証性」に相当するものだろう。だがそれはどうやって「精神的な空間の統一」、つまり、語りあって共通了解をつくるための土台となりうるのだろうか。そもそも、ここでの明証性は「私」のなかに閉ざされているのだから、皆で議論するための公共的な土台を形成しえないのではないか？――この疑問は、じつはデカルトに対してだけでなく、フッサール現象学に対しても寄せられてきたものであり、この点について、フッサールは明確な答えを与えていない。

この論点については後の第11章で詳しく取り上げるつもりだが、私の考えをさしあたって述べておこう。

まず「われ思う、ゆえにわれあり」という命題は、世界のなかの何らかの客観的な事態について語ったもの（「家の花壇にヒヤシンスが咲いている」「あそこの公園に深町君がいる」というような命題）ではないことに注意しよう。なぜなら読み手は、この文のなかの「われ」を、筆者デカルトではなく「読み手自身」として受けとることが求められるからだ。そう受けとるかぎりにおいて、この命題を疑おうとしても、その疑うということじたいが「われ」の存在を証してしまう、ということになるのである。

さらに補足しておけば、この命題は、身体から独立した魂の存在を証明しているのではない（『省察』の後のほうで、デカルトはこれを試みているが）。そうではなく、ふりかえってみれば「いま疑っている（感じている、喜んでいる等）という意識作用の存在」を疑うことはできない、ということだ。つまり、〈どんな人でも、反省してみれば、そこに自分自身の何らかの意識作用の働きを認めずにはおれない〉ということをこの命題はあらわしているのである。

このように、「われ思う、ゆえにわれあり」は、世界のなかの客観的事実を言いあらわす命題ではなく、「どの自我 **jedes Ego, every ego**」についても（または「自我一般 **Ego überhaupt, ego in general**」について）成り立つものとして主張される命題であり、そして、その命題が正しいかどうかは一人ひとりが自分の意識体験を反省することによって確かめる以外にない、そういう特別な種類の命題なのである。

そして、この「われ思う、ゆえにわれあり」は、フッサールにとっては、〈体験反省によって得られる疑いえない知識〉の最初のものであった。自らの体験の反省は、「意識作用がある」（われあり）という知識を得させるだけではなく、さらに「意識作用や意識の対象がどのようなあり方をしているか」についても、ある範囲で疑いえない知識を得させることができる、と彼は考える（**CM, § 12, S. 29–30**）。

たとえば、私が事物を知覚しているときには、事物という「図＝顕在的なもの」だけが意識されているのではなく、その「地＝潜在的な背景」もまた暗々裏に意識されているはずである。こうして「事物知覚において、図と地の構図が成り立つ」という命題も、各自が自分自身の事物知覚を反省することによって確かめることができるものの一つである。

このようにフッサールは、「哲学における共通了解」が成り立つための土台を、自己反省がもたらす疑いえなさ（明証性、エヴィデンス）に見出そうとしたのである。

より正確にいえば、①「自分の」意識体験の反省における明証性をもとにして、②「どんな自我についても」あてはまるはずのものとして何らかの命題を提示し、③その妥当性をその命題の「読み手一人ひとり」が検証する（ときには修正したり付け加えたりする）、という仕方でもって、私たちのある種の体験（たとえば事物知覚）の構造的な同一性――その種のどの体験にも共通な基本的契機＝本質――についての共通了解を打ち立てる可能性が拓かれることになる。

しかし以上のような、各自の自己反省と公共的議論とのつながりをフッサールはきちんと論じなかったために、フッサール現象学はしばしば、もっぱら自己反省の明証性のみを根拠とする「独我論」であると非難されてきた。しかしフッサールは「互いに働きかけあうことのできる精神的な空間」を求めていたのであり、彼が公共的な議論と共通了解を可能にする方法を求めたことは疑いを容れない。*

＊たとえば典型的な批判として、リチャード・ローティ『哲学と自然の鏡』（一九七九）がある。同書の第四章「特権的表象」の章において、彼は、真偽とはそもそも「社会的な実践と正当化」において

のみ成り立つものであって、その点を無視して何らかの「特権的表象」との一致が真理であるとする見方は誤っている、と主張する。ローティからすれば、自己反省の明証性を根拠とする現象学は、意識内での「特権的表象」に依拠している点で、根本的に誤っているのである。

つまりフッサールは、各自の体験の自己反省にもとづく共通了解の可能性を哲学の歴史のうえで最初に示した人物として、デカルトを最大限に評価していた。

そしてフッサールが果たそうとしたことは、ソクラテス‐プラトン由来の〈本質を求める問い〉をデカルト由来の〈意識体験の反省〉の方法と結びつけることによって、この問いを、合理的な根拠を伴った共通了解を形成しうるものにすることであった。ここではさしあたり、そういっておきたい。

現象学と二つの問題点

フッサールは、彼の創始した、この共通了解を形づくるための方法を〈現象学 Phänomenologie, phenomenology〉と名付けた。あらゆる対象は意識体験において「現れて」くるからである（Britannica, §2, S. 279）。たとえば神や来世のような対象も、ある意味では、意識に現れて体験される。——キリスト教の信者が神に祈るとき、神は〝いつも自分を見守ってくれている存在〟として体験されているかもしれない。また、死後の世界（来世）が気になってそれをあれこれと思い描くときにも、まさしくそのような仕方で来世は体験されているだろう。

このように、あらゆる事柄を、最広義における体験——見たり触ったりする知覚体験だけでなく、想像したり推論したりする思考体験や、恐れたり歓喜したりする感情的・価値的な体験も含めて――に即して捉えていくその方法は、合理的な共通了解の可能性を、これまでの哲学と学問が成し遂げてきた地点から、はるかに拡大しようとするものだった。

というのも、物理学からスタートした近代の自然科学は、実験と観察、さらに数学を用いた法則化という方法によって広範な共通了解を達成することに成功したが、他方で近代哲学は、神や来世の存在や、私たちが生きる上での価値（善、正義、美など）の根拠、さらには認識の客観性などの諸問題について、共通了解を達成しえなかった。しかし現象学は、これらの問いについても共通了解を達成しうる方法をつくりだしているのである。

ところが残念なことに、そのことの意義はいまだに十分に理解されてはいない。その理由は二つある。

一つは、現象学の用いる「本質」の概念への疑義である。では、現象学のいう「本質」とはどういうことか。

フッサールは価値体験や認識体験についての共通了解を達成するために、同種の諸体験に共通する「本質」を取り出そうとする。たとえば、事物知覚（事物を見たり、触ったりする体験）の本質とは、事物知覚という体験一般に共通し、事物知覚がまさしくその名（事物知覚）で呼ばれるために備えていなければならない諸条件のことを指す。*

＊具体的には、以下のようなものが事物知覚の本質として挙げられる。①想像とはちがって、はるかに「ありあり」と「事物そのもの」を与えてくるという感触がある。②事物の前面しか見えていなくて

も、背面がどうなっているかを暗々裏に想定している。③「知覚されている事物は客観的世界の一部であり、自分以外のだれがここにいても、自分と同じものを知覚するはずだ」と信じられる、などである。本質と本質観取については、第10章第2節で詳説する。

つまり、本質とは、第4章で述べたソクラテスの「〜とは何か」の問いの答えを指す言葉なのである。ソクラテスは「勇気とは何か」と問い、さまざまな勇気の実例に共通していて、それらの実例が勇気という名で呼ばれる根拠となるものを答えることを求めていた。フッサールのいう本質は、まさしくソクラテス以来の「〜とは何か」の問いに直接に由来しているのである。

しかしこの本質という言葉には、中期プラトン以来の「永遠不変なイデア」というニュアンスがつきまとっており、フッサールのいう〈本質観取〉もまた、「諸体験に含まれる永遠不変なものを、そのままに取り出すこと」として理解されてきた。これに対して、二〇世紀以降のほとんどの哲学が、永遠不変なイデア的なものの存在を疑い、また、そうした永遠不変なものをそのままに取り出す（写し取る）ことを疑ってきた。なぜなら、「どこかにあらかじめ存在する客観的な事態があり、それを写し取ることが真なる認識である」という見方は、「そもそも認識とは、特定の関心や言語や社会関係のなかで形づくられるものだ」ということを意識したとたん、疑わしいものになるからである（この論点については、第7章第1節で詳しく述べる）。

しかし私の考えでは、本質を取り出すとは、「何らの動機も観点ももたずに、永遠不変なイデア的なものをそのままに取り出すこと」ではない。それはあくまでも「特定の動機と観点から、同種の諸体験に共通するものを取り出すこと」なのである。しかし、フッサールの本質の語り方には、それを諸体験のなかに含まれている「固定的で永遠不変なもの」とする感度が残ってしまっている。そうではなく、本質を「特定の観点から取り出されたもの」として再定義する必要があると私は考えているが、この点は後に詳しく論じる。

現象学の意義が理解されてこなかったもう一つの理由は、先にふれた自己反省と公共的議論とのつながりに関わっている。フッサールは現象学を、もっぱら自己反省のみにもとづいて本質を取り出すことと規定し、他者の体験と言葉を考慮する必要を認めなかった。彼がそう規定したことには十分な理由があるが、しかしそれをふまえつつも、他者の言葉をも考慮しながら共通了解を生み出そうとする営みとして――〈現象学的な言語ゲーム〉として――現象学を再定義することが可能であり、その再定義は、対話としての哲学の再生のために必須であると私は考えている。[*]

＊私はかつて、『哲学的思考――フッサール現象学の核心』において、デカルトからフッサールへと受け継がれたものを「意識の同型性を尋ね合うゲーム」と規定したことがある。若き現象学者である岩内章太郎は、現象学を、参加者の間の〈善の原初契約〉（＝よりよき考えをともに求めようとする動機からスタートすること）を前提とした〈現象学的言語ゲーム〉として規定し、そこに他者からの同意や抗弁が含まれることを明確に規定している。[28]

第二部の流れ

この第二部は、まず、二〇世紀の哲学者たちが抱いてきた本質と共通了解に対する疑念を取り上げることからスタートし（第7章）、さらに、ヨーロッパの学問の歴史のなかで、共通了解を求める営みがどのような〝困難〟に遭遇してきたのかを確かめる（第8章・第9章）。

そのうえで、フッサールの提案した現象学の方法が、前記の困難をどのような仕方で解決し共通了解を創り出そうとするのか、その要点を取り出していく。そのさい現象学を「対話の哲学」として展開するために、とくに「自己反省と公共的議論のつながり」と「本質の捉え方」の二点において、フッサールの方法を訂正することを試みる（第10章・第11章）。そして最後の第12章では、〈超越論的還元〉と呼ばれる方法が、独断論と相対主義の対立を乗り越えて、合理的な共通了解の可能性を拓くものであることを示す。

第7章

二〇世紀哲学による「本質・真理」の否定

本質を問い、それを厳密な共通了解としてつくりあげようとするフッサールの志向は、二〇世紀の哲学のなかではきわめて異質なものだったことを、まず確認しておきたい。

英米哲学では、ウィトゲンシュタインが「本質は存在せず、家族的類似性があるだけだ」と述べたことはよく知られているが、プラグマティズムから出たローティも、本質の概念を悪しき形而上学とみなしている。[29] 大陸でも、デリダやフーコーのようなフランスのポスト・モダンの哲学は、本質や真理を求めようとする志向じたいを解体しようとした。

そして、ポスト・モダン哲学とウィトゲンシュタインの言語論とに大きく影響を受けた「社会構築主義」は、現代の人間科学（心理学、看護学、教育学など人間に関わる学問）において有力な考え方となっているが、やはり、永遠な本質などはなく、本質とされてきたものは社会におけるそのつどの社会的文脈や権力関係において構築されたものにすぎない、という考え方をとる。

ではなぜ、本質というものがそのように忌避されることになったのだろうか。一つには、認識における「言語」の働きや、認識が形作られるさいの「社会的な文脈や権力関係」が注目されるようになり、そのことによって、言語や社会的文脈以前にあらかじめ永遠不変な本質が存在するという見方が疑わしく感じられるようになったからである。さらに、ポスト・モダン哲学に大きな影響を与えたニーチェは、第一部第6章で取り上げたように、認識を根源的に「欲望のなす賛否」として捉える見方をもっていたが、一切の対象を欲望と相関するものとして捉えるこの見方も、やはり永遠不変な本質の存在を破壊する働きをした。

こうして二〇世紀には、認識とは「言語（文化）」「社会的文脈（権力関係）」「欲望」などによって形作られるものである、という見方が広まった。もし「永遠不変な本質ないし真理」がどこかにあらかじめ存在しているとするなら、認識はそれを鏡のように正確に写し取るべきである（不可能だとしても限りなく接近すべきである）ということになる。そのような旧来の認識の見方に対して、これらの主張は当然、認識の多様性や相対性を強調することにつながり、唯一の本質や真理という観念を壊していくことになる。

さらにもう一つ、本質や真理への否定にはより現実的な理由があった。すなわち、「唯一不変の本質という観念は、人々の求める自由な生き方を抑圧することになる」という感じ方が人びとの間に広まったことである。

二〇世紀は世界戦争と冷戦の時代であり、政治的なイデオロギーが鋭く対立する時代だった。アメリカの正義とソ連の正義とが対立し、左派のなかでもいくつもの党派が分かれた。そしてそれぞれの党派は自分の正義こそ正しいものとみなして異なる正義を攻撃し、ときには殺しあうこともあった。このような時代に、「唯一の真なる正義」や「唯一の本質」という観念を党派的思考に結びつくものとして批判し相対化することは、とくにポスト・モダンの哲学者たちにとって、大きな政治的課題だった。

また、二〇世紀後半のフェミニズムのなかでは、「男性性」と「女性性」が問題となる。それらが「本質」としてある、つまり、時代や社会と無関係に決まっているという観念を批判することが、フェミニズムの大きな課題となった。固定的な女性性・男性性のイメージは、女性の生き方を抑圧し不自由にすると感じられたからである。

同じように、人種や民族に固有で不変な特性があるという見方を、「人種主義」(レイシズム)や「ステレオタイプ」などとして批判することも社会批判の一つの定型となり、やはり「本質主義」への批判と呼ばれた。そこでの本質主義とは、性や人種や民族に固有で不変な特性(本質)を見出す思想をさす。このように、「本質」という言葉は、党派的思考や差別や不自由を生み出す悪しきものとされてきたのである。

1　言語からする本質否定

さて、「永遠不変の本質」を理論的に否定するやり方は、大きく二つに区別することができる。フーコー、フェミニズムから社会構築主義への流れのように、本質と呼ばれてきたものが社会における広い意味での権力関係——いわゆる政治権力だけでなく、教師・生徒関係や男女関係のような小さな場面での力関係を含む——によって構築されたものであることを示し、それがじつは永遠不変なものではないことをあらわにする、というやり方である。これは、社会科学的な本質批判といってよいだろう。

それとは異なるやり方として、哲学的・認識論的な本質批判があるが、そのなかでもとくに「言語」に着目することから導かれる本質批判を、この節ではとりあげてみたい。

まず批判される側として、プラトンの中期対話篇の一つである『パイドン』をみてみる。これは、『饗宴』や『パイドロス』などと並んでイデア論の立場を明確に表明していることで知られている作品だが、そこでのソクラテスは、哲学する者がめざす認識の目的として「正義そのもの」「美そのもの」「善そのもの」がある、と述べるだけでなく、「大きさ」「健康」「力」のそれぞれについても、「そのもの」つまりイデアがある、とする（『パイドン』65D—E）。

この『パイドン』での立場からは、あらゆる語（名詞）に対して、それぞれのイデアないし本質がある、ということになりそうである。たとえば「犬」という語に対しては、「犬そのもの」つまり犬についての典型的な不変な観念がある、というふうに。

このような〈一つの語に対して、その不変なイデア（観念）がある〉という考え方を根本的に破壊しようとした論者として、言語学者のソシュール（一八五七—一九一三）がいる。彼の考え方を、色を表す言葉を例にとって、私なりの仕方で紹介してみよう。

語の網の目が〈観念〉をつくりだす

友人のTシャツを見て、その色合いを私が「赤だね」と発語したとしよう。そのさい私たちはしばしば「赤という不変な観念（イメージ）があらかじめあって、赤（aka）という言葉はその不変な観念を指し示している」といいたくなる。しかし、眼前にある色あいを「赤」「朱色」「桃色」「肌色」「ピンク」などの言葉のどれでもって呼ぶかは、私たちが用いる「言語体系」（ソシュールのいう〝ラング〟）によって変化しうる。たとえばいま私たちがピンクと呼ぶ色あいは、ピンクという言葉が使われなかった時代にはおそらく「桃色」と呼ばれていたのだろう。

　つまり、目の前に与えられている色あいをどう呼ぶかということは、赤、朱、ピンク、桃色、肌色、茶色などの一群の色言葉からなる網の目によって決まっているのであり、それと無関係に「赤そのものという観念」があらかじめ固定的にあるわけではない。つまり、言葉の網の目が全体として「物差し」として働き、これによってある範囲の色が「赤」として切り出されるのである。

　犬についても、同じ事情を指摘することができる。犬という不変な観念があらかじめ存在していて、それを犬という語が代表しているのではない。犬、狸《たぬき》、狐《きつね》、狼《おおかみ》など類縁の言葉からなる網の目があり、それによって犬という言葉の範囲（つまり犬の観念）が決まっている。つまり永遠不変な観念がまずあって語がそれを代表するのではなく、逆に、さまざまな語の網の目が、「犬の観念」を――狸や狐や狼とは異なったものとして――つくりだすのである。

　こうして、〈まず永遠不変な観念（本質）があり、それを語が代表する〉のではなく、反対に、語の体系が観念をつくりだすのであれば、その観念は決して永遠不変なものではなく、言語体系の変化に伴ってその適用範囲と意味合いとを変化させることになる。

語の意味はその語の使用である——言語ゲーム

以上の事情はソシュールが指摘したことでよく知られているが、中期のウィトゲンシュタインもほとんど同じことを考えていたようである。[30] しかしウィトゲンシュタインは後期になると、言語体系に着目するところからさらに進んで、「その語をどのように使っているか」という、より具体的な場面に着目するようになる。そして「ある語の意味とは、言語におけるその語の使用（Gebrauch, use）である」という有名な命題（『哲学探究』§43）が主張されることになる。

この命題の意味するところを、私なりに説明してみよう。たとえば、私の机の上に黒い表紙の本と、赤っぽい茶色の表紙の本の二冊が置いてあるとする。そして、研究室を訪ねてきた友人から、「ねえ、机の上の赤い本を見せてくれない?」といわれた。そのとき私は、「赤い本なんてないよ」と反論したりはせず、黒くないほうの赤茶色の本を手渡すだろう。この状況では、二冊の本が区別できれば十分だからだ。

つまり、ある言葉がどの範囲の色をさすかということも、じつは言語体系によって完全に固定されているわけではなく、言語使用の状況によって変化する。髪を染めようとして美容師さんと話をするときには、ふだんよりも細かく色のニュアンスを説明する必要があるかもしれないのだ。

このような「そのつどの言語使用の状況」を、それぞれ異なったルールをもつゲームとみなすことで、〈言語ゲーム Sprachspiel, language game〉という見方が成り立ってくる。ウィトゲンシュタインは、「言語ゲームの多様性を、以下の例やその他の例において思い描いてみよ」と述べて、「命令する、命令に従って行動する」「ある対象を、観察したり測定したりして、記述する」「出来事を報告する」「ある物語を創作し、読む」「劇を演ずる」「願う、感謝する、ののしる、挨拶する、祈る」などのさまざまな例を挙げている（『哲学探究』§23）。

このように、ある一つの言語にはそれぞれの体系的秩序があり、それでもって現実を切り取っているという事情（ソシュール）や、さらに、語にはそのつどの言語ゲームのなかでの使用があるという事情（ウィトゲンシュタイン）を考えるならば、一つの語に対応する不変の本質を想定するのは誤りである、という主張は、じつにもっともなものと思われる。

家族的類似性

さらにウィトゲンシュタインは、本質という言葉に代わって〈家族的類似性 **Familienähnlichkeit, family resemblance**〉という言葉を提示している。

『哲学探究』において、さまざまな種類の〈言語ゲーム〉を例示しつつその働きを語ってきたウィトゲンシュタインは、六五節でこういう。「人は私に対して、次のように抗議するかもしれない。［……］君はあらゆる可能な言語ゲームについて語っているが、いったい何が言語ゲームの本質的なものなのか、それゆえ何が言語の本質的なものであるかを、どこにも語っていないではないか、と」（前掲書、§65）。

この問いに対して、ウィトゲンシュタインはこう答える。「［言語ゲームと呼ばれる］これらの現象のなかには、これらの現象のすべてに対して同じ語が用いられるような［共通な］一つのものなどは存在しない。そうではなく、それらは、互いに多くのさまざまな仕方で類似している、［verwandt 血縁がある］のである」と（前掲書、§65）。

　そして次の節では、われわれがゲームと呼んでいる出来事（盤ゲーム、カードゲーム、ボールゲーム、格闘ゲームなど）を取り上げつつ、この事情を詳しく説明しようとする。彼は「それらに共通するものがあるのでなくてはならない、そうでないと、それらはゲームと呼ばれないからだ」という考え方、つまり、ゲームには同一の本質があるはずだ、という考え方を取り上げたうえで、それに対して、「そう言ってはならない。そうではなく、それらすべてに何か共通なものがあるかを、見よ」（前掲書、§66）という。

「はずだ」と想定するのではなくて、じっさいのいろいろなゲームをよく見て、比較してみよ。そうすると、いくつかの盤ゲームのあいだにはかなりの共通性があるとしても、その共通性の多くはカードゲームには失われている。しかし盤ゲームとカードゲームとあいだにはまた別の共通な特徴がある……、というふうにして、それぞれ重なっている部分と異なっている部分があることがわかる、と彼はいう。

　こうして、さまざまなゲームのなかには完全な同一性や共通性、つまり「本質」はないが、相互に重なりあったりちがったりしているような連関があることがわかる。このような連関の仕方を、家族どうしが、体つきや顔の特徴や歩き方がある点では似ておりある点では似ていないことにたとえて、ウィトゲンシュタインは「家族的類似性」（前掲書、§67）と呼ぶのである。

　あらかじめ存在するはずの「唯一の共通な本質性」を想定するのをやめて、じっさいにそれぞれの例をよく見ながら、それらの重なる点や違う点を取り出そうとする姿勢。――私もまた、そのような姿勢で「哲学対話」をすべきだと考える。そして、フッサールのいう現象学的還元も、〈永遠不変なイデアを想定するのをやめて、じっさいの諸体験例をよく見ること〉として受けとめるべきだと考えている。*

＊しかしまた、特定の「観点」から見るならば、さまざまな体験例から本質を取り出すことができる場合があることも、確かである。認識とは、客観的に存在する事態を「そのままに写し取る」ことではなく、あくまでも特定の観点からのみ、なされる。

　この「観点なしの認識はない」ということをふまえたとき、ウィトゲンシュタインの「家族的類似性」という概念の導入には明らかな問題点があることも、指摘しておかねばならない。ウィトゲンシュタインは、もろもろのゲームを「よく見る」ならばそこに不変の共通性（本質）があるのではなく、重なるところやちがいが見つかるという。しかしもろもろのゲームを、特定の観点なしに「そのままに見る」ことなど、ありえないのである。

　だから、もろもろのゲーム（遊び）を特定の観点からみるならば――たとえば「労働」と対比するならば――それらに共通するものを指摘できるだろう。つまり、「特定の観点からみたときには、一群の実例に関して共通性や本質性といってよいものを指摘できる」ということを認める必要がある。観点の存在を度外視して「本質などなく多様性があるだけだ」と語ることは、哲学的には誤りである。

2　本質はなぜ問い求められたか

以上のように、言語からする本質批判は十分な根拠のあるものだった。言語以前的な永遠不変の本質を想定したり、一つの語に対応する不変な観念を想定したりすることは、まさしく古い形而上学といってよさそうである。

しかし、もともとソクラテスと対話者とが「～とは何か」を問うていたとき、そもそも「それ自体として存在する永遠不変の本質」とか「一つの語に対応する不変な観念」とかをそのままに言い当てることが求められていたのだろうか。そうではなかったはずだ。

第一部で何度も確認してきたように、「～とは何か」の問いは、「よさの根拠」を確かめるために発せられたものだった。

初期対話篇では「徳＝魂のよさ」が問われ、そのなかの一つ『ラケス』では、〈さまざまな勇気の実例に共通し、かつそれらが勇気と呼ばれる根拠〉を答えることを、ソクラテスは対話者に求めていた。しかしこれは、勇気という一つの言葉に対応する「不変な観念」を言い当てようとしていたのではない。そうではなく、なぜ・どういう点で勇気は大切なのかを理解することが、求められていたのである。もしそれができれば、自分を勇気ある魂へと高めたり、勇気の大切さを人に教えたりすることができるからである。

本書の第4章で私は、「勇気とは何か」の問いにおいて求められているものを、「勇気と呼ばれる事柄に共通し、それらがそう呼ばれるために必要な条件（勇気の成立条件）を明確化すること」であると述べた。なぜなら、その条件を明確化することによって、勇気が価値あるものとされるその「根拠」もまた明らかになると想定されるからである。

そしてそのような、勇気と呼ばれる行為に共通する条件として、①守らねば（あるいは獲得しなければ）ならない〈大切なものの了解〉、②しかしそうするさいのかなりの〈困難の存在〉、③その困難を〈乗り越えて闘うこと〉、という三つの契機を挙げてみた。

私たちはしばしば、①の、これが大切なものなのだという理解が足りなかったために、すべきであった行為を貫けなかったことを後になって悔やんだり、逆に、自分や他者が困難に負けずに意志を貫いたことを賞賛する気持ちをもったりする。おそらく、どんな時代のどんな文化を生きる人びとであっても、このような〝勇気を出さねばならない〟生の局面を経験してきただろうし、だからこそ、どんな人びともまた、勇気ある行為を価値あるものとして認めてきたはずである。だから、どんな言語も、勇気に相当する言葉を持ち合わせていることが想像される。

もちろん、日本語の勇気に相当する他言語の言葉（たとえば英語の courage）の範囲は、日本語の勇気の範囲と重ならないところがあるかもしれない。ソシュールのいうように、courage の意味は、似た意味をもつ他の言葉（たとえば bravery）があることによって影響されるかもしれない。また具体的な生活の面からも、たとえば戦闘を常としてきた民族と、日本社会に住む私たちのように戦闘を常としない生活を営む人びととでは、勇気というときに想定される典型的なイメージにかなりの開きがあることが想像される。

しかしそれでも私たちの生には、文化や言語を超えた「共通のもの」を認めることができるはずである。私たち一人ひとりはそれぞれ、自分の生の可能性や自分たちの可能性を守ろうとしたり、また新たに切り拓こうとしたりして生きている。* しかしその可能性を守り発展させようとする努力は、しばしばさまざまな困難にぶつかる。そしてその可能性をあきらめてしまうこともあれば、困難に負けずにそれを死守しようとすることもある。そのような事情は、民族や言語のちがいを超えて〝人の生一般〟に通じるものだろう。だからこそ、右に挙げた①〜③の契機は、どんな人でも〝身に覚えがあること〟として認めるにちがいない。

＊ハイデガーは、人間の存在（実存）の特質は、みずからの存在の可能性（かくありたい・かくありうる）をめがけ、またたえずそれを配慮する（可能性を守ったり拡げたりする）ところにあるとした。[31]

あらためて確認しておこう。「よさ」の根拠を見定めるためにこそ、〈諸実例に共通しかつそれらがその名で呼ばれる根拠〉（共通性＋根拠＝本質）を取り出すことが求められていたのだった。この本質はしかし、「一つの語に対応する永遠不変な観念」ではなく、人間の現実の生からはるかに隔絶したところに鎮座する「イデア＝永遠不変の真実在」でもない。

ここでの本質は、私たちの日々の体験に根拠をもち、そこから生み出されてくるものとして捉えられるべきである。そして、人間の体験一般に共通するものであるからこそ、言葉で取り出された本質諸契機には、普遍性が認められるのである。さらに、言葉によって取り出された本質の記述は、当然のことだが、それぞれの人びとの具体的な体験によって、訂正されたり付け加えられたり、深められたりすることが可能なものとして考えられなくてはならない。

一言でまとめるならば、何らかの必要や関心があるからこそ、本質は問い求められるのである。プラトンはもともと、個人としての生き方と国家のあり方を世話（配慮）するために、本質を問い求めようとしたのだった。そのような必要・関心とじっさいの探求の作業から切り離して、

「あらかじめ存在する不変の真実在＝イデア」を想定してはならないのである。

そして、ポスト・モダン哲学や社会構築主義が行ってきたように、イデアを否定しようとするあまり、本質つまり人間一般の生に共通することを言葉として確かめ、それを「共通了解」としてつくりだそうとする探求を否定することになってはならない。なぜならそれは、個々人の生き方を励まし、また私たちがともに配慮しあって生きることを励ますものであるからだ。そのことを次節で確かめてみたい。

3　共通了解はなぜ必要か

合意は危険？

ポスト・モダン哲学が流行した二〇世紀後半には、「差異」や「多様性」が称揚され、「同一性」「本質」「合意」「普遍性」などは悪しきものとされる雰囲気が強くあった。それらは、諸個人の価値観の自由と多様性を抑圧するものと受けとられたからである。二一世紀になった現在でも、「合意」に対する警戒感をもつ人たちは多い。やはりそれも、〈合意ないし共通了解をつくりあげることは「党派性」をつくりだすことになり、合意の内部では個々人の多様性を抑圧し、そして合意の外側にいる人たちを攻撃することになる〉というイメージが念頭にあるからだろう。

しかし、合意や共通了解を、習慣や強制によるものではなく、その内容の合理的な根拠を各自が洞察し納得することによってつくりあげることができるのなら、それは個々人の自由を抑圧するものではなくなる。むしろそのことは、私たちが助け合うことを可能にするはずである。また逆に、「洞察にもとづく共通了解」が不可能だとすれば、私たちは自分たちの生活を（個々人の生や社会の環境を）よりよきものとして創りあげていく力を失ってしまうことになる。この点について、フッサールのいうところを聴いてみよう。

〝洞察〟にもとづく、自己と環境の形成

フッサールは最晩年の『ヨーロッパ諸学の危機と超越論的現象学』（一九三六、以下『危機』と略称する）において、近代における哲学と学問の意義を次のように語っている。――ルネサンスにおいて、ヨーロッパの人間性は革命的な転換を遂げた。ルネサンス人は、古代人（ギリシア人）の本質を「〝哲学的な〟存在形式」としてとらえ、それを自分たちの模範としようとしたのだ、と。では、哲学的な存在形式とはどのようなものか。

> 理論としての哲学は、研究者だけを自由にするのではなく、哲学的な教養を持つすべての人を自由にする。そして理論的自律から、実践的自律も生まれてくる。ルネサンスを導く理想において、古代人とは、自由な理性において洞察的に［洞察に従って einsichtig］自己を形成するものなのである。この復興された〝プラトン主義〟にとっては、自己自身を倫理的

に形成することだけではなく、すべての人間の環境を、すなわち人間の政治的・社会的な現存を、自由な理性から、一つの普遍的哲学の備える諸洞察から、新たに形成する必要があるということも、その自己形成のうちに含まれているのである。（Krisis, §3, S. 6.）

ルネサンスを導く理想としての古代人を、「自由な理性において洞察的に自己を形成するもの」と語るとき、フッサールはソクラテスとプラトンのことを念頭に置いている。対話をしながら、「何がよいことであり・なぜよいのか」を確かめ、そこで明確になってきたものに従って生きようとする姿勢のことである。

その姿勢を、「自由」「理性」「洞察」「自律」という言葉で描くところに、フッサールらしいつかみ方が感じられる。そしてこれは、ヨーロッパの近代哲学、とくにカントを思わせるものでもあるのだが、この四つの言葉がどのように結びついているのかを、確認しておこう。

フッサールのいう「洞察 Einsicht, insight」とは、ある命題や理論の正しさについて、そこに確かな根拠があるかどうかをみずから吟味することを指す。そして、そのうえで、みずから正しいと判断したことのみを受け入れる姿勢のことが、ここで「理論的な自律」と呼ばれているものだ。そしてこの理論的な自律は、「実践的な自律」、つまり、自分個人の行為や自分たちの社会のあり方を、自分自身の洞察にもとづいてよりよいものへと形成していくことにつながる。このような仕方で生きようとしたのがルネサンス以降のヨーロッパ人たちであった、とフッサールはいいたいのである。

この「自律 Autonomie」という言葉は、カントが『実践理性批判』や「啓蒙とは何か」などの著作でしばしば語っている重要なキーワードである。他者からの命令や伝統や習慣にそのまま従う姿勢（他から律せられる＝他律 Heteronomie）と反対に、みずからその正しさを洞察したことにのみ従う（自分で自分を律する＝自律）という特別な意味での自由を、自律は意味する。つまり、欲望の解放という意味での自由とは異なり、自分（たち）の考え方と生き方とを合理的な洞察によってコントロールすることを指す。*

*なお、政治的な文脈では、自律は「自治」を意味する言葉でもある。自分たちの社会のあり方を他者たちの命令によってではなく自分たちによってコントロールする、というところからくるのだろう。

理性的な洞察が自由を可能にする

この、自由・自律・洞察・理性という言葉の背景には、ルネサンス以降、ヨーロッパが「近代」になっていく過程での、社会の大きな変化がある。中世には農奴たちが領主のもとで畑を耕して生きていたが、ルネサンス以降のヨーロッパでは、交易と商業が大きく進展していく。そしてその中心地としての都市は力を蓄え、そのなかから、領主から独立して市民たち（中心は親方たち）自身が運営する「自治都市」も生まれてくる。

そして交易と商業と都市の発展は、「人は自分の生き方を自分で選んでよい」（都市のなかではだれでも努力によって親方になれた）という生活感性を生み出すとともに、固定的な身分の観念を打ち壊しつつ「皆が同じ人間にすぎない」という感性をも、生み出していく。そこからは、〈人は自分の生き方をみずから選択しうる自由な存在であり、また、そのような存在としてどの人も対等である〉という明確な思想が結実していく。そして一七世紀末のイギリスのロック、一八世紀フランスの啓蒙思想とルソー、一八世紀末から一九世紀にかけてのドイツのカントとヘーゲルなどによって、この思想は具体化されていくことになる。

なかでも重要な思想家として、私はルソー（一七一二―一七七八）を挙げたい。ルソーは自由を「自分自身の主人であること」――自分自身の生き方をみずから決定しコントロールできること、の意――と表現したが、だれもが主体的に生きられるわけではない。また、自分たちの国家を自分たちでつくりあげる民主的で自治的な国家も、簡単に実現できるわけではない。そこでルソーは、自由な主体を育てるための教育論・人間論を『エミール』（一七六二）で描き、他方で、自由な主体たちが国家を営むさいの諸原則を『社会契約論』（一七六二）で描いた。

この自由・自律ということを、個々人の生き方の面でみてみよう。一人の教師が、どうすることが「よい」教育なのか悩んでいるとする。それについて、ある納得できる考え（自分だけでなく他の教師や生徒や親たちもそう考えるだろうと信じられるような、合理的な内実をもった考え）をもてるとき、その人は自由になれる。悩みから解放されるだけでなく、自分のめざすものが明確になり、「価値あること」の実現に向かって真っ直ぐに進むことができるからだ。

また、自分たちの生きる社会について、社会政策のよしあしを判断するための「原則的な考え方」をまったくもてないとしよう。そのとき、一人の市民としてははなはだ頼りない気持ちがするだけでなく、自分たちでもって自分たちの社会をよりよいものとして創っていけるという確信ももてず、なりゆきにまかせるしかないという無力感に支配されることになるだろう。

語りあい、考えあうことによって、信頼できる考えを共有することができなければ、一人ひとりの生の問題についても、また私たちが社会をともに形成していくということについても、私たちは無力感を抱え込まざるを得ない。そしてついに、自分たちの利益や理想を実現するには「力」に訴えるほかない、と感じる人たちが出てくるかもしれないのである。

だからこそ、合理的な共通了解を形づくることが必要なのであり、私たちどうしが語りあいながらそれをつくりだすことは、私たちが〝助けあう〟ための一つの仕方といってよい。

しかし、生き方のよさ、看護や教育などのよさ、社会のあり方のよさ、政策や法律のよさ、などの価値の領域において、共通了解はそもそも成り立たないのではないか、という疑念をもつ人がいるかもしれない。

社会政策のよしあしを判断するための「原則的な考え方」にしても、さまざまな提案が可能なだけであり、それが一つに収束することはありえないのではないか。また共通了解が成り立つべきではないものもあるのではないか。たとえば「唯一の真なる幸福」などはありえず、それは多様な選択に任されるべきではないか、と。

ここには、合理的な共通了解はどのような領域において、またどのような仕方で可能なのか、というきわめて重要な問題がある。合理的な共通了解をめざしてきた哲学（ないし学問）は、これまでの歴史のうちでどのような問題状況を経験してきたのかを、次の二つの章であらためて確認してみよう。

第8章

ギリシア哲学・幾何学・自然科学——共通了解をめぐる問題（一）

合理的な共通了解を創り出そうとする哲学（学問）の努力がもっとも成功した領域は、古代ギリシアにおいて発展した幾何学、さらに数学であり、続いて物理学から始まる近代の自然科学であった。

自然科学は、客観的世界のさまざまな領域において、信頼しうる合理的な共通了解を達成していったが、しかし、自然科学と並行して進展していった近代哲学のなかでは、共通了解をめぐってさまざまな問題が生まれてくる。

もっとも大きなものの一つが、この自然科学の客観性をめぐる問い（疑念）である。〈客観世界と一致する知（理論）こそが真理であると人はふつう考えているが、しかし、人はみずからの主観の外側に出て客観世界と自分の知との一致を確認することは不可能である〉というもので、「主観・客観一致の難問」と呼ばれる。——これはちょっとみると、何か怪しいパラドックス（ヘリクツ）のようにも思えるが、客観的認識というものをどのように理解すればよいのかという根本的な問題を含んでいる。*

＊一般的には、これはいまなお哲学的に未解決な問題とされているが、私は、フッサール現象学はこの

問題を解き明かしていると考えている。本書第12章を見よ。

さらに近代哲学は、自然以外の領域、とくに、神や来世の存在や道徳などの諸価値の認識についても共通了解を達成しようと試みたが、これはうまくいかなかった。そしてついに一八世紀末にカントは、神や来世の存在や、世界の時間・空間的起源（世界の根源）などを問うても、理性的な合理的な答え（共通了解）を導くことは不可能であることを〝証明〟しようとするのである。

ここには、来世や神のような「究極・根源の問い」をどう扱えばよいのか、また、「価値」についての合理的な共通了解は可能なのか、という問いがある。

本章（第8章）と次章（第9章）では、以上のような、合理的共通了解を求めての哲学と学問の歩みとそこで出会った困難について、そのようすを確かめておくことにしたい。

まず本章では、あらためて古代ギリシアにおける哲学の場面に戻り、「根源を問う」哲学と「懐疑主義・相対主義」的哲学との対立に触れ、そこから「共通了解を取り出す」という、哲学の姿勢への分岐を見届ける（第1節）。続いて、古代ギリシアで発展した幾何学と、近代の物理学について、それがどのような仕方で共通了解を達成しているのか、についてのフッサールの説を紹介する（第2節及び第3節）。このフッサールの幾何学・物理学論はきわめて優れている。

そして次の第9章で、近代において生まれてきた、共通了解をめぐる「難問」のかたちを見届けることにしたい。

1　根源・相対主義・共通了解

「根源」対「相対主義」

古代ギリシアにおいて、哲学がはじまったとき、哲学者たちは世界の根源（アルケー）を求めることに向かった。「世界は何からできているのか」「世界の根本的な法則は何か」「世界を動かす力は何か」。また、世界において絶えず変化し生成するものとは異なる、「真に永遠不変に存在するもの」（真実在）は何か。――いずれも、私たちの生きるこの世界の根源となるもの、あるいは究極の存在者（真実在）に向けて、哲学者たちは想像をめぐらし、思索を重ねた。

しかし、彼らの世界の根源を求める問いは、共通了解には至らなかった。世界は何からできているのかという問いに対しても、タレスの「水」、アナクシマンドロスの「無限定なもの」、アナクシメネスの「空気」、エンペドクレスの「火・空気・水・土」、デモクリトスの「原子」などさまざまな答えが提出されたが、どれも共通了解には至っていない。

そして世界の真実在としての「存在」を語ったパルメニデスに対しても、そのような認識の不可能を説く論者たちが出てくる。つまり、根源を求める志向に対する、懐疑主義・相対主義の立場である。

懐疑主義・相対主義の立場を総括するものとして、竹田青嗣《せいじ》は修辞学の大家ゴルギアスの三つのテーゼを取り上げている。すなわち、①「存在」はない、②何か存在するとしてもその「認識」は不可能である、③何かが存在しその認識が可能であるとしても、それを「言語」で伝えることはできない、というものである。「この三つの不可能性の論理は、以後、ヨーロッパ哲学における一切の相対主義＝懐疑論における、存在、認識、言語の不可能性の論証の要諦《ようてい》をなしている」[32]と竹田は述べ、現代のデリダに至るまでの懐疑主義・相対主義の要点を言い尽くしたものと捉えている。

私たちもゴルギアス・テーゼの要点を確認しておこう。まず「存在」の不可能性の議論だが、これはパルメニデスとその弟子ゼノンのやり方（言葉を実際の言語使用から切り離して字義どおりに用いて論証するやり方、本書第1章第2節を参照）を用いて、パルメニデスを反駁するというものであり、いわばパルメニデスのパロディともいえるものである。私なりに要点をまとめて示してみる。――〈存在があるか無があるかのどちらかだが、「無がある」というのは矛盾だから、無は存在しない。存在があるならば、永遠にあるか生成したかである。しかし生成は無を含むので存在しない［ここまではパルメニデスとまったく同じ論理である］。さらに、「存在が永遠にある」ということもない。存在が永遠ならば、それは始まりをもたない「無限」ということになる。しかし無限なものは何ものにも限定されないので存在の場所をもたない。こうして存在はない。〉

第二の「認識」の不可能性の議論はわかりやすい。〈［客観的な］存在を、［主観的な］思考が捉えることはできない〉、つまり客観的世界と主観とのあいだに断絶を見出すものである。これは近代における「主観・客観一致の難問」の先駆である。

第三の「言語による伝達」の不可能性も、同様である。〈存在は見られたり聞かれたりするかもしれないが、このような感覚は、それをそのままに言葉で表すことはできない〉というものだ。つまり、生きられている感覚と、表明された言語とのあいだに断絶を見出す論である。[33]

このような相対主義・懐疑主義は、根源を問うこれまでの哲学者たちの論が、一種の独断論（世界の真理はかくかくである）となることに対して、それをひっくりかえそうとするものであり、その動機としては、思考や行動の自由を狭められることへの抵抗感や、論理を駆使して相手を反駁することの快感（優越感）もあっただろう。

こうして、根源（独断論）と懐疑主義（相対主義）との対立がすでにギリシア哲学においてみられるのだが、この対立は近現代の哲学においても反復されてきた。

根源ではなく普遍的な共通了解へ

ここであらためて、考えてみよう。世界の根源や存在を問うた人たちは、なぜそれを問うたのだろうか？――世界のさまざまな民族がそれぞれ世界創世の神話をもつのと、同じような動機があったことが想像される。「私たちはどこから来て、どこへ行くのか。私たちはこの世界のなかでどのような意味（役割や使命）をもって存在しているのか」。一言でいえば、生の意味への問いを、世界の根源や存在そのものを知ることによって答えようとする動機がそこに含まれていたにちがいない。

しかし世界の根源についての共通了解は生まれず、さまざまな説が出てきただけだった。なぜだろうか？　直接の理由としては、近代の自然科学がもっているような方法と技術がなかったからである。実験と観察によってデータ（数値）を得て、数学を用いることでそれらの間に相関性を見出す、というような、共通了解を達成するための実証的な方法を彼らはもたなかった。そしてまた、近代科学がもたらした精密な観測のための技術をも、彼らはもたなかった。

それに対し、近代科学は、世界を構成する基本の構成要素について共通了解をつくりだすことに成功してきた（素粒子や力）。ではそれで問題は解決したのか？　そうではないだろう。そもそもソクラテス以前の哲学者たちが求めていたものがほんらい「生の意味への問い」に対する答えであったのなら、そもそも問いを向けられるべきものは、世界や存在ではなく「魂」であろうから。

古代において、ソクラテスとプラトンは、世界の根源を問うのではなく、魂を問うことの必要性について、はっきりと自覚していたように思われる。プラトンの描くソクラテスは、自然学的な探究には目もくれず、正義や勇気のような徳の探究を対話によって行った点で、他の哲学者たちと際立った対照をなしている。*

＊『パイドン』のソクラテスは、自分も若いときには「自然学的な探究」をなしてそれぞれのものの原因を探究することに夢中になっていたが、あることの「原因」は観点の取り方によってさまざまに異なることに気づいたと述べている（96A以下）。そして、私がここに座っていることの原因は、「腱の収縮と骨」ではなく、「裁判で死罪にされた以上は逃げずにここに座っているほうがよいと判断したから」であると自らの例を挙げて、〈よさ〉の探究こそがもっとも重要であると語っている。

『ラケス』などの初期対話篇では、世界の根源を問うのとはまったくちがう種類の探究が行われていた。すなわち、対話者の一人は、勇気や節度など自身の体験のなかで暗々裏に直観されている「よさ」を言語化しようと努め、何らかの言葉として提示する。次に対話の相手は、その言葉がふさわしいものかどうかを、やはり彼自身が体験するなかで直観しているものと比較することによって吟味することになるだろう。

このように、「〜とは何か」の問いの答えは、一人ひとりが自分の体験に即してその正しさを吟味しうることによって、多くの（場合によってはすべての）人びとが賛同しうる「普遍的な共通了解」へと発展する可能性を原理的にもっているのである。

しかしじっさいには、アポリアに陥らせるという典型的な対話の描き方によって、この方法は、肯定的に共通了解をつくりだしていくやり方としては発展させられなかった。そして、プラトンが対話篇のなかで行う吟味や論証も、ときにはソフィストも顔負けの論理操作（ヘリクツ）になってしまっている。* さらにそのイデア論によって、プラトン自身も世界の「真実在」を語った人とされてきた。

＊『ゴルギアス』のソクラテスは、「論証」が大切であることを強調するが（472B）、たとえば「欲望を拡大させその実現をはかるよりも、正義を行うことのほうがよい」という自らの主張を根拠づけていくさいのソクラテスの語りは、とても適切な論証とはいいがたい。

しかしここに、世界の根源や真実在（存在）のような「究極の真理」をみずからの体験を超えて問おうとするのか、それとも、みずからの体験を内在的に確かめ、かつその内容を交換しあうことのなかから「普遍的な共通了解」をつくろうとするのか、という、哲学の努力の分岐を見てとることができると私は考える。そして後に示すように、後者の努力を明確な仕方で哲学の方法として定式化したものが、フッサール現象学なのである。

2　精確な共通了解の成立——幾何学から近代科学へ

では次に、幾何学と近代科学（とくに物理学）がどのようにして共通了解を達成しているのか、について、フッサールの説を確認していこう。

古代のギリシア人たちは、哲学においては共通了解を形作ることができなかったが、他方で彼らは、幾何学という、だれもが自分自身の洞察によってその正しさを認めうる知識をつくりだしていた。プラトンも『国家』のなかで、哲学するための前段階の練習にふさわしいものとして幾何学を挙げているが、そのさいには、洞察のみによって命題の正しさを論証しつつ進行し、全体として合理的な体系的知識が得られる、という幾何学の特質が念頭にあったはずである。

フッサールは『危機』において、このような幾何学の特質の成り立ちと、この幾何学の特質を自然世界に適用することで近代の物理学が形成された次第とを、鮮やかに説明している（Krisis, §9a）。このフッサールの説明が優れているのは、それが幾何学と物理学において合理的な共通了解が成り立つ根拠を解き明かしているからである。そしてそれはそのまま、幾何学と物理学という学問のあり方を根本から理解させるものとなっている。

しかし、この箇所はよく知られているにもかかわらず、この所説のもつ学問論的な意味あい、つまり、幾何学と物理学とはどのようにして合理的な共通了解を可能にしているのか、については、これまで十分に注目されその意義が汲み取られてきたとは言いがたい。ここではとくにその点に留意しながら、フッサールの所説を簡潔に提示してみることにする。

2－1　幾何学の成り立ち

現実の事物のかたちと理念的対象性

フッサールが最初に指摘するのは、私たちがふだん見ている現実的な事物のかたちと、幾何学上のかたちとはまったくちがう、という点である。私たちが直観している世界には「類型的な」かたち、つまり、〝まっすぐ〟な線や〝丸い〟ものや〝三角形〟などがあるが、それらはすべて〝およそそうである〟だけであって、幾何学で扱われる「純粋な形態」（純粋な直線、純粋な円、純粋な三角形）ではない（Krisis, § 9a, S. 22)。

純粋な幾何学的形態の例として、たとえば「半径五センチの円」を考えてみよう。このように言葉で指定すれば〝いつでも・どこでも・だれでも〟厳密に同一な図形を念頭に思い浮かべることができ、じっさいにそれを紙の上に作図することができる。もちろん描かれた図形は、線の太さ等々の点で完全に同一なものにはなりえないが、しかし「理念としての円」はまったく同一なものであり、だれもが共有できるのである。だからフッサールは、このような幾何学上の形態のことを「理念的 ideal な対象性」とか「理念的形態」とも呼んでいる（Krisis, § 9a, S. 23）。

では、このような理念的形態はどのようにして生まれてきたのか。

フッサールはこの問いに対して、さしあたってこのように答えている。人間が技術を進歩させ、より完全なかたちをつくりだそうとする努力のなかから、「極限形態」（Limes-Gestalten）として理念的形態が現れてくる、と。

たとえば木の板をテーブルとして使うときには、完全な平面は要求されず、ある程度平らであれば足りる。しかし別の場合には、より完全な平面が必要とされることもあるかもしれない。こうして職人は、木の板を〝もっともっと〟平らにしようと努力することになる。この〝もっともっと〟を求めることによって、その極限として、完全な円や完全な平面、つまり理念的形態が思い描かれてくる、というのである。そして具体的な技術の場を離れて、理念化された思考の空間のなかでこの理念的対象性のみを仕事場とするとき、幾何学が生まれるという（Krisis, § 9a, S. 23）。

測定術における〝客観化〟

いったんこのように述べたあとで、フッサールはさらに、幾何学を生み出した直接の源泉として、「測定術 Meßkunst」を挙げている。

測定術は、面積や長さを測定して数で表す実用的な技術であり、とくにエジプトで発達した測定術が古代ギリシアの幾何学の源泉だといわれている。ナイル川が氾濫《はんらん》するたびに土地の境界がわからなくなってしまうところでは、あらかじめ厳密に土地の面積を測っておくことで、氾濫後に区画しなおすさいにもめ事が起きないようにする必要があったのである。[34]

では、測定術が幾何学の源泉である、とはどういうことか？　それは、たとえば長さを測定することによって、感性的で直観的な形態に、客観性つまり人びとの間での一義的な（あいまいでなく精確な）共通了解を与えることができるからである。フッサールはいう。

> この［時間空間という］開かれた無限性から取ってこられたすべての形態は、それが事実として現実のうちに直観的に与えられているとしても、しかしそのどれもが〝客観性〟を欠いている。すなわち、それはすべての人にとって――それを同時に実際に見ていないどんな他人に対しても――間主観的に規定可能なものではなく、その規定性を伝達しうるものでもない。そうするのに役立つのは、明らかに測定術なのである。（Krisis, §9a, S. 25）

たとえば私は、庭の木になっている柿を取ろうとして「長い棒をもってきてくれ」と口に出して家人に頼むことができる。状況をよく知っている家人であれば、それで十分用が足りる。しかし「長い」という言い方では、その棒の長さを客観的に――どんな人びとでも共有しうる、という意味で「間主観的」（intersubjektiv）に――規定することはできない。

では、どのようにしたら、万人にとっての間主観性（共有性）をつくりだすことができるのか。

「概念」と「尺度（単位）」の創造、ということをフッサールは指摘している。

概念をつくる、という点では、まず形態（直線、円、三角形など）にそれぞれ名前をつけ、言葉でもって明確に定義しなくてはならない。さらに大きさ（長さ、面積、体積、角度など）にも名前をつけて定義しなくてはならない。そして大きさには「尺度（単位）」を定める必要がある。ある一定の長さをたとえば「一尺《いっしゃく》」と決めれば、それを基準として他のものの長さを測って数字で表すことができる。こうするとその長さは、だれでも（そこにいない人でも）共有できる数値となる。

このようにして測定術は、「かなり長い棒」「まあまあ広い土地」のような状況に依存した表現ではなく、形態について「間主観的に一義的に［eindeutig 曖昧さをなくして］規定するという可能性」（Krisis, §9a, S. 25）を、つまりすべての人びとの間での共有可能性（共通了解性）をつくりだすのである。

極限形態から幾何学へ

このような測定術は、最初は目に見える現実の形態を説明するための手段にすぎない。しかし測定し共有する実践から、おのずと先ほどの「極限形態」――純粋な完全な直線、完全な平面、完全な円、また精確に一〇センチの線分、さらに三センチ・四センチ・五センチの三辺をもつ完全な直角三角形――が人びとの脳裏に生まれてくることが想定できる。

測定術は実践的な世界において実用的な客観化、つまり間主観的共有性をつくりだしたのだが、この客観化・共有化を、純粋な理念的形態の世界においてつくりだそうとすると幾何学が生まれてくる、とフッサールはいう。

この〔幾何学という〕数学的な実践において、われわれは、経験的な実践においてはわれわれに与えられなかったもの、つまり〝精密性〟に到達するのである。というのは、理念的な諸形態に対して、それらを絶対的な同一性において規定する可能性が生じるからである。すなわち幾何学においては、理念的な諸形態を、絶対に同一で方法的かつ一義的に規定可能な諸性質をもつ基体として認識する可能性が生じるのである。（Krisis, §9a, S. 24）

この「精密性・精確性 Exaktheit, exactness」という言葉を、フッサールは、幾何学や数学における「完全に同じもの」という純粋な理念的な同一性を表すものとして用いる（哲学を推し進めるさいに要求される思考の「厳密さ Strenge, strictness」とは異なるので注意）。では、理念的な諸形態を絶対に同一なものとして規定するために、幾何学はどのようなやり方をとるのか。

まず、直線や三角形や円のような「基本形態 Elementargestalten」を精密に定め――「これこそが幾何学を創造した発見であった」とフッサールはいう――これにもとづいて、あらゆる種類の理念的な形態を同一なものとして作図（規定）するための条件を確定するという手続きを幾何学は行うのである（Krisis, §9a, S. 24）。

このようにフッサールは、幾何学の本質を、同一の図形を作図するための条件（必要かつ十分な条件）の規定、とみなしている。たとえば中学校で私たちが学ぶ「三角形の合同条件」（三辺がそれぞれ等しい、二辺とその間の角が等しい、一辺とその両端の角が等しい）は、同一の三角形を作図するための条件とみなすことができる。測定術が概念と尺度を定めて現実の形態（かたち）を測定するように、幾何学では、基本形態を定めることによってあらゆる形態を精密に規定するのである。*

＊たとえば多角形も、それを三角形の集まりとみなすことで、それを精密に規定することができる。三角形はそのような意味で「基本形態」なのである。しかしまた、私のイメージにある幾何学は、少数の公理から出発してさまざまな定理を証明していくというものであって、それがフッサールの幾何学のとらえ方とどうつながるのか、素人である私にはよくわからない。ご存じの方があればご教示願いたい。

以上のようなフッサールの所説は、以下のことをよく理解させるものだ。一つは、測定術は「単位と数」「概念の定義」を導入することで、それまでには存在しなかった〈万人にとって同一な共通了解〉を人びとの間に初めてつくりだすことができた、ということ。第二に、そうした共通了解を達成しようとする努力のなかから、「いつでも・どこでも・だれにとっても同じもの」である〝不変な理念的形態〟（極限形態）が人びとの脳裏に形作られていったこと。第三に、それらの理念的諸形態は、現実の直観的な形態から離陸して、純粋な思考のなかで生じる理論的体系としての幾何学となっていったこと、である。

こうして人びとは、〝永遠不変のまったき理念の世界〟を手にしたことになる。プラトンのイデアア界もまた、このような純粋で永遠不変な幾何学のイメージに触発されて生まれた面があるにちがいない。*

＊ここでフッサールが語っていないこととして、そもそも「数」とは何か、という問題がある。数は万人のあいだの共通了解を可能にするものであり、測定術が単位を定めるのも、結局は数を使えるようにするため、ともいえる。数や計算や代数といったものじたいが一種の理念性（いつでも・どこでも・だれにとっても同じ）を備えている。この数のもつ理念性とその発生をどう理解するかという課題について、彼が解明し尽くしているかどうか、私にはわからない。フッサールは膨大な草稿を残しているので、そのなかに的確な記述が存在する可能性はある。

2－2　物理学の成立

応用幾何学による精確な帰納的予見

さて、このようにして生まれた幾何学が、近代になって物理学の世界を生み出すことになった、とフッサールは考える。この点に関連して、彼は、幾何学の次のような特質を指摘している。幾何学においては、もろもろの理念的な図形は「それ自体において規定されている an sich bestimmt ものとして」、また、「あらかじめ決定されている im voraus entscheiden ものとして」考えられる（Krisis, §9b, S. 30）と。

この文章は詳しい説明を欠いているため、〝あらかじめ決定されている〟ということの意味は十分に明確とは言いがたいが、私の解釈はこうである。

たとえば、三センチ・四センチ・五センチの三辺で囲まれた直角三角形があるとする。そうするとその面積もまた決定されていることになる。つまり、一義的に規定される理念的図形においては、その形を決定する諸条件が満たされるならば、直接には知られていないこと（この場合は面積）についても〝それ自体においてあらかじめ決定されている〟ことになる。

さらに、幾何学の法則や定理についても同じことがいえそうである。図形の形や長さや角度や面積に関する定理（「三角形の内角の和は二直角である」や「ピタゴラス（三平方）の定理」など）も、自分たちがこれまで認識していなかっただけで、もともと対象それ自体にそなわっており、やはり〝あらかじめ決定されていた〟と考えられるだろう。

どちらにしても幾何学の世界は決定論的な世界であって、いくつかの条件が与えられて形が確定されるなら、そこからおのずと、直接には知られていないことを数値として導き出すことができる。

そこでフッサールは、応用幾何学について言及する。このような法則的知識を現実の世界に応用するならば、「人は、物体の世界におけるすべての延長をもつもの［alles Extensionale＝空間のなかで広がりをもつすべてのもの］に対して、まったく新種の帰納的予見［eine völlig neuartige induktive Voraussicht］をすることができる」（Krisis, §9b, S. 31）と。

この「帰納的予見」と訳した言葉は「推論的予測」とも訳しうるものだが、ここでいう「新種」ではないごく一般的な「予測」としては、たとえば夕焼けを見て、「おそらく明日は晴れ

図2

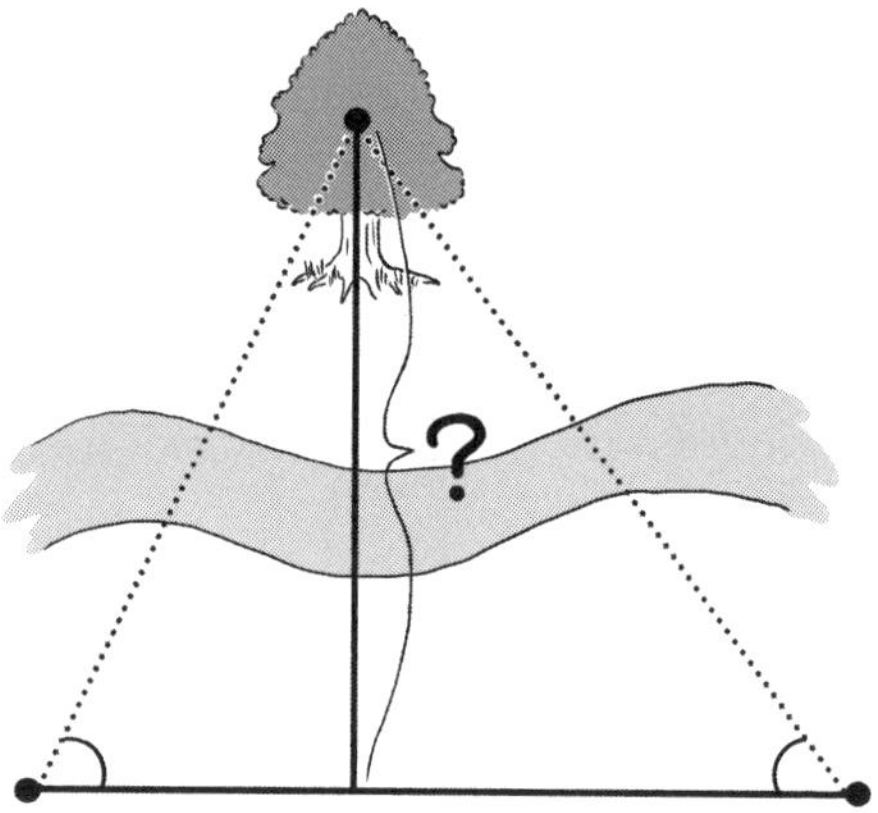

だ」と言うような場合が考えられる。そのさいには、なんらかのデータから推論（帰納）して予測をするが、じっさいの結果がはたしてそうなるかどうかは確実ではない。それに対して、応用幾何学がもたらす予測・予見は完全に正しく確実である。その点に「まったく新種」ということの意味がある。

私なりに一つの例を挙げてみよう。遠くの目標物までの距離が直接に計測できないばあいに、計測できる二点間の距離（一辺）とその両端角を計測することで、その一辺と目標物とのあいだの距離を計算によって求めることができる（図2）。

自然の数学化

続いてフッサールは、「[応用幾何学による精密な帰納的予見と]似たようなことが具体的な世界一般に対してもきっと可能なのではないか?」（ibid.）ということを、近代初頭（一七世紀前半に活躍）の物理学者ガリレイは考えたはずだ、という。具体的な世界での諸物体の「かたち」については完全に法則的な認識が可能なのだから、同様に、「その他のすべての面においても同様な仕方で構成的に規定されうる自然という理念」（ibid.）がガリレイを捉えなかったはずがない、と。つまり、〈世界の諸物体の運動やあらゆる諸性質もまた数学的な諸法則によってあらかじめ精密に規定されており、その諸法則は幾何学の体系のように合理的で統一的な体系性をなしている。したがって一定の条件が与えられればその結果が必然的に導き出されてくる、つまり「構成的に規定」されるはずだ〉――そういうイメージがガリレイの頭のなかにあったにちがいない、というのである。

じっさいにガリレイは、物体が落下するさいの「経過時間（t）」と「落下した距離（S）」との間に厳密な数学的法則が成り立つのではないか、と考え、「物体落下の法則」を発見することができた（$S=\frac{1}{2}gt^2$　gは重力定数）。

つまり、自然の世界を、体系的合理的な数学的法則によって貫徹された世界とみなす、という、これ自身は決して証明できない根本仮説を置いてみたところ、われわれの経験する諸事実――とくに実験や観察によって与えられる諸事実――をじつにうまく説明することができたのである。

そしてガリレイから始まった近代の物理学は、ニュートンの物理学の体系に至ると、①慣性の法則、②作用反作用の法則、③運動方程式、の三法則に加えて万有引力の法則を置くことで、地上の物体の運動から天体の運動までをきわめて正確に予測することを可能にした。このような包括性と体系性をもったニュートンの物理学は、科学的な仮説というよりも、しばしば客観的世界の真理そのもの、「真なる世界」として受けとられていった。

フッサールはこの「自然の数学化」を語るさいに、次のような注意を与えている。客観的自然をすみずみまで数学的な法則が貫徹しているとみなすためには、一つクリアしなければならない点があった。音の強さや明るさのような諸性質には「程度性」（強い弱い）があるが、これは長さや面積のような「かたち」とはちがってそのままでは計測＝数値化できないからである、と。

この点についてフッサールはいう。自然科学を学校で早期から学んでいる現代の私たちにとって、「私たちが学問以前の生活において、色や音や熱、物体の重さとして経験するものや、この物体はまわりの物体を熱くするから熱を放射しているのだとする経験などは、〝物理学的には〟音波の振動や熱波の振動、つまりは形態世界［物理学の語る数学的世界］での純粋な出来事を指し示している」（Krisis, §9c, S. 35）ということは自明（あたりまえ）である。しかしこれが自明なこととなっていくためには、一方で音の強さや熱さを数学的に「測定」する技術を見出しつつ、他方でそれらの感性的な性質に対応する「真の世界での純粋な出来事」を構築していく作業が必要であったはずだ、と。そして、そのような「自然の数学化」を、確かに物理学は実現していったのである。

生活世界の隠蔽

こうして物理学は、幾何学や代数学に続いて、合理的な共通了解の達成に成功していった。しかしそれは有用な共通了解の形成としてではなく、「真なる客観的世界への接近」として捉えられていく。

つまり、物理学が記述する数学的に構築された世界こそが「真なる世界」とみなされ、私たちが感性的直観的に経験している世界――フッサールはこの具体的な世界を〈生活世界〉［Lebenswelt, lifeworld 生世界］と呼んでいる――は、各人の感覚器官を通してみられた主観的なもの（脳に映った映像）にすぎない、ということになってしまった。ここから生じてくる帰結として、フッサールは二つのことを指摘している。

第一に、この物理学の成功から、学問の目的を「客観的世界に限りなく接近すること」とみなす学問観が生まれた。これをフッサールは「物理学主義的合理主義」と名づけている。すなわち「世界とはそれ自体において合理的な体系的統一であって、その中ですべての個別的なものはどこまでも合理的に決定されているにちがいない」（Krisis, § 12, S. 66）という大前提のもと、経験的なデータから帰納することで限りなく「全知」に近づいていけるはずだ、という信念のことをさす。認識力をたえず完全にすることによって、人間は環境や自己に対するコントロールをますます完全なものにしていける、という〝幸福な確信〟がそこに伴っていたとフッサールは述べている。*

＊この幸福な確信は、のちにフランスのポスト・モダンの哲学者リオタールが『ポスト・モダンの条件』（一九七九）において「歴史の大きな物語」と呼んだものに他ならない。

しかし第二に、物理学の形成した「真の世界」は決して真の世界などではない、とフッサールはいう。むしろ反対に、感性的直観的な生活世界のなかの事物や事態を見たり聞いたり触ったりする「知覚」こそが、物理学の妥当性――われわれが物理学の理論を正しいものとして受け入れること――の根拠なのである。なぜなら、実験して計器の目盛りを読むことも、さまざまな自然現象を観察することも生活世界の知覚であり、あらゆる客観的理論はそうした知覚によって「検証」されるからである。フッサールはこういっている。

> この［生活］世界とそこで生起するすべてのものは［……］世界の〝客観的真理〟へ向かう主題的な態度をとるすべての自然科学者にとって、〝単に主観的‐相対的〟という刻印を帯びている。［……］この〝主観的‐相対的なもの〟は〝克服〟されるべきなのである。［……］これが一つの面である。だが他方ではやはり、自然科学者にとって主観的—相対的なものはどうでもよい通過点としてではなく、あらゆる客観的検証［Bewährung, test］という点で、理論的‐論理的な存在妥当を究極的に基礎づけるものとして機能するのであり、それゆえ明証の源泉、検証の源泉として機能するのである。（Krisis, § 34b, S. 128 f.）

私なりの言い方になるが、〈直観的な世界（生活世界）の知覚によって与えられるもろもろの「知覚事実」を関連づけて、それらに整合的な説明を与えたものが物理学の理論である〉ということもできるはずだ。そして、この視点からみるとき、知覚とそれによって与えられる事実は、「真の世界での純粋な出来事」が人間的な感覚器官に対して表れたもの、つまり「単なる主観的‐相対的なもの」などではないことになる。むしろその反対に、物理学の理論のほうが知覚事実を整合的に説明しようとして作られた仮説であり、後から形作られた構築物なのである。

しかし、ヨーロッパの歴史のなかでそのことは忘却されて、数学によって記述された理論こそが「真の世界」とされ、生活世界とその知覚は二次的なもの、単に主観的なものとみなされてしまう。このことを、フッサールは、「自然科学の忘れられた意味基底［vergessenes Sinnesfundament］としての生活世界」（Krisis, § 9h, S. 48）といい、また物理学の創始者ガレリイのことを「発見する天才であるとともに隠蔽する天才でもある」（Krisis, § 9h, S. 52）ともいっている。

フッサールはさらに、数学的な決定論的な体系としての「真の世界」と、主観的な感性的な「心の世界」とが完全に切り離されて「二元論」が生じたこと、そこからさまざまな難問が生み出されたことを指摘しているが、これについては次章で詳しくとりあげる。

普遍的な共通了解をつくりだす手段としての知覚と数学

このようにして、物理学は「真なる世界」を入手したと信じるという仕方ではあるが、合理的で普遍的な（文化を超える）共通了解を形成することができた。ではその共通了解性は、そもそも、どこに根拠をもっているのだろうか。

あらためて私なりにいってみるならば、それは物理学が①「知覚」のもつ共通了解性と、②「数学」のもつ共通了解性の二つに依拠しているからである。

まず、「知覚のもつ共通了解性」とは、次のようなことだ。——感性的直観的な世界（生活世界）を私が知覚するとき、それは想像のような「私にとってのみ存在する表象」ではなく、「私だけでなくだれもが共有しうるもの」と信じられる。かりにテーブルの上の花瓶を見ているのが私一人であったとしても、ここにだれかがいれば私と必ず同じ花瓶を見るはずだ、と私は信じて疑わない。なぜなら知覚は、だれもがそのなかを生きている「感性的直観的な唯一の世界＝生活世界」を直接に各自に与えるもの、と信じられているからである。

もっとも、現在の知覚はすぐに過ぎ去ってしまう。しかしその知覚を時刻とともに紙に書き留めて記録しておけば、それはだれでも確認（知覚）できるものとなる。だからこそ、実験と観察を行ってそこで知覚された結果を記録したデータが、物理学に限らず「実証科学」一般の妥当性の根拠になっているのである。*

＊注記しておけば、このような知覚の説明は、フッサールにとっては暫定的なものにすぎない。「だれにとっても共通な生活世界がある」ということじたいも主観における一つの信念である、と考えるからだ。超越論的現象学は、生活世界や数学的世界におけるあらゆる存在者を「意識体験の相関者」として捉えようとするのである。なぜわざわざそうするのか、については第12章で後述する。

次の「数学のもつ共通了解性」については、こう考えることができる。代数の式は、だれが数字を入れても同じ操作をするように指示されたものであり、だから、いつ・どこで・だれが演算を行っても同じ結果が出る。これを私なりの表現でいうならば、「手続きの同一性」を確保するように工夫することで、数学は「いま・ここ・私」を超えた普遍的な共通了解性をつくりだしているのである。*

＊幾何学の図形や数のような「理念的対象」は、しばしば時を超えた永遠不変な存在者と考えられてきた。しかしフッサールは『デカルト的省察』で、理念的対象の「超時間性 Überzeitlichkeit」とみなされてきたものは、じつは「任意のいかなるときにも任意に産出され再産出されうることの相関者と

しての、全時間性 Allzeitlichkeit」である、と指摘している（CM, § 55, S. 130 f.）。

そのような性格をもつ②の「式」に、①の知覚された「データ」を入れるならば、その式であらわされた法則が正しいかどうかを、だれもが試す（追試する）ことができる。こうして、実験と観察によって得られたデータ（知覚）、法則化（数学）、追試（知覚による検証）という方法、つまりは知覚と数学という二つの源泉に依拠することによって、物理学は文化の違いを超えて通用するものとなり、「合理的で普遍的な共通了解」をつくりだしているのである。

そして近代科学では、物理学から出発して、化学や生物学などのさまざまな領域において、物理学と同様の仕方で共通了解をつくりだそうとする営みが進展していった。そして化学や生物学は究極的には物理学によって支えられるものと考えられた。

こうして近代科学は、だれもが信頼しうる合理的な知識をつくりだすことに成功した。そしてこれを応用することによって、きわめて有用な技術が生みだされていった。このような近代科学の成功は、人類の幸福な未来を約束するもののように思われた。

しかし、このような近代科学によっては解決できない、つまり、共通了解をつくれないさまざまな難問もまた意識されてくることになった。

第9章

近代科学とともに生まれた難問――共通了解をめぐる問題（二）

近代初頭の哲学者たち（ホッブズ、デカルト、スピノザなど）は、みな自然科学者でもあった。たとえばデカルトの『方法序説』（一六三七）を読むと、彼が、信頼できる学問、私の言葉でいえば「各人の洞察にもとづく合理的な共通了解」をつくりあげることに、いかに情熱を燃やしていたかが伝わってくる。世界を実験・観察と数学とでもって解明していけるということは、彼らにとって大きな夢であり可能性だったのである。

しかし彼らは、世界を物理的に解明するだけでなく、神や道徳や自由といった「魂」の問題をどう考えればよいか、ということにも直面せざるを得なかった。そして彼らはまた、どんな人でもその正しさを洞察しうる知はいかにして可能か、についても考えなくてはならなかった。それはおのずと、知というもの、つまり「認識」そのものを問うことになっていく。

つまり、自然科学が大きな成功をおさめていくかたわら、哲学者たちは魂と認識の問題に関わらざるを得なくなっていったのである。そこで問題になっていたことを、以下、なるべく簡潔に整理し（第1節・第2節）、そのうえでカントによる解決の試みを見てみよう（第3節）。

1　人間的な意味や価値への疑念

神・来世、自由、道徳・美

神が存在するのかどうか。魂は不死であって死後には来世にいけるのかどうか。これらはキリスト教を信じるヨーロッパの人びとにとって、まさしく〝生きる意味〟に関わるきわめて重要な事柄だった。しかしこれらについては、近代科学は答えを出すことができなかった。

それはしかし、近代科学が神や来世の存在を否定したから、ではない。むしろ、神が世界を合理的に作ったと信じたからこそ、初期の自然科学者たちは、物理学を数学的な合理的体系として形成することができたともいわれている。

しかし、物理学の語る数学的な決定論的体系が「真の世界」として提示されたとき、そこには神や来世の場所はなく、意志の自由も、道徳や美のような価値も存在しなかった。つまり、神や来世のことを思ったり、自分の人生をどう生きるかを考えたり、自分の行為の道徳性について悩んだり、美しいものにうっとりしたり、というような一切の心の動きは、客観的な「真の世界」にはその場所をもたなかったからである。それらはあくまでも主観的なもの、つまり客観的世界から切り離された「心」の領域で生じるにすぎないものとなってしまった。

こうして、以下のような難問が生まれてきた。

・神や来世は存在するのかどうか。そのことはどうやって証明できるのか

・意志の自由は存在するのか。それともじつは自由などはなく当人が自由だと思い込んでいるだけなのか

・道徳や美といった人間の抱く価値には根拠はあるのか。それともそれらは、恣意的・偶然的なものにすぎないのか

これらを一言でまとめれば、〈人間的な意味や価値の根拠への問い（疑念）〉と呼ぶことができる。そしてそれは、〈人間的な意味や価値について合理的な（根拠を伴った）共通了解は可能なのか〉という問いのかたちをとることもある。

心（主観）と物の（客観）の鋭い分離

これらの問題は、物理学によって「物」の世界と「心」の世界とが鋭く分離されたことに起因している。フッサールは『危機』でこう述べている。

この新たな自然観に属するものを、なお際立たせておかねばならない。ガリレイは［……］人格的な生活を営む人格としての主体を、また、あらゆる意味での精神的なものすべてを、

人間の実践によって事物に生じてくる文化的な諸性質すべてを、捨象する。このような捨象によって純粋な物体的諸事物が残るが、それはしかし具体的な実在として受け取られ、その全体が一つの世界として主題化される。ガリレイによってはじめて、それ自体において実在的に完結した物体界としての自然という理念が現れてくる、ということができるだろう。

［……］

［こうして］世界はいわば、二つの世界に分裂する。すなわち、自然と心的世界とに。ただし後者、すなわち心的世界は、それが自然に関係する仕方によって、けっして独立の世界性［独立の存在］をもつにはいたらない。（Krisis, §10, S. 61）

私たちが日々暮らしている〈生活世界〉――見たり触ったりしている具体的な世界――では、目のまえの物は単なる物体ではない。それは「カップ」であって、コーヒーを飲むために役立つ、という「用途」をもっている。しかしそれだけではない。子どもが幼いときに家族でディズニーランドに遊びに行って、ミッキーマウスの絵柄のついたカップを買ってきた、ということを私は思い出す。そのように、生活世界における物はそれぞれ意味や価値をもっているのである。

しかし物理学は物を「純粋な物体」としてのみ、見る。つまりそこから意味や価値をひきはがす。そしてそうした「もろもろの物体からなる物体界」こそが、「真なる世界」であり世界の「本体」であるとみなすのである。――このようにフッサールから指摘されると、私たちがごく自然にそのような見方をしていることにあらためて驚かされる。

しかしこの物と心の「二元論 Dualismus」(ibid.) は、私たちが生きるうえでのものごとの意味や価値をすべて心のなかのものとして主観化することを意味するから、それらの根拠もすべて危うくなってくる。これが前記の難問であった。

この二元論は、当然、物と心、ないし客観と主観の関係をめぐってさまざまな説を生み出すことになる。その一つが、世界の根本的な構成要素(実体)は心と物のどちらなのか、という問題であり、もう一つが、認識の客観性の問題であった。それぞれ確認しておこう。

2　物心問題と主客問題

世界の「実体」は物か心か

世界を構成する根本要素のことを、近代哲学では「実体 substance」と呼ぶ。この言葉は、ギリシア哲学で「存在するもの」、ときに「真の実在」を意味する「ウーシアー ousiā」に由来し、そのラテン語訳が substantia となる。

古代ギリシアでは、パルメニデスが真に存在するものを「存在」と呼んで以来、何が真実在なのかが議論となった。たとえばデモクリトスが「原子」を考えたのも、このような文脈のもとでの話であり、彼と同世代のプラトンもまた、イデアをしばしば「真実在＝ウーシアー」として語った。*

＊プラトンの弟子であるアリストテレスは、『形而上学』で「実体＝ウーシアー」について詳しい論を展開し、最終的に、自然界のあらゆる存在者（実体）と、天体のような永遠的存在者（実体）とがともに依存する根源的な実体として、「不動の動者」（他を動かすが自身は動かないもの、神のような根源的な存在者）を導き出している。またヨーロッパの中世哲学でも、実体をめぐるさまざまな議論がある。

近代哲学においては、この実体の問題は、もっぱら心（精神）と物のどちらが真実在なのか、という問題として展開されていく。それは以下のようなかたちをとる。

1．心と物の二つの実体を認める立場（物心二元論）

一七世紀のデカルトは、実体を「それ自身によって存在しうるもの」、つまり他のものに依存することを必要としないものとして定義している。[35] そして心と物とを、相互に依存することのない、まったく異なった実体であるとした。そして物の根本特徴を「延長」（空間のなかに一定の広がりをもつもの）とみなしたのに対し、心の根本特徴を「思考」とみなしたことはよく知られている。デカルトはこの二つの実体を立てることによって、自然科学の説明も正しく、かつ、来世・道徳・自由も心の世界に関して成り立つとした（『省察』）。

デカルトの見方に従うと、人間は、身体という物体的なものと心とからできている、ということになる。そうなると、「では、心はどうやって身体を動かし得るのか」ということが理解しがたい難問となってしまう。心と物体とが根本的に異なる実体であるならば、心と物体との相互作用もまた不可能になるからである。

2．心も物も、同じ一つの実体が別の仕方で現れたものとみなす立場（一元論）

これはデカルトに続くスピノザ（一六三二—一六七七）の考えである。二元論があれば、次にどちらも一元的なものから分かれたものだ、とみなす論理もまた、人が当然に思いつくものである。じっさいスピノザは唯一存在する根源的な実体として神を立て、一切の物体も思考も神の現れ（様態）であるとした。

3．物だけを真の実体とみなす立場（唯物論）

唯物論では、物のみが実体として認められ、心は脳から生み出される二次的・派生的なものとされる。デカルトの弟子ル・ロアもまた、心と身体の二元論に最終的に納得できず、精神を物質の様態として考えるに至ったといわれる。*

＊中公バックス「世界の名著」『デカルト』（一九七八）での、野田又夫の解説（五三頁）を参照。

これは近代科学から出てきやすい考え方であり、無神論につながりそうなものだが、近代初頭の哲学者たちは、デカルトを含め神の存在を認めている（デカルトにおいても、心と物の二つの実体はどちらも究極の実体である神によって創られたものとされる）。

4．心（精神的なもの）だけを真の実体とみなす立場（唯心論）

唯物論とは逆に、「心」の世界こそが真実に存在する実体であって、客観的な世界や現実と呼ばれるものは心のなかに打ち立てられたものにすぎない、とみなす「唯心論」の見方も生まれる。イギリスのバークリ（一六八五—一七五三）の哲学がその典型である。

バークリは、世界や事物一切を「心のなかの観念」とみなした。それらは神によって人の心のなかに据え付けられた観念なので、人はそれを自分の意志でもって消すことはできない。それを人は現実と呼んでいる、というものである。――この考え方は、人の生きる「現実」とは、じつは神がその人に与えたものであって、その人がそれをどう生きるかを見守っている、ということを含む。つまりキリスト教の信仰にはじつに適した考え方であった。

以上のような「心と物のどちらが実体か」という問題は、現代でも解決ずみではなく、「心と脳の関係の問題」というかたちをとっている。つまり、心の働きは脳という物体的なものの働きに還元しうるのかどうか、また、人工知能（ＡＩ）によって意識（心の働き）をつくりだすことができるかどうか、という問題である。[36]

主観と客観の一致の難問（認識の難問）

心の世界と物の世界との鋭い分離は、「認識する主観」と「それ自体として存在する客観」との分離をも意味する。そこからは、〈認識する主観は、どうやって、それ自体として存在する客観世界と一致しうるのか〉という難問が生まれてきた。

この難問は、多くの人にとっては馬鹿げたものにみえるかもしれない。先ほどもふれたように、私たちがふだん事物を〝知覚〟するときには難なく主観・客観の一致を確かめることができるからだ。たとえば「あのゼミ室には、椅子は十脚あったはずだが」と思ったとき、じっさいにその教室をのぞいてみれば、主観（私の認識）と客観（教室の椅子の数）とが一致しているか否かを、容易に確かめることができる。現実を知覚するとき、私たちは客観的な世界をそのまま受けとっていると信じており、そのさいには主観と客観との一致は自明なのである。

しかし、物理学の「真なる世界」からみるとき、現実の椅子の知覚もまた、私たちの感覚（視覚や聴覚）と諸概念（椅子、四角い、縦長など）から形成されているのであって、「客観世界そのもの」を写し出しているのではない、ということになる。すると、もし私たちとはまったく異なった感覚器官をもつ宇宙人がいれば、彼らの知覚と私たち人間の知覚とは相当に異なっているかもしれない、とか、私たち人間同士であっても、私の知覚と隣にいる人の知覚はまったく同じではなくさまざまに異なっているかもしれない、ということも思い浮かんでくる。

つまり、主観・客観一致の問題の先駆は古代ギリシアにあったが（ゴルギアス・テーゼ）、物理学が「真の世界」を、私たちが知覚する色や音に満ちた世界（生活世界）から切り離したことによって、この難問は先鋭化したのである。

さらに、この難問が近代哲学の中心問題となった理由として、もう一つ別の事情を挙げることができる。かつてキリスト教の一元的な世界の見方しかもたなかったヨーロッパの人びとは、近代になって世界像の多様性に直面せざるを得なくなった、ということである。

交易の発展とともに、イスラム教の世界をはじめ、世界各地の文化――中国やインドだけでなくアメリカ先住民の文化も――が知られていく。そしてヨーロッパの内部でも、カトリックとプロテスタントの宗教対立が起きる。

この世界像の多様性を、一七世紀のデカルトははっきりと自覚していた。『方法序説』には次のような一節がある。――学校にいるときに、哲学者たちがどんな奇妙で信じがたい説をも唱えていること（哲学説の多様性）を知った。そしてヨーロッパ各地を旅するようになると、自分の考え方とまったく反対の考えをもつ人びとがいることを知った。そして人の考え方は、フランス人、ドイツ人、中国人［のように文化の違う人びと］の間で育てられるとまったく違ってしまうことを知った。「そして結局のところ、われわれに確信を与えているのは、確かな認識であるよりもむしろはるかに多く習慣であり先例であること［……］を知った」[37]

日常の知覚においては主客の一致は簡単に信じられる。しかし世界像――「世界全体」のイメージ（しばしば世界の始まりや神や来世の存在を含む）とそのなかで人のなすべきこと（価値）についての信念――の水準においては、それが客観的世界と一致している保証はない。だからこそ、世界像の多様性に直面することは、「私がそうだと思い込んできた世界や生き方は、ひょっとすると正しくないのかもしれない」という疑念や不安をもたらす。だからこそデカルトのように、「自分の考えが正しいことを確証するためには、どうすればよいのか」を積極的に問う人も出てくることになる。

つまり主観・客観一致の難問は、一見すると馬鹿げたものにみえても、その内実としては、私たちは何を信じ何を共有して生きていけばよいのか、という切実な問いを秘めているのである。

相対主義と独断論

この「認識の難問」から、相対主義と独断論の二つの態度の取り方が出てくる。「さまざまな認識がある」「主観」や「言語・文化」の多様性に焦点を当てるならば、「さまざまな認識があるのであって、唯一絶対の真なる認識などはない」という相対主義の考え方になる。

他方で私たちは、何かの精神疾患のような特別な状況でないかぎり、日々の生活とそこでの知覚を通じて「客観世界は確かにあり、自分を含む皆がそのなかを生きている」と確信している。そうである以上、「客観世界を忠実に捉えた真なる認識がありうる」という見方もごく自然に生まれてくる。そして自然科学をそのような客観的な認識なのだ、と信ずる人びとも多いだろう。また、かつてのマルクス主義も、社会の客観的な認識を自称していた。しかし自然科学は、正義や美や道徳などの価値（よさ）についての共通了解を提供できず、マルクス主義もまた、それが絶対的なものではなく一つの世界の見方にすぎないことが明らかにされてしまった。

こうして認識の面からは、「相対主義＝主観や文化によって認識はさまざまであり、唯一の真なる認識は不可能である」と「独断論＝これこそ世界の真相を正しく捉えた認識である」とが対立する。哲学の歴史を、独断論（あるいは普遍的な認識がありうるという意味では普遍主義）と相対主義との対立として描くことも可能だろう。

思考の優劣という点からみると、相対主義は独断論に対して優位な面がある。独断論者が「これこそが世界の真相である」と述べたとしても、相対主義者は「それもまたあなたの（あなたの属する文化の）認識にすぎない」と主張することができるからである。じっさい、第7章で述べてきたように、二〇世紀の哲学・思想は、言語・社会関係・関心を強く意識したために、相対主義の勝利はほぼ決定的となったようにみえた。* しかし相対主義は、私たちは何を信じ何を共有して生きていけばよいのか、について答えられないために、一人ひとりの未来やわれわれの未来を形作る力を持ち得ないことは、すでに述べたとおりである。

＊主観・客観一致の難問は、主観を「言語」に置き換えてもまったく解決されず、英米の分析哲学の内部でもそのまま再現されている。この経緯を一人で体現しているのがウィトゲンシュタインである。彼は初期には、客観的で単純な事態をそのまま写しとる命題（要素命題）がありうるという立場をとっていたが（『論理哲学論考』一九二二）、後期には言語ゲームを語ることでその立場を廃棄してしまう。すると、あらゆる認識はそれぞれの言語ゲームに内属する相対的なものとなり、かつウィトゲンシュタインは、人は言語ゲームの「外」には立てないとみなすので、それらの相対的な言語ゲームを俯瞰するような普遍的な言語ゲームもありえないことになる。

相対主義にはもう一つ弱点がある。相対主義は「客観的世界はやはり存在しているのだから、正しい認識というものがあるのではないか」という私たちの素朴な実感を消去することができない。そうである以上、二一世紀になって、相対主義の無力にいらだつ人びとの間から、ふたたび「新しい独断論」が台頭してこないとは限らないのである。

しかしこの難問に対して、もう一つ、別の態度がありうる。客観世界との一致は不可能ということを認めたうえで、「合理的な根拠をもって人びとの間で共有しうる知＝合理的な共通了解」はありうるはずであり、この合理的な共通了解が成立するための条件を明確にすることもできる、という立場である。

現象学はまさにこの立場をとろうとする。そのうえで、合理的な共通了解が成立するための条件を確かめ共有するには、主観（各自の体験の現場）から考える以外にない、とみなすのである。

三つの主要な問い

しかし、現象学に進む前に、本章では、近代哲学において問題となってきたことをあらためて次のように整理したうえで、カントによる解決の試みを見ておきたい。

1．究極への問い（〝形而上学〟的な問い）
神は存在するか、来世（魂の不死）はあるか。世界に時間・空間的な限界はあるか。世界の実体は心か物か。
2．人間的な価値への問い
道徳や正義に根拠はあるか。なぜ人は美を感じるのか。
3．認識への問い
あらゆる認識は相対的なのか。それとも客観的な世界に一致する認識は可能なのか。そもそも、合理的で信頼しうる共通了解（認識）は可能なのか。

3　カントによる解決の試み

答えの出る問いと出ない問い

カント（一七二四―一八〇四）は、この三つの主要な問いのすべてに対して明確な考えを提示した点で、まさに巨大な哲学者である。しかし彼の答え方は、問いに対して「正解」を与えるというような、単純なものではなかった。

たとえば、神の存在。神が存在するか・しないかの答えは「二択」で決まるように思える。しかしカントはこれに対して、〈神は存在するとも存在しないともいえない。そもそもこれは答えられない種類の問いなのである。しかし、なぜ答えられないかの理由は明確に言い尽くすことができる〉と考えた。

どんな問いにでも答えがあるのではない。本性的に答えが出せない（決定不可能な）問いというものがある。――この発想は哲学の歴史において画期的なものであり、おそらくイギリスの哲学者ジョン・ロック（一六三二―一七〇四）が、この「合理的な共通了解が可能な問いとそうでない問い」についてもっとも早く意識した哲学者だと思われるが、[38] この発想をとことんつきつめたところにカントの「理性批判」が生まれてくる。そしてカント以降、神の存在証明を本気で試みる論者はいなくなってしまった。それほどにカントの答え方は「画期的」だったのである。

哲学には、その著者ごとに独自な「体系」がある。だから、哲学においては結局のところ合理的な共通了解は成り立たないのだ、と思っている人は多い。「哲学には答えがない」、または「答えがないことを問い続けることこそが哲学だ」というように。

しかし、近代の哲学をみるかぎり、哲学者たちはそのように考えていたのではない。〈神の存在や、世界の起源の問いにはなぜ答えが出せないのか。そして、なぜ人はそれを問い続けてきたのか〉。このように、問いそのものを問い直すことで、その問いを〝だれもが合理的に洞察し了解できる仕方〟へと書き換えることを、カントは試みている。つまり、合理的な共通了解の可能性を手放さずに発展させることを、彼らは求めていたのである。

ここではカントの解答をすべて紹介する余裕はないが、とくに、「究極への問い」と「認識の問い」について、その答えの骨子だけでも述べておこう。

究極（本体）を求める理性

『純粋理性批判』（一七八一年第一版、一七八七年第二版）の第二部「超越論的弁証論」は、人間の理性が「本性的に解答できない問い」に迷い込んでしまうことと、なぜそうなってしまうのかを解き明かした、きわめてスリリングなものである。

そこで取り上げられるテーマは、「魂」と「世界」と「神」である。

まず魂について。〈私たちはふだん、さまざまに感覚し・思考し・意志している。そうだとすれば、それらの感覚や思考や意志を生み出す究極の「本体」として、「不死で不変で同一な魂」というものがあるのではないか？　それともそんなものはないのか？〉という問いを、人はしばしば抱いてきた。

先に見たように、デカルトは「思考する実体としての魂」を考えたが、現代でもこの問いがなくなってしまったわけではない。〈いまの私はまだほんとうの私になっていない。私の奥底に、まだ現れていない「ほんとうの私」がいるのではないか？〉と思うときにも、その人はやはり「本体としての魂」を求めていることになる。

次に世界についても、やはりその「本体＝真実の姿」を求めるところに、「世界には時間的・空間的な限界はあるのか・ないのか」という問いが生まれてくる。〈世界を時間的に遡ってみる。ずっと遡っていくと、その始まり（起源）があるのだろうか？　それともそんなものはなく、永遠に世界は続いてきたのか〉〈自分のいる「ここ」から出発して遠くに行ってみる。ずっと進んでいけば、世界の果てに到達できるのだろうか？　それとも世界は果てしなく広がっているのか〉という問いである。その他にも、「物質の根源を発見したい」とか、かつてのマルクス主義のように、「社会全体を知り尽くして人類の進むべき方向を知り、その方向に向かって実践したい」というように、世界の真理（本体）に届きたいという欲望をしばしば人は抱く。

また人は、世界のさまざまな物事や人びとの魂を生み出す究極の原因として「神」を考えたくなる。そこから「一切の究極の原因である神は存在するのか、それともしないのか」という問いが生まれる。

これらの問いはすべて、次々と推論をしていって究極の存在者（本体）＊に至ろうとする点で共通している。これらの究極の問いを、カントは人間の「理性」の本性から生まれてくるものとみなした。

＊竹田青嗣は『欲望論　第一巻』において、哲学者たちが追い求めてきた「究極の存在者」のことを「本体」と名付けている。心、世界、存在、価値などについて「究極の存在者＝本体」があるはずだと想定し、それを追い求めることを竹田は「本体論」と呼ぶが、『欲望論　第一巻』は、この「本体論の解体」を課題としている。この論点については、本書第12章で詳しく取り上げる。

カントのいう理性とは、推論する能力である。理性は物事の原因を探ったり、時間を遡ったりするが、それが一定の範囲に留まっているかぎり、有用なものといえる。しかし人間理性には、推論を限りなく続けていって究極のもの（世界の全体性・本体）に至ろうとする本性がある。しかしこれらの「究極の問い」には決して答えが出ることがない、とカントはいう。

なぜそうなるのだろうか？　たとえば「世界は時間的に有限か無限か」という問いに対して、世界の起源をビッグ・バンとして示したとしよう。しかし提示された答えに対して、人は「はたしてその答えは究極といえるのか？」と問うことができる。「ビッグ・バンの〝前〟にはほんとうに何もないのか」「そもそも時間のなかったところに突然ビッグ・バンが起こったというが、なぜ時間のないところに時間がいきなり発生したのか」というように。

理性は、「現在はこうだが、過去はどうなっていたか、そのまた過去はどうか……」と限りなく推論を続けていく。そして世界の起源に至れば、世界の究極の「全体性」をつかむことができると思う。全体性を把握するためには「起源がある」ほうがよい。ある起源から現在までの流れとして世界を一望できるからだ。こうして「有限説」が生まれる。

しかし他方で理性は、より根本の原因、より前・より遠く、より小さく、を求めて限りなく問い続けようとする。そして究極として立てられたものに対して、理性は疑う権利をもってそれに立ち向かおうとするだろう。その態度は「無限説」に傾く。

このようにして、他ならぬ理性そのもののなかに、根源を定立して世界の全体性を把握しようとする傾向と同時に、根源として定立されたものを疑い破壊しようとする傾向とがあり、だからこそ、究極の存在者の「ある・なし」は決定不可能になるのである。*

*これは独断論と懐疑主義との対立でもある。

なぜ人は究極（本体）を求めるのか

このようにカントは、理性そのものが「解けない問い」を生み出してしまうことを鮮やかに指摘したのだが、そもそも人はなぜ究極を求めてしまうのだろうか？

究極の問いが、限りなく推論を続けうる能力（理性）を人がもつことによって可能になっていることは、カントのいうとおりだろう。しかし、ギリシア哲学の世界の根源への問いが、人間の生の意味を世界の根源を知ることによって理解しようとする動機から生まれていたように、カントの取り上げた魂・世界・神への問いもまた、生を意味づけようとする動機から生まれている、と言えるのではないか。

たとえばいまではもう想像しがたくなっているが、かつてのマルクス主義者は「世界を正しく知る」ことに激しい情熱をもっていた。それは単なる知的な興味ではなく、「世界を正しく知ることで自分は正しい生き方ができる。そしてそれは人びとを救うことにつながる」と信じたからである。つまり、世界を正しく知ることは、自分と人びととをつなぐ道を明らかにすることを意味し、そうすることで、自分の生に使命と意味を与えようとしていたのである。

「ほんとうの私」を知りたいと願う人も、それを知りさえすれば自分は自信をもって人びとと世界とに関わっていける、と思っている。そこにはやはり、自分の生の使命と意味を求めようとする動機が働いている。「神」については言うまでもないだろう。

そうだとすれば、カントの行った仕事は、生きる意味を求める動機にいわば「冷水を浴びせる」ものになりかねない。「神を知ることはできない、それはあるともないともいえない」というのだから。

しかしカントの優れたところは、ただ「あるともないともいえない」といってすまさなかったことだ。主観は神の存在を理論的には認識できないが、道徳的な「実践理性」を備えていて善きことを実現しようと欲するのだから、必ず神の存在を信じざるを得なくなる、と彼は主張した。

すなわち、〈人のなかには、善を命ずる道徳法則（実践理性）がある。しかし善をなすことがその人の幸福につながるとはかぎらない。また社会の人びとのために行為したとしても、結果的に社会がよくなり皆が幸せになるとはかぎらない。だから人は、徳（善なる行為）に福が伴うように配慮し、人びとの善き行為が無駄にならないように配慮する「神」というものを信じざるを得ない〉というのである。

これは『実践理性批判』（一七八八）における「実践理性の要請」と呼ばれる議論だが、一方で神の理論的認識を否定しながら、他方では、実践的には（＝人が生きて行為していくからには）神の存在を信じざるを得ないとするこの考え方を、不徹底だとみなす人もいるだろう。しかしカントは、神や世界を認識しようとする願いが単なる理論的な欲求ではなく、人が生きる意味を求めようとするところから生まれていることをよく理解したうえで、その「求め」に対しても応えねばならないと考えたのだ。この点でカントがこの要請の議論を創り出した動機は正当であると私は思う。

一九世紀のニーチェは、カントよりも徹底した仕方で、神のような究極理想を批判し、二〇世紀のポスト・モダン思想やウィトゲンシュタインもまた、究極の認識を否定し破壊しようとした。独断論に対して、懐疑論（相対主義）をぶつけたのである。しかし大切なことは、〈究極の認識はありえないことをよく知ったうえで、そこに向かう情熱の根底にあるものを明らかにし、それをどのような仕方で生かす道があるかを考える〉ということであるはずだ。

カントの「要請」は確かに生の意味を求めようとする欲望を生かそうとするものだったが、しかし、やはり苦しい論ではある。これからの哲学の課題としては、まず、生きる意味を求め諸価値を追求する私たちの「生」について、だれもが納得しうる共通了解をつくりだし、そうすることを通じて、人びとの欲望の本質を明らかにすること、が必要となる。そうすれば、これに続いて人びとの欲望を生かす道（個人的・社会的な条件）を考えることができるはずである。

生についての共通了解をつくりだすことは可能か、という理論的な問いは、そのような仕方で、これからの人びとの生と社会の構想につながっているのである。

共通了解は主観の基本構造にもとづく

ふたたびカントに戻ろう。彼は「究極の問い」に対しては答え（合理的な共通了解）を出すことは不可能であることを示した。それでは、どういう範囲においては合理的な共通了解が成り立つのか。また、そもそもどのようにして共通了解が成り立つのだろうか。

主観・客観一致の難問は、暗々裏のうちに「客観と一致することこそが合理的な共通了解である」とみなすことによって成り立っていた。だから、客観から主観が切り離されている（どんな認識も客観そのものではありえない）ことを認めたとたん、合理的な共通了解は不可能だということになってしまったのである。これに対して、カントは次のように答える。

1．「客観世界そのもの」は認識できない。人間の認識は必ず主観（感性・悟性・理性という認識装置）を伴ったものだからである。

2．すべての主観の認識には、共通な基本構造がある。感性は、感官（視覚・聴覚など）によって与えられる多様なものを「時間・空間」という枠組みで位置づける。さらにそれを、悟性（＝判断する能力）は、「カテゴリー」（＝量、質、因果性、相互作用などの思考の基本的枠組み）によってまとめて、「〜は…である」という「判断」にもたらす。

このような認識の基本構造はどの主観にも共通であるため、自然認識について基本的な点では共通了解が可能となるのである。*

＊質量恒存の法則（世界の物質の量は一定で変わることがない）や因果律（どんな生起についてもその原因がある）などの自然科学の基本となる法則を、カントは、主観があらかじめ共通に備えている「時間・空間」と「カテゴリー」とから導き出している（『純粋理性批判』「純粋悟性のすべての総合的原則の体系的表示」）。

このように、客観そのもの（「物自体」とカントはいう）は認識できなくても、主観には基礎的な共通構造がある（どんな主観も同じ規格のメガネを掛けている）ために世界の共通了解が可能である、というのがカントの答えであった。

そこからみると、神や世界の限界のありなしを問う「究極の問い」は、「時間・空間」という認識に不可欠な枠組みを無視して推論を続けたもの、ということになる。そして逆に、時間・空間的に特定される範囲の現象については、合理的な共通了解が成り立ちうることになる。

このカントの答えは優れているが、しかし、問題がないわけではない。

客観世界そのものは認識できない、というところから主観に着目し、そこにおいて合理的な共通了解が成り立つ、とした点はひじょうに優れている。しかし、時間・空間の枠組みや因果性などのカテゴリーは、主観にあらかじめセットされている共通規格（アプリオリ［先天的］なもの、とカントはいう）とされているが、はたしてそう言いうるのだろうか。

たとえば、カントが主観（感性）にあらかじめ備わる枠組みとみなした時間・空間は、物理学の時間・空間をイメージさせる〝均質で数学的な〟ものであった。しかし私たちが体験する「生きられた時間」は、私たちの関心や体調によって伸び縮みする。退屈な講義はやたらに長く、楽しい時間はあっという間に過ぎ去り、熱があるときは近所のコンビニがひどく遠い。そういうことを私たちは日々経験しているはずである。

このように、カントは「感性・悟性・理性」や「道徳法則」をアプリオリに主観に備わっているものとみなしているが、それらがほんとうにアプリオリなものと言いうるかは怪しい。つまり、カントの描く主観の基礎構造はいささか「人工的」なのである。

むしろ、私たちのじっさいの認識体験や道徳的体験、またさまざまな価値に関わる体験に徹底的に即することによって、認識や意味・価値を考えていくことができそうであるし、またそうすべきであろう。

現象学はその方向をとる。現象学は、デカルトからイギリス経験論（ロック、バークリ、ヒューム）、そしてカントという「主観に定位する哲学」の延長上に生まれてきたものだが、主観についての特定の思い込みを廃して、じっさいの私たちの具体的な体験を反省することで、主観に共通する基礎構造を言語化しようとするのである。

では次の章で、いよいよ現象学の方法の核心に迫ってみたい。

第10章 現象学的還元と本質観取——現象学の方法（一）

物理学から発展した近代科学は、「自然」について合理的で信頼しうる共通了解を創りあげることに成功したが、それ以外の領域に関わる共通了解についてはさまざまな問題点が生まれてきたのだった。

あらためて確認しておけば、それは、①「究極の（形而上学的な）問い」をどう考えればよいか、②「人間的な諸価値（道徳・正義・美など）の意味とその根拠」をどうやって捉えることができるか、③「認識の客観性」をどう考えればよいか（主客一致の難問）、の三つになる。

これらについて共通了解を形作ることをカントはめざしたが、彼の述べた「主観の基礎構造」はいささか独断的なものだった。現象学もカントと同じく「主観」において考察するのだが、そのさい特定の見方を持ち込まず、あくまでも具体的な意識体験に即して反省的に考察しようとするのである。

そして、主観に定位するからこそ、右の三つの問題を解決して共通了解を拓く可能性を現象学はもっている。まずは大づかみにそのことを示してみよう。

主観（意識体験）において一切の対象や事態は現れてくる

現象学は、それぞれの主観（それぞれの私）という場にとどまり、そこでの意識体験のあり方を反省によって確かめる、というやり方をとる。なぜなら、主観はまさしく「一切」が現れてくる場面だからである。

私たちはふつう、自分の「主観」という体験の場を、世界という広大な広がりのなかでの一部であってごく狭いものとみなしている。しかしこの主観に、まさしく一切が――神も来世も道徳も美も認識も――現れてくるのである。

第一に、神、来世、世界の全体性、ほんとうの私（魂）のような〝**形而上学的な**〟対象（本体）について。――これらについてカントは「合理的な認識はつくれない」としたが、しかし人はそれらを求めてきた。そうだとすれば、人はなぜそれらが気になるのか、つまりそれらの〝人間にとっての意味〟を問うことができそうである。

現象学はそのことを試みる。神や来世や、また自分の死などは確かに見たり触ったりする（知覚する）ことはできない。しかし私たちは、神に祈ったり、来世を想い描いたり、自分の死に怯えたりするようにして、広い意味ではそれらを体験しているのである。そうである以上、意識体験のなかでそれらがどのような意味をもつものとして現れているか、と問うことができるはずである。

第二に、**人間の抱く諸価値**（道徳、正義、美など）について。――これらが各人の生に対してもっている意味や、それらが成り立つ人間的な根拠について共通了解を形作ることはできるだろうか？

たとえば正義についてはどうか。正義の「基準」については社会や時代や、個人によって多様性があるとしても、正義という「観念」をもたない文化はおそらくない。そうだとすれば、正義という観念が人びとのなかに抱かれる理由については、合理的な共通了解が成り立ちそうである。

そして正義もやはり、私の意識のなかに現れてきて体験される。「正義とは何か」と問われるとすぐには答えられないとしても、株のインサイダー取引の報道を見て不正だと感じたり（ずるい！）、殺人などの犯罪に悪を感じたり（ひどい！）、また逆に、司法の働きに正義を感じたりしながら、私たちは生きている。そうであるならば、それらの体験のなかで直観されているものを言語化することで、正義や不正の意味に迫っていくことができるだろう。同様に、他の諸価値についても、それが人の生（意識体験）のなかでもっている意味とそれが人の生のなかに存在している根拠について探究できるはずである。

第三に、**認識の客観性**について。――主観と、主観の端的な外側にあるだろう客観とが一致することは原理的に不可能である。そのとき認識のめざす「客観性」をどのような仕方で理解すればよいのか、という問いが課題となっていた。

これについても、私たちはふだん、「これは客観的な認識といえる」「これは信用ならない」「これは夢にすぎない」と区別しながら生きているという事実がある。そうだとすれば、真偽や信頼性について区別するさいの、主観のなかでの根拠を問うことができそうである。認識もまた、意識体験の場面で生じるものなのである。

現象学に対する疑い

しかし、「主観」に定位してある種の意識体験を「反省」し、その体験のそなえる共通な構造やそこでの対象のもつ共通な意味を「本質」として取り出す、という現象学の方法に対して、これまでさまざまな批判が寄せられてきた。第二部冒頭で紹介したものもあわせると、およそ次の四点に整理することができる。

1．本質への疑義　〈永遠不変の本質などは存在せず、そのようにみえるものはじつは言語（文化）や社会的関係（権力）によって構築されたものにすぎない〉

2．反省的記述の不可能性　〈意識体験を直接に反省して記述すると現象学はいうが、そもそも自分の体験を言語でもってそのまま鏡のように写し取ることは不可能である。なぜなら言葉は決して中立的なものではなく、特定の言語体系に属していて特定の文脈や観点をもっているからだ〉

この批判に対して答えるならば、現象学は決して鏡のように体験を写し取ろうとするのではない。そうではなく、まさしく特定の観点（問題意識）をもって自身の体験を観察し、そこから見られた面だけを抽出して記述するのである。しかしフッサール自身は「特定の観点からの記述」ということをまったく語らなかったために、このような疑義を招いてきた。

3．反省の私秘性《しひせい》（公共性の欠如）

〈自分の意識体験を記述しても、それが他者の体験に当てはまる保証などない。どうやって「自他の体験に共通する構造」に至ることができるのか〉

この疑問にも、フッサールはきちんとした説明を与えてこなかった。そしてこれは、現象学は「他者のなす体験（の記述）」をどう扱えばよいのか、という問題にもつながっている。

私の考えでは、これらの三つの批判ないし疑問は、フッサールのいう〈本質観取＝形相的還元〉の方法を適切に了解し、かつ、他者のなす体験に関わる重要な一つの修正を加えることによって解決される。これらは、現象学を対話の哲学に向かって発展させるうえで重要なカナメとなる点であり、本章で詳しく論究することになる。

さらに、客観的認識をめぐっても、重要な疑義が寄せられるだろう。

4．客観的認識の不可能性

〈主観的体験の記述のみを行う現象学は、結局のところ、客観的世界への到達不可能性をあらわにするだけで、あらゆる認識を主観的で相対的なものとみなすことになるのではないか〉

これについては、客観的世界を含む一切の対象を主観のなかでの「確信」（フッサールの用語では存在妥当）とみなすアイデアによって、きわめてすっきりと解決することができる。そしてこのアイデアを徹底すると、最終的には、客観的認識とは「意識と無関係にそれ自体として存在する事柄」（客観的世界そのもの、また、意識せずとも存在するイデア的対象）との一致としてではなく、その事柄に関する他者たちとの合理的な共通了解として位置づけなおされることになるだろう。そしてこれは、「独断論でも相対主義でもない仕方で、私たちはいかにして合理的な共通了解を形作りうるか」という根本問題を、最終的に解決することになるだろう。

本章以降の流れ

さて、この第10章では、フッサール現象学の二つの方法的柱である〈現象学的還元〉と〈本質観取＝形相的還元〉とを、フッサールのテクストに即して簡潔に示したうえで、その意義を明確にしたい。そのうえで、その方法が先ほどの「反省的記述」と「他者との共通了解」の問題をどのようにして可能にするのか、については次の第11章で明らかにしたい。

さらに第12章では、現象学が「客観的認識」をどのような仕方で位置づけるのか、を明確にしたい。これはいわゆる〈超越論的還元〉にかかわるものだが、これが明確になることによって、私たちの認識に対する考え方がまったく新しく編み変えられ、学問的主張の根拠（エヴィデンス）についても新しい視野が開かれることになるはずである。

1　一切を体験の場に即して考える――〈現象学的還元〉

この「現象学的還元」という言葉はよく知られているが、なかなかわかりにくく、これまでもさまざまな解釈がなされてきた（「いまだに現象学的還元はよくわかりません」という言葉を、大学院で現象学を学んだ看護師さんから聞いたことがある）。

現象学的還元の説明については、フッサール『ブリタニカ草稿・第四草稿』（一九二七、以下「ブリタニカ草稿」と呼ぶ）での説明が端的であり明快なので、基本的にはそれに拠《よ》りながら、〈現象学的還元〉という方法の核心は何かを確かめておこう。*

＊『ブリタニカ草稿』は、『イデーンI』（一九一三）とは異なって、現象学的還元に二つの段階を設定している。第一の段階は、第三者的・客観的な見方を排して、自分自身の体験（一人称の体験）のみに即してそこから本質を取り出す、という段階であり、これは「心理学的‐現象学的還元」と名づけられている。第二の段階では、そこからさらに進んで、客観的世界及び一切の対象の存在が確信される場面として主観性の領野が位置づけられ、存在確信が主観的体験のなかで成り立つ「条件」を取り出すことが目指される。このように、一切の存在確信が成り立つ場として主観性の場面を位置づけることは「超越論的‐現象学的還元」と呼ばれる。このことの意味は、本書第12章で詳説する。

現象とは

さて、現象学とは「現象」についての学、という意味である。そのさいの「現象」についてのフッサールの定義を確かめるところからはじめよう。次の引用文を読んでみてほしい。

> まっすぐむこうに意識を向けて活動しているとき、われわれの眼差しのうちには、そのつどの事象や思考や価値や目的や手段のみがあって、それらがそれらとして意識されてくる心

的体験そのものは、眼にとめられていない。反省することによって初めて、心的体験は顕わになるのである。（Britannica, §2, S. 279）

ふだん私たちの意識は、直接に対象や事態に向かっている。たとえば私は書き物をしていて、書きまちがってしまった。「消しゴムはどこだったかな」と机の上を見回し、左手にあるトレイのなかを手探りし、「あった、消しゴムだ」と思う。

こういう場合、私の意識は「消しゴム」だけに向かっていて、「消しゴムを探している意識」じたいを意識してはいない。ふりかえって反省してみると、「書きまちがう→消しゴムがほしい→左手にトレイ発見→このなかにあったんじゃないか？→手探りする→あった！」という一連の意識体験の流れがあり、その間ずっと、「消しゴムへの求め」が働いていたことがわかってくる。

このことを確認したうえで、先の引用文は次のように続いている。

反省を通じてわれわれは、事柄そのものや価値や目的や有用なものそのものに代わって、それらに対応する主観的な諸体験を把握するのである。主観的な諸体験のうちで、事柄や価値や目的や有用なものは「意識」され、もっとも広義の意味で「現れて erscheinen」くるのである。それゆえそれらの主観的体験はすべて「現象 Phänomene」とも呼ばれる。

（Britannica, §2, S. 279）

あらゆる対象や事柄は、つねに各自の意識体験のなかで「現れて」くる。星空を見上げながら宇宙の広がりを感じるときも、世界や日本のなかで起こったさまざまな諸事件も、物理学も、数学も、友達も、目の前の机も、自己イメージすらも、あらゆる対象はすべて意識体験を通じて「現れて」くるのである。しかし通常の場合には対象のみが意識されて、その対象を意識する働きじたいは意識されていない。

ノエシス（意識作用）とノエマ（意識対象）

フッサールのいう「現象」は、このような、ふだんは気づかれない意識の働き（意識作用、ノエシスともいう）を指すが、それだけではなく、意識され目指されていた限りでの対象（意識対象、ノエマともいう）も含まれる。消しゴムの例でいえば、「あ、書きまちがった、消しゴムがほしい」→「左手に青いトレイがある」→「そこに手をつっこんで触りながら探す」などの一連の意識作用のなかで、ずっと「消しゴム」が念頭に置かれていた。このような、意識されていた限りでの対象（意識対象＝ノエマ）と、対象をめがけていたこれらの多様な働き（意識作用＝ノエシス）とを合わせて、「現象」と呼ぶのである。*

＊しかし、「現象」では何のことかわかりにくいので、同じこと（意識作用＋意識対象）を私はしばしば「意識体験」と呼ぶことにしている。

この定義からもわかるように、ふだんは対象のみが念頭にあってとくに気づかれることのない意識の働きを、現象学は浮かび上がらせようとする。そのうえで、①対象はその意識の働きのなかでどのような〈意味 Sinn〉をもつものとして現れてきているか、さらに②その対象は、どのような意識の流れのなかで、「確かに存在している／おそらく存在している／まちがいなく存在していない」などのような〈存在妥当 Seinsgeltung = 対象の存在・非存在についての確信〉を得てきているのか、を反省的に捉えようとするのである。*

＊意識の働きのなかで対象がそれ固有の「意味と存在妥当」を得てくる、という表現を、後年のフッサールはしばしば用いている（『デカルト的省察』§ 8, S. 20, § 11, S. 27 など）。こうして、客観的世界とそこでのあらゆる対象、また数のような理念的対象などの一切は、意識のなかで確信されてきたものとみなされることになる。そしてそのような確信が成り立つ意識内の条件を問うことが「超越論的」現象学と呼ばれる。本書第12章で取り上げる。

志向性による総合

ところで、意識作用は対象をめざす、と述べたが、意識は、さまざまな感覚や像が次々と流れていく受動的なスクリーンとしてあるのではない。通常、意識は何かの対象や事態に〝向かって〟ゆき、それを探し求めたり注意深く観察したりする。このように、対象や事態に向かいそれを目指すということを、フッサールは意識の根本的な特質とみなし、これを「志向性 Intentionalität」と呼ぶ。そして、この志向性のことを、しばしば「〜についての意識」と言いあらわす。先ほどの引用箇所の直後にも、こう述べられている。

それら諸現象のもっとも一般的な本質性格は、「……についての意識 Bewußtsein-von（独）、

consciousness of（英）」「……の現れ Erscheinung-von（独）、appearance of（英）」として存在する、ということである。たとえば、そのつどの諸事物や、思考内容（判断作用、根拠、帰結）や、計画や決意や希望等々についての意識、それらの現れとして存在する、ということである。（Britannica, §2, S. 279）

この志向性について重要なことは、それが、多様な「現れ」を「同じ対象についての意識」として〝総合する働き〟（Synthesis）をもっている、ということだ。たとえば、サイコロを手にもってそれを回しながら、その左側面や右側面や底面をていねいに確認しつつ、このサイコロの材質や色合いや模様などを調べていったとしよう。そのとき、眼に映ってくるサイコロの「現れ」（ある視点から見えた姿）はさまざまだが、それらはすべて「同じサイコロについての意識」として総合統一されていく。「一つの同じサイコロ」に意識が向かっているからこそ、さまざまな現れはバラバラになってしまわないのである。先ほどの、消しゴムを探すときのさまざまな一連の意識作用も、「消しゴムについての意識」として総合されていたのである（Britannica, §2, S. 280）。

現象学的還元とは

さてこれまで語ってきたように、「現象」（意識体験）の場面のみにとどまって、そのあり方を反省的に明らかにしようとすることが、〈現象学的還元〉と呼ばれる。つまり、意識体験＝現象の場面の「外側」を考えないことにするのである。*

＊この「還元」という言葉だが、客観的な立場に立つのをやめて、現象の場面に〝立ち戻る〟という語感で用いられている。

対象については、「意識されるかぎりでの対象」（ノエマ）だけを取り上げることにして、その対象が第三者的・客観的にどうなっているか、さらにその対象が属する客観的世界がどうなっているか、ということは一切考慮に入れない（客観的対象と客観的世界についての判断停止）。さらに、社会学や深層心理学、あるいは脳科学から意識体験を解釈したり説明したりすることもしてはならない（科学的知識の判断停止）。そして、「私はある物事をしかじかのように体験する」という「一人称」の場面にとどまって、その意識体験から読み取れることのみを取り上げるのである。

この〈現象学的還元〉を、フッサールのテクストに即して確認しておこう。

> 純粋に現象学的な領野に至るためには特殊な接近方法が必要になる。この「現象学的還元」の方法は、それゆえ純粋心理学の根本方法である。［……］現象学者がおのれの意識を――個別的にも、あるいはまた彼の純粋な生の全体としても――純粋な現象として手に入れようと欲するなら、彼は首尾一貫した判断停止［エポケー epochē］を行う必要がある。すなわち彼は、現象学的反省を遂行するさいには、非反省的意識のなかで働いているいっさいの客観的定立を一緒になって遂行してはならないし、それとともに彼にとって面前に「存在している」世界を判断のうちに引き入れてはならないのである。（Britannica, §3, S. 282）

私たちはふつう、目の前の「この家」と「この家を含む世界」は、自分が意識する・しないにかかわらず、客観的に存在していると思っている。この〝対象や世界を客観的に存在しているとみなしていること〟が、引用文では「客観的定立」と呼ばれていた。この客観的定立を無自覚に行っているままだと、意識対象について客観的な知識を持ち込んで説明しようとしたり、自分の意識体験を「脳科学」や「深層心理」や「社会学的知識」から解釈したり説明したりしかねない。

そこで客観的定立と科学的知識とを〝停止〟する必要があるが、このことを現象学の用語で〈判断停止（エポケー）〉と呼ぶ。正しいとも間違っているとも決めずにペンディングしておいて、それらを意識体験の反省に混入させない、という意味である。このようにして、「純粋な現象＝意識体験」の領野である主観性の場が取り出されることになる。[*]

＊ここでのエポケーないし現象学的還元は「心理学的現象学」の段階であって、客観的定立を遮断して純粋に意識体験だけに注目する、という意味である。しかし第二段階の「超越論的現象学」の段階に至ると、客観的定立を遮断するだけではなく、むしろ、客観的定立の成り立ちを、つまり「家や世界が客観的に存在するという確信はいかにして成り立つか」を解明しようとすることになる。

神や死にどのようにアプローチするか

ここでいったんフッサールのテクストから離れて、「一人称」の場面にとどまること＝現象学的還元によってどのような種類の考察の可能性が広がってくるかについて、二つの例を挙げてみることにしたい。どちらもフッサールの挙げたものではなく、私からのものである。

まず、キリスト教の「神」について、現象学の立場からどのようにアプローチすることができるだろうか。カントは「神の存在」が証明不可能であることを示したが、現象学はどうするか。まず、「神が客観的に存在するかどうか」といった意識体験の「外側」のことは問わずにペンディングにしておく（判断停止）。しかしそのうえで、「神はどのように体験されているか」ということならば、問うことができる。

この点について、私には印象深い記憶がある。かつての私のゼミの学生にプロテスタントのある宗派に属している男子学生がいた。彼から聞いたのだが、その宗派の人たちは、寝る前に必ず神様とお話をするのだという。今日一日の楽しかったことや辛かったことなど、さまざまなことを話すのだろう。

そのとき、神はどのような意味をもつものとして体験されているのだろうか。彼の話を聞きながら、私は「親」に似ているなあと思った。いつも自分を見守って気にかけてくれていて、うれしいことでも辛いことでも話していい。ときには「しっかりしなくてはだめだよ」と叱ってくれたり、勇気づけてくれたりするかもしれない。——もちろん、この私の見方はほんの印象にすぎず、これがはたして彼の宗派一般に通じるものかどうかは、その宗派の人たちにじっさいに尋ねて確かめてみる必要があるだろう。

ともあれ、この例からわかるように、神や死後の世界といった主題についても、現象学は「どのように体験されているか」という仕方で、それらを問うことを可能にする。神や死後の世界は、じっさいに見たり匂いを感じたりする（知覚する）ことは不可能だが、しかし、「手を合わせてお話する」とか「気になってあれこれ想い描いたりする」というような仕方で、やはりそれらを体験しているとみなすことができるのである。

また、この例からわかってくるもう一つのことは、「神」や「信仰」のように、信者でない人には了解不可能にみえることでも、その意味を信者たちに詳しく尋ねることによって、信者以外の人にも了解可能な言葉にする努力が可能である、ということだ。――LGBT（性的マイノリティ）として生きる、エイズとともに生きる、アルコール中毒の体験とそこからの帰還など、さまざまな〝当事者にしかわからない〟体験のあり方を、当事者でない人たちに了解可能なものにしていくためにも、現象学は役立ちうるのである。*

＊フッサールはもっぱら「私」の体験の反省から「どんな人の体験にも共通するもの」を取りだそうとした。しかしまた、何かの特定の経験と想いをもっている人たちに聴き取りをすることによって、「その人たちの体験に共通するもの」を言語化していくことも可能である。このようにして、現象学の方法を「質的心理学」的な研究へと応用していくことができる。

もう一つの例として、「死」という主題を取り上げてみたい。「他者の死は経験できるが、自分の死は経験できない」と言われるように、自分の死を知覚することは不可能である。だがこの場合も「自分の死に対して自分はどのような想いをもっているか」という仕方で問うならば、各自が自分なりの答えを出すことができる。「死に対する想い」は自分自身のなかにあるからである。

私は、勤務先の大学の医学科と看護学科の一年生たちと、「死の恐怖（こわい）」や「死への忌避（あまりこわくはないが死にたくはない）」のなかに「何」が含まれているか、を考えてもらうワークショップを続けてきた。少人数のグループでそれぞれの感触を出しあい、それをいくつかのポイントにまとめてもらうのである。それ以外にも、企業研修やカルチャーセンターなどで同様な機会をもってきたが、それらの結果を私なりにまとめると、以下のようになる。

①死のさいの痛み・苦しみへの恐怖
②未知なものに飲み込まれる恐怖
③共同性・親密性からの追放（喪失）への恐怖または忌避
④（楽しいことも義務も）何もできなくなることの恐怖または忌避
⑤思い出すことや、感じ考えることがなくなる＝自我の消失の恐怖

それぞれの内実を説明してみよう。①はわかりやすい。「死のさいには激しい痛みや苦しみがあるのではないか」と想像することからくる恐怖である。

②の「未知なものに飲み込まれる恐怖」は、死を怖がる人の多くがこれを指摘する。「死後の世界が想像できないというのが死の恐怖の原因の一つだと考えました」というようなコメントが必ず出てくる。

この恐怖は、迷子や暗闇の恐怖と似ているといえそうである。状況がわからず危険にさらされていると感じ、そして、どのように対処してよいかわからない。このような状況の不確定さから生まれる、不安と対処不可能な無力感の感覚がこの恐怖のなかには含まれている。もっとも、こ

れは「私が死んだら自分の子どもの面倒はだれがみるのか?」というような現実的なものではなく、死についてのまったくのイメージ（想像）にすぎない。しかしこのイメージに、ときに強固に捉えられる人もいるのである。

③の「共同性・親密性からの追放（喪失）」も、多くの人がこれを挙げる。「私が死んでしまっても、他の人たちは変わることなく活動し続け、私だけが皆の外に放り出される」「もう親しい人のだれにも会えなくなる」「忘れ去られてしまうのが怖い」などのように、死ぬことを人間世界から追放される孤独感として感じたり、親しい人から忘れられる寂しさとして訴えたりするコメントが多い。

④の「何もできなくなる」ことへの恐怖や忌避も、たいていの人が指摘する。その中身としては、「まだママになっていない」「まだ食べていないおいしいものがたくさんある」のように、これから経験したいと思っている喜びが失われる、というものがある。さらに「まだ医師や看護師になっていない」、つまり自分の努力の結果がまだ出ていないこと（未達成）を挙げる学生もいる。また、親になっている人たちからは「子どもを育てるまでは死にきれない」というような、義務や責任を果たせないことが挙がってくる。*

＊ハイデガーは『存在と時間』（一九二七）のなかで、現存在（人）はさまざまな自分の存在の可能性（こうしたい・こうできる）をめがけて生きるが、死とは「実存全般の不可能性という可能性」[39]であるから、つまり、あらゆる可能性を失ってしまうことだから人は死を恐れると述べている。これはこの④と対応する。

⑤の「感じること考えることじたい＝自我の消失の恐怖」は、どう理解してよいか、かなり難しい。コメントとしては、たとえば「感情・記憶などすべてが失われてしまう。それが無性に怖い」というものがある。でもなぜ、それは怖いのだろうか？

人は「自分で自分に話すこと」（内言）をする。そうすることで、物事への態度を決めている。この内言ができること（内面）は、決して他人から知られることのない安全基地（シェルター）であり、かつ世界への対処を決定する司令部でもある。そのような安全基地兼司令部を私たちは一人ひとり、頭のなかに持っている。そこからみると、自我の喪失は安全と対処力の喪失を意味するのかもしれない。そうだとすると、これは②や④の「無力で対処不可能な恐怖」に通じるものといえそうである。しかしこの点については私もまだ十分に納得できる答えを得られていない。*

＊また別の答えもできそうである。人は自分の自我を評価されることを求めるが、この評価されるべき私の喪失、ということが「自我の喪失の恐怖」に含まれているのかもしれない。そもそも、「自我の喪失の恐怖」を語る場合でも、そこに感じているものは一人ひとりでちがう可能性がある。

この死の恐怖・忌避について私はこれまで多くのワークショップを行ってきたが、その結果は右の五つにほぼ集約されてくる（どれを強く感じるかには個人差がある）。死のような直接に知覚できないものについても、そこに寄せる思いやイメージを出しあってみると、共通性が取り出せることがわかる。

このように現象学は、私たちのあらゆる体験についてその意味を深く掘り下げることを可能にするような方法なのである。辛い運命の「受容」や、自分を害した他者を「赦《ゆる》す」といった人間的な体験のもつ意味と、それがどんな条件のもとで成り立つのかを考察することや、「正義」という観念が私たちの生のなかでどのような意味をもっているのかを問うことなどもできる。このように、現象学は人の生の内実を解明するうえで広大な可能性をもっているのである。

2　本質観取と本質の概念

一切を「私が体験する」という一人称の体験の場に持ち込み、そこでのみ考察すること。これが現象学的還元だった。現象学の方法のもう一つの柱が、〈形相的還元 die eidetische Reduktion〉または〈本質観取（独）Wesenserschauung、（英）essential seeing（or essential insight）〉と呼ばれるものである。本質観取という言葉は、現象＝意識体験から本質を〝取り出す〟という感じがよく出ているので、私自身はこちらの言い方を好んで用いている。

では、形相的還元＝本質観取とはどのようなことを指すのか。『ブリタニカ草稿・第四草稿』の四節では、およそ次のように述べられている。

現象学的還元によって「現象」を取り出したとしても、具体的な事実としての体験そのものが重要なのではない。事実としての具体的な体験は、「範例」としてのみ役立つ。つまり、「アプリオリに可能なもの［……］へと、自由にしかし直観的に変更するための基礎」（Britannica, §4, S. 284）として役立つのであって、理論的な眼差しは「その変更 Variation のなかで必然的に持ちこたえる不変なもの das ［...］ Invariante」（ibid.）へと向けられる、と。

この点について『デカルト的省察』は、次のようにより具体的に述べている。――机についてのじっさいの具体的な知覚（＝事実としての具体的な体験）を、何かあるものの知覚という点だけは保持しながら、想像によってさまざまに変更してみる。つまり形を変えてみたり、色を変えてみたりする。そうすることで、事実としての知覚から、どんな任意の知覚も必ず備えているもの（＝変更のなかで持ちこたえる不変なもの）を取り出す。このようにして、事実としての知覚を「知覚の純粋な可能態」「知覚の形相」に変更するのである、と*（CM, § 34, S. 72）。

＊本質、形相、純粋可能態、アプリオリは、フッサールにおいては同義である。可能態は、事実としての知覚（現実態）に対比した言い方だが、「純粋可能態」とは、どんな事実的体験であっても必ず備えていなければならないことへと純化されたもの、という語感である。これを、事実的体験が「あらかじめ」備えていなければならないこと、とみなせば、「アプリオリ＝先天的なこと」と呼ばれることになる。

整理すれば、具体的な事実としての体験→想像による自由な変更を行う→あらゆるその種の体験すべてに必然的に伴うもの＝本質を取り出して記述する、ということになる。

しかしここで問題になることがある。事実としての体験を頭のなかで自由に変更してゆき、変更されたさまざまなものすべてに共通する特徴を枚挙していきさえすれば、おのずから本質が得られるのか、ということである。フッサール自身の書き方にはそのように読めてしまう面があるが、私自身はそうではないと考える。第二部第7章で『ラケス』の「勇気」を例にとって示したように、本質を取り出すためには何らかの明確な観点（問題意識）が不可欠だからである。この点は、本質観取という作業の内実をどのようなものとみるかに関わってくるため、ひじょうに重要である。

これについて示唆的なのは、「ブリタニカ草稿」の次の言葉である。――「事物知覚の現象学とは［……］それなしには一個の事物の知覚も、また同じ一つの事物についての多様な知覚そのものの総合的一致も考えられないであろうような、不変な構造体系 **die invariante Struktursystem** を際立たせて取り出すことである」（**Britannica, §4, S. 284**）。

つまり、変更された諸体験すべてに共通する特徴をただ枚挙するのでは足りない。そうではなく、それを欠くと事物知覚とは言えなくなることを、逆からいえば、ある体験を事物知覚と呼ぶために不可欠な諸条件を取り出すことが求められていることになる。こうして、本質または形相とは、ある事柄（体験）が他ならぬその事柄（体験）と呼ばれうるために備えていなくてはならない必要条件を指す言葉であることになる。*

＊このフッサールの本質の定義は、ソクラテスが「勇気とは何か」と問うさいに求めていたものと酷似している。ソクラテスは、海に出るさいの勇気や、病気のさいに示す勇気、欲望と戦う勇気など、さまざまな他の実例を挙げながら、やはりそれらがすべて勇気と呼ばれうる理由を述べることを求めたのだった。

そうだとするならば、本質を取り出すための作業として、フッサールはもっぱら「自由変更 **freie Variation, free variation**」のみを強調しているが、漫然とさまざまな例を想像するだけでは本質は取り出せないことになる。たとえば事物知覚の本質を把握するためには、まずは「知覚」

という点に着目したうえで、事物の「想像や想起」とまさに事物を「知覚」している体験とのちがいは何か、を考える必要があるだろう。さらに、「事物」という点に着目したうえで、事物とはちがう種類の対象、たとえば「音」や「自分の感覚」の知覚と、「事物」の知覚とのちがいは何か、というような問いかけが必要になってくるはずである。

そしてより重要なこととして、「なぜ・なんのために本質を確かめたいのか」ということ、つまり問題意識が前提としてなくてはならないだろう。――この点でいえば、『ラケス』でテーマになっていた「勇気」の本質の場合には、私たちがそれを勇気という言葉で呼んで、それを価値あるものとみなしてきた理由を知りたい（よさの根拠を確かめたい）という問題意識が明確にあった。

しかしフッサールは、とくに観点などなくても、具体的な体験や対象に対して自由変更を行えば、そこからおのずと本質が取りだされるかのような言い方をしている。* そしてそのことは、①体験のなかにあらかじめ永遠不変な本質が内在している（事物知覚には事物知覚の本質が内在している）、さらに、②その体験に内在する永遠的なイデア的本質は、体験を反省しつつ自由変更を行えば、言葉によって「そのまま」取りだして記述することができる、とフッサールが主張しているように受け取られてきた。

*たとえば『経験と判断』§87「本質観取の方法」では、自由変更によって本質を獲得する仕方について詳しく述べられているが、本質を獲得するさいに観点や問いかけが必要であるという論点はまったく出てこない（EU, S. 410 以下）。

しかしじっさいはそうではなく、なんらかの問題意識（観点）から、ある種の体験やそこでの対象に共通するもの（構造的同一性）を取りだそうとすることが本質観取であるということを、すでに私は、第二部第7章で「勇気」を例として語ってきた。つまり本質は、私たちの問題意識とは無関係なそれ自体として永遠に存在するイデア的なもの、とみなされるべきではない。たとえば事物知覚という体験についても、おのずとその本質が定まっているのではない。そうではなく、事物知覚について私たちが「何を」明確にしたいかによって、そこから取り出されるべき項目も異なってくるのである（そしてこの点についてフッサールは無自覚であった）。この事情を私は〈本質の観点相関性〉と呼んでいるが、これについては後に具体的に示してみたい。

*

さて、この本質観取は言葉を用いて行われるので、フッサールはしばしば本質記述という言い方をする。しかしこの「体験反省にもとづく本質記述」については、第7章や本章の冒頭でも述べたように、多くの疑念が寄せられてきた。繰り返しになるが、もう一度確認しておこう。

第一に、本質の存在そのものについての批判（永遠不変な本質への疑念）があった。

第二に、言語を用いて本質を取りだす点についての批判、つまり「反省的記述の不可能性」を指摘する議論がある。ポスト・モダンの哲学者ジャック・デリダはいう、〈体験のなかに直観的に現前しているイデア的本質を、言語によってそのまま写し取ることができるとフッサールは考えている。しかし言語以前的に直観されているものを、言語でもって「そのまま」写し取ることは不可能である。言語にすることは、もとの直観をいわば〝殺す〟ことだからである〉（『声と現象』一九六七）。この「直観を言葉で写し取ることは不可能」という論点は、プラグマティズムから出てきたリチャード・ローティによっても唱えられてきたものである。

第三に、反省の私秘性、つまり公共性の欠如を指摘する議論がある。〈現象学は自己反省によって本質を記述するというが、なぜその記述がどの主観にも妥当するものになりうるのか〉、また、〈そもそも自己反省は内的な確信という私秘的なものにすぎず、公共的な議論のためのエヴィデンス（根拠）にはなりえない〉という批判がある（ローティ）。そしてこの問題は、「他者のなす体験（の記述）を現象学は取り入れるのか、それともあくまでも自己反省のみによって本質を取りだそうとするのか」という重要な論点にも関わってくる。

本質の存在を否定する議論に対してはすでに第二部第7章で答えておいたが、「反省的記述の不可能性」と「反省の私秘性＝公共性の欠如」の問題もまた、現象学に対する主要な疑念としてあり続けてきた。この二つの点を明確に解きほぐしておくことは、現象学を対話の哲学として再生するさいには欠かせない。

本章の後半では、「反省の私秘性＝公共性の欠如」の問題をとりあげて明確にしておくことにしたい。そのためにまず、フッサールがじっさいにどのように本質観取を行っているかを確認してみよう（「反省的記述の不可能性」については、次の第11章で取り扱うことにする）。

本質記述のもつ公共性

フッサールは、著作の至るところで「事物知覚の本質」について語っているが、これを私なりに整理してみる。

1．事物知覚は「ある個的客観の、ありありと実物が現在している leibhaftige Selbstgegenwart という意識」（IdeenI, § 39, S. 81）である。——つまり、対象そのものがいま・ここに存在していて、そのあり方を自分はそのまま受けとっている（見ている・触っている・嗅いでいる等）という感触がある。言い換えれば、対象の「像」（表象されたもの）を受けとっているとは感じていない。この特質をフッサールは、知覚における対象の「自体所与性 Selbstgegebenheit」（それ自身＝実物が与えられていること）ともいう。

2．しかしその体験を反省してみるなら、対象の一つの側面（前面）が見えているにすぎないことがわかる。だが私は、見えないところまで含めた「三次元立体」としての対象を知覚していると感じている。——たとえばテーブルの脚が手前の二本しか見えていないとしても、見えない奥のところに脚があと二本あると私は思っているはずである（IdeenI, § 41, S. 84 f.）

3．だから事物知覚は、事物についてのもっとも直接的な経験であるが、それにもかかわらずつねになんらかの「予期 Antizipation」（背面はこうなっているはずだ、など）を伴っている（CM, § 28, S. 63）。

——以上の1～3を、事物知覚の「思い描き」の構図、と私は呼んでいる。私たちは知覚において事物を「そっくりそのまま」受けとっていると感じているが、反省してみると、与えられてくる色や形の感覚をいわば素材としながら、「ある形や色をもった事物そのもの＝三次元立体」

を思い描いているのである。だから後になって、その予期が訂正されることが起こりうる。

4．顕在的に意識されているのは当該の事物だが、同時にそのまわりの背景も潜在的に把握されている（IdeenI, § 35, S. 71）。——この顕在性・潜在性の構図を、メルロ＝ポンティはゲシュタルト心理学の言葉を援用して「図と地」の構図として語っている（メルロ＝ポンティ『知覚の現象学』一九四五）。

5．〈知覚された事物は客観的世界の一部であり、だから、私以外のだれであっても、ここに居合わせれば同じものを知覚するはずだ〉という確信が、事物知覚には必ず伴っている（Krisis, § 47, S. 165 f.）。

これらの記述を読んだ人は、自分自身の事物知覚の体験を思い出しながら、たしかにそれがここで描かれたとおりであることを確かめることができる。さらにこの記述が、自分だけでなくあらゆる他者たちの事物知覚にも（なにかの病気のような特別な事情がないかぎり）当てはまることをも、確信するにちがいない。そして、もしこの記述が不十分であって改善しうると思われる場合には、自分なりに訂正した記述を人びとに向けて提案することができる。

このようにして本質観取は、それが個別的な自我についてあてはまるものとしてではなく、「自我一般」に通じるはずのものとして提出されるからこそ、どの人もその記述を自分自身の体験に照らして確かめたり訂正を試みたりすることが可能になっている。このようにして現象学は、相互の確証や訂正が可能な公共的な議論の次元をもっているのである。しかしこのことをフッサールはきちんと語らなかったために、現象学は「私秘的な明証性」にのみ立脚するものとして誤解され、ローティのような批判を受けてきたのである。

他者の体験を本質観取に取り入れるべきか

しかし、ここであらためて考えてみよう。なぜ、フッサールという一人の個人の行った事物知覚の反省が、他の人たちの体験にあてはまるものになったのだろうか？　それは彼が自分自身の「事実的な（じっさいの）体験」を任意の想像によって自由に変更し、そこから、「どんな事物知覚にも当てはまると思われるもの」を取り出したからである。彼が行ったのは、あくまでも「彼自身の体験」の自由変更にもとづく作業だったはずだが、その結果として提出されたものは、確かに他者たちの事物知覚にもあてはまる、事物知覚の一般的な構造といいうるものになっている。

このように、本質観取は一人の個別の自我のなかで行われるものだが、ある種の体験に関して「任意のどの体験にもあてはまるもの＝本質」を取り出そうと努めることによって、「この私の体験」という事実性を超えた「自我一般」の構造を取り出すことができるとフッサールは考えていた。この点について、『デカルト的省察』は次のように述べている。

> 現象学の行うあらゆる本質研究は、わたしの事実的自我にとって純粋に可能なあらゆる変様態と、この事実的自我それ自身を可能性としてそれ自身のうちに含む超越論的自我一般の

普遍的形相の解明に他ならない。形相的な現象学はそれゆえ、この自我と超越論的な自我一般が、それなしには〝考える〟ことのできない普遍的なアプリオリを研究するのである。

（CM, §34, S. 73 f.）

ここからは、自分自身の自我も含めて、あらゆる自我がそれの可能な変様態であるような、「超越論的自我一般 **ein transzendentales Ego überhaupt**」をフッサールが想定していること、そして、自分の体験の任意な自由変更と本質観取が、この「超越論的自我一般」の構造の獲得を目標としていることがわかる（「超越論的」の意義については第12章で後述する）。これを逆からいえば、私の自我や他の自我はすべて、自我一般の変様態として考えうる、ということが想定されているのである（図3）。

しかしそのさい、フッサールは次のように付記している。「ここで次のことは、十分に注意されなくてはならない。それは、私の自我から自我一般 **ein Ego überhaupt** への移行において、なんらかの範囲の他我たちの現実性も可能性も前提されていない、ということである。ここでは、自我の形相の範囲は、私の自我の自己変更 **Selbstvariation** によって規定されている」（CM, §34, S. 74）。

つまり、自我一般に共通する構図は、あくまでも自分の事実的自我をさまざまに自由変更することによってのみ得るべきであって、他者を顧慮する必要はない、ということになる。

しかしこれに対しては、次のような疑問が湧いてくる。そもそも、私が任意な自由変更を徹底的に行ったとしても、私が私の経験だけをもとにすることによって、必ず自我一般の共通構造に至ることができるのか、と。

たしかに事物知覚や数学の認識などについては、自己反省のみによって「自我一般」に達することが可能かもしれない。それらについては、どの主観もおよそ同じような仕方で行っていることが想定されうるからだ。しかし、価値や情緒をとりあげるさいには、同じ言葉（勇気、正義、嫉妬、なつかしさ等）をテーマとしていても、その言葉に結びついている感じ方（イメージ）やそれによって想起される典型的な体験は、人によって多様であろう。また、その言葉がどの範囲までを包括するか、についても人によってちがいがあるかもしれない。

図3

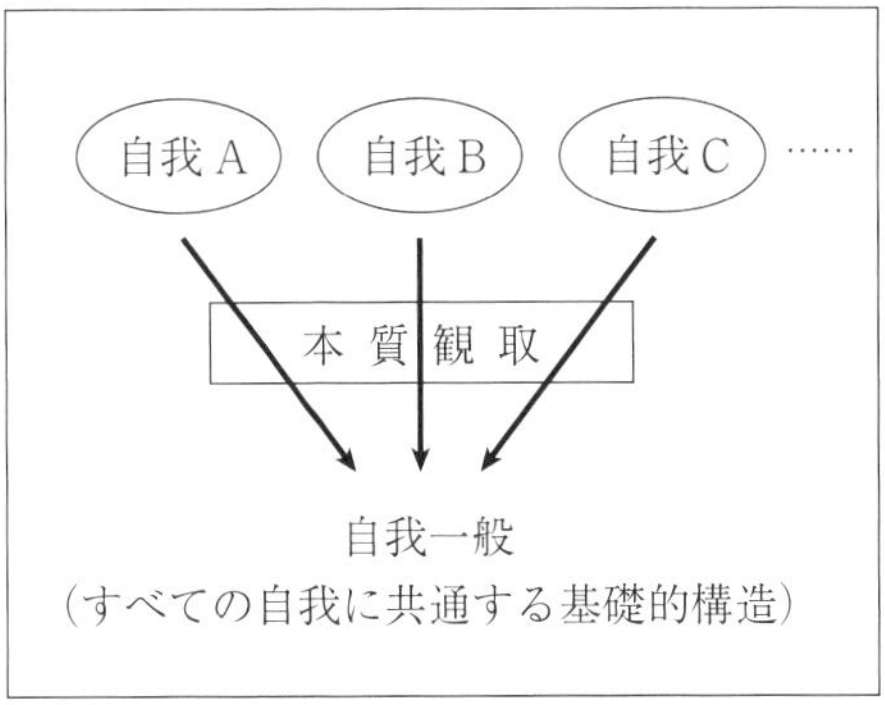

たとえば「正義」と感じる例をワークショップで挙げてもらうと、ほとんどすべての人が、アンパンマンや警察や裁判官を「正義の人」の例として挙げる。しかし、災害で困っている人を支援することについては、それを正義の例として挙げる人もいるが、「それは善ではあるが正義とはいえない」と感じる人もいる。このようなことも、複数人で互いの思いつく事例を出しあってみることではっきりとわかってくる。

こうして、本質を取りだすさいには、人による感じ方の多様性や体験の多様性を十分に考慮に入れる必要があることになる。

そして第一部第5章で述べたように、哲学対話においてそれぞれの主観の感じ方の多様性と、どんな主観にも共通する本質とを取りだそうと意図するならば、自己の体験とその自由変更だけでなく、互いの体験例を出しあってその一つひとつをていねいに聴きながら、そのうえですべてに共通するものを考えていくというやり方が必要となるはずである。そして、ある人の行った本質記述についての、相互のあいだでの確証や訂正も当然のこととして認められるべきだろう。

このようにみてくると、他者たちの体験例を現象学から締め出してはならないことになるが、そのさいには、次の二点が問題となってくる。

1. 他者たちが体験したことを記述したものを、自己自身の体験反省を基本的な方法とする現象学はどのように理解し、また扱えばよいのか。

2. だれかのなした本質記述を相互に検証したり訂正しあったりすることは、何を基盤として可能になるのか。

この二つについてフッサールがまったく語らなかったことは、現象学を対話的なワークショップや質的心理学の研究へと応用していこうとするときに大きな障害になってきた。

しかしあらためて問うてみよう。なぜ、フッサールは、あくまでも自己の体験とその自由変更のみに基づいて自我一般に到達しようとしたのだろうか。じつはそこには明確な理由がある。

現象学を遂行する者は、〈この種の体験（たとえば事物知覚の体験）にはたしかにかくかくの構造があり、これは同種の体験すべてについていえるはずである〉ということを、自分自身の体験を反省することによってみずから確かめ、洞察しなくてはならない、とフッサールは考えたからである。自分自身の体験を反省するからこそ、体験のあり方（事象）と記述（命題）との一致が確かめられる。自己の体験反省にこそ、事象と命題の一致を決して疑えなくする強いエヴィデンス（明証・根拠）があると彼は考えたのだ。

そこで次の章では、フッサールがエヴィデンスについてどのように考えていたかを、『デカルト的省察』によりながら整理してみよう。そのうえで、「他者のなす体験を現象学はどのようにあつかうべきか」に立ち戻って考えることにしたい。

第11章 現象学と〈反省的エヴィデンス〉――現象学の方法（二）

1　反省的エヴィデンスと公共性

エヴィデンス（明証）とは「事柄それ自身」の現前

フッサールは、『デカルト的省察』の第四節で、合理的な共通了解をつくりだそうとする営みである学問にとって、ある判断を「根拠づける」（begründen 基礎づける）作業が不可欠であると強調している。そのさい、ある判断の正しさを、すでに根拠づけられた命題を用いて間接的に証明する場合もありうるが、しかし最終的には直接的な根拠づけが必要となるという。

この直接的な根拠づけについて、フッサールは次のように述べている。――判断の真偽は、その判断の内容が、言及されるじっさいの事柄と「一致」するかどうかによって決まる。そのさい、事柄が想像や単なる推測によって与えられるならば、一致は確かとはいえない。しかし、「事柄

die Sache が事柄それ自身 sie selbst として現前する」（CM, §4, S. 12）ならば、私たちは判断内容と事柄との「卓越した一致」を得ることができる、と。このように、判断される事柄（事実や事態）が意識に「それ自身」「そのもの」として与えられることを、フッサールはエヴィデンス（Evidenz 明証）と呼ぶのである。

これではあまりにも抽象的なので、一つ簡単な例を挙げてみよう。「隣の教室には椅子が何脚あったかな？」と思い、教室のなかを想像して「確か七脚あったはずだが」と判断したときには、明証的な判断とはいえない。勘違いの可能性があるからである。しかし、じっさいに隣の教室に行って見てみたら七脚あった、というときには、目の前に「事柄それ自身」、つまり「教室のなかに椅子が七脚あるという事態」が直接に現前しており、こうした「それ自身の現前＝明証」によって、先ほどの判断が根拠づけられたことになる。

じっさい自然科学は、実験と観察を行ったうえで、その記録を科学的な主張をなすためのエヴィデンス（根拠）とみなしてきたが、それは、実験結果の確認や観察が、世界内の事実や事態を（単なる想像や推測とはちがって）直接に見て取ること（知覚）だからである。見ることとその記録は、世界の事実をもっとも直接に伝えるものであり、だからこそ、科学のエヴィデンス（根拠）とみなされてきたのである。*

＊医療の領域においてエヴィデンスと呼ばれるのは、ある薬や術式がこれまでどれくらいの割合の症例に対して効果があったかの「統計」のことである。しかしこの統計も、最終的には「直接に見て取ること」の記録にもとづくものといえる。

しかしフッサールは哲学者として、このような「経験科学上のエヴィデンス」――これは見る・聞く・触ること、つまり「知覚」に帰結する――では足りない、と考えた。たとえば数学と経験科学とでは真理性の質がちがう。数学はだれもが認める「普遍妥当性」をもっているが、自然科学のような経験科学の理論はいかに信憑性があったとしてもつねに「仮説」という性格を失うことがない。そのような「真理性のあり方」のちがいを明らかにしたり、さらには善や美の根拠のような「価値の問題」を探究することは、事実の観察のみをエヴィデンスとすることによっては不可能である。そこでフッサールが哲学するために依拠したのが、自分の体験を反省してそのあり方を直接に見て取ることに伴う明証であった。これを私は、「反省的エヴィデンス」と名付けることにしたい。

事実の観察（知覚）にはエヴィデンス（明証）が伴っている。つまり、〈確かに事実それ自身をいまここで受けとっている〉という感触が伴っている。しかしフッサールは、体験反省に伴う「反省的エヴィデンス」は、知覚に伴うエヴィデンスよりもいわば高次のものであって、真善美のような諸価値の意味とその根拠とを解明しうるものであるとみなした。しかしなぜ、反省的なエヴィデンスにはそのような権利があるのだろうか。

客観的な対象の認識と体験反省とのちがい

フッサールは、事物や事実を認識の対象とするときには絶対的な正しさはありえない、といっている。なぜなら、「あ、人がいる」と思って近くに寄ってみたら人形だった、というようなことが起こりうるからである。*

＊一度こうだと確信したことが後続する体験によって訂正されることは、「妥当変移 **Geltungswandel**」と呼ばれる（**Krisis, §47, S. 164 f.**）。「妥当」とは、意識のなかであることが確信されることを意味する。

つまり事物や事実の直接の知覚には、想像ではなく「確かにそれ自身を受けとっている」という感触が伴っているが、それにもかかわらず、後になって訂正されることがある。なぜなら、前節で指摘したように、事物知覚は、直接に与えられた色や形の感覚をもとにして「この事物はこういう色・形をしているにちがいない」（ボールの前面を見て裏も丸いはずだと思う）というふうにして、「事物全体」を思い描いているからである。このように客観的な対象の認識は、それが思い描かれたものである以上、後続する体験によって書き換えられる可能性をつねにもっている。

それに対して、自分の体験を認識の対象とするとき、つまり自分の体験を反省してそのあり方を確かめるときはどうだろうか。私がいま花瓶を見つめているとする。その体験を反省してみると、花瓶の肌が薄黄色でツルツルした質感をしていると感じていることがわかる。この「いま自分は薄黄色やツルツル感を感じているということ」、これが書き換えられることがあるだろうか？　そばに寄ってみたら、じつはその花瓶はホログラムの映像で実物としては存在しなかった、とか、光線の加減で薄黄色に見えていたがじつは真っ白だった、ということは起こりうる。しかし、「いま薄黄色を感じていること」ないし「たったいま薄黄色を感じていたこと」じたいが否定されることはない。

つまり「事物」は思い描かれたものだから、後になって変更されることがありえても、「体験」は直接に与えられていて思い描かれたものではない。だから、「反省してみると、自分の体験は確かにこのようになっている」（いま自分は薄黄色を感じている）ということを疑うことは決してできない。この意味で、体験の反省には不可疑性が伴っているといえる。この体験反省のもつ不可疑性こそが「反省的エヴィデンス」なのである。*

＊外的な事物や事態の知覚と、体験の反省とのちがいは、『イデーンⅠ』の§38―§46にかけて、「超越的知覚」と「内在的知覚」のちがいとして詳しく論究されている。なお、反省的エヴィデンスという言葉は私が命名したものであって、フッサール自身は、体験反省に伴うエヴィデンスを指す用語をとくに設けてはいない。

「われ思う、ゆえにわれあり」とのつながり

この体験反省に伴う不可疑性（反省的エヴィデンス）を哲学の歴史のうえで最初に指摘した人物こそがデカルトであった、とフッサールはいう。

第二部の「序」で取り上げたように、『省察』のデカルトは、あらゆる論証の土台となりうるような「絶対に確実に存在しているもの」を求めて、少しでも疑えるものはすべて存在しないものとみなす、という普遍的な懐疑を行っていく。すると、世界が仮象《かしよう》であり存在しないかもしれないと疑ったとしても、「疑っているわれ」の存在を疑うことはできないことがわかる。なぜなら、「われ」の存在を疑おうとしても、疑うということ自身が「われ」の存在を証してしまうか

らである。——およそこのようにしてデカルトは「われ思う、ゆえにわれあり」を導いているのだが、この論証は、「疑っている」という自分の意識作用を反省することによってこの意識作用の存在を認めているのであるから、まさしく体験反省にもとづくエヴィデンス（明証）にもとづくものといえる。

フッサールは、この「われ思う、ゆえにわれあり」におけるエヴィデンスは、「およそ考えうるあらゆる疑いを根拠のないものとしてあらかじめ排除する」（CM, §6, S. 17）という点で最も強力なエヴィデンスであるとみなし、これを「必当然的明証 apodiktische Evidenz」（ibid.）と名付けている。疑いを排除する明証、という意味で、この必当然性のことを「不可疑性」と呼んでもよいだろう。

この必当然的で不可疑な明証を、デカルトは「われの存在」についてしか認めなかったが、フッサールはこの必当然性を、体験反省によって体験のあり方を知ることについても、ある範囲で認めうると考えるのである。しかし同時に、体験反省によって体験のあり方をすみずみまで（十全的に）知り尽くすことができるとはいえないこと、そして明証の有効範囲に対する反省が必要であることも強調している。*

＊『デカルト的省察』の第九節を参照。この節は「『われあり』の必当然的明証の有効範囲」と名付けられているが、そこでフッサールは次のように述べている。「超越論的な自己経験［＝純粋な体験反省］において、自我 das Ego は自分自身にとって根源的な仕方で接近可能となる。しかし、そのつどこの経験が提供しうるのは、［……］生き生きした自己の現在 die lebendige Selbstgegenwart だけであって、それを超えると、無規定な一般的で推定的な地平が広がっているのみである。［……］こ

の地平には、たいていはまったく暗い自分の過去や、自我に含まれる超越論的な能力や、習慣的な固有性などが属している」(CM, §9, S. 24)。

体験反省から公共的議論への通路——各自の反省的エヴィデンスによる確かめ

さて、体験反省によって、体験をすみずみまで(十全的に)知り尽くすことはできないとしても、一定の範囲内では必当然的で不可疑な明証を得ることができるのだった。しかし、先ほど挙げた「いま自分は花瓶の肌に薄黄色を感じていること」は、あくまでも「私にとっての」エヴィデンス(明証)にすぎず、これはそのままでは、公共的な議論のさいのエヴィデンス(根拠)にはならない。

この体験を私が記述したものを他者が読んだとき、とくに疑う理由がないかぎり「なるほどあの人は薄黄色を感じていたのか」と思ってくれるだろうが(その意味で一定のエヴィデンス＝根拠にはなるが)、私がでたらめな記述をした可能性も排除できない。つまり、私の具体的で個別的な体験をそのまま記述しても、それは哲学の公共的議論のための十分なエヴィデンスにはならないのである。

だが前章で述べたように、私だけでなく「自我一般」にあてはまるだろう一般的構図を、私の具体的な体験から取り出すならば、それをめぐって公共的な議論が可能になるのだった。このプロセスを、エヴィデンスという点から見つめ直してみよう。

たとえば、「なつかしくなるという体験のもつ独特な質感は、どこから生まれているのか」をよくわかりたいと思って、なつかしさの本質（どんななつかしさ体験にも共通していて、まさになつかしいという感情を成り立たせている基本の条件）を問うたとしよう。そして私は、「私自身のなつかしさ体験」をもとにして、次のように記述したとする。

・なつかしくなるとは、「過去の経験」を思い出し、そこへと「心が惹きつけられる」ことである。
・たいていは安心感や高揚感などの「快」が伴うが、ときに「痛みや寂しさ」が伴う。
・その痛みや寂しさは、「もうそこに戻れない」というところからくる。

これらは、私が自分自身のなつかしくなった体験を思い出し、そのさいの「なつかしいという感触」を生き生きと想起しながら、そこに〝確かに見出しうること＝反省的エヴィデンス〟を取り出したものである。

すると、これらの私の記述を読んだ他者は、その内容をこんどは他者自身のなつかしさ体験と照らし合わせてみることになる。つまり、他者自身の反省的エヴィデンスに従って、私の描いた記述が「自分の体験にあてはまるかどうか」、さらには「どんな人のなつかしさ体験にもあてはまるかどうか」を吟味し、さらに、よりよい表現へと訂正したり、新たな論点を付け加えたりすることができる。これを整理しておけば、

1．本質観取ないし本質記述とは、自分自身の体験を生き生きと想起し、そこから得られる「反省的エヴィデンス」にもとづいて、「どんな人の体験にも共通するだろう一般的な構図」（自我一般の構図）を取り出して記述することである。

2．その記述は、こんどは読み手の側の「反省的エヴィデンス」によってその妥当性を吟味され、確証されたり訂正されたりする。

ということになる。

自我一般の構図を求めてなされるこの種の公共的な議論は〈現象学的な言語ゲーム〉と名付けうるものだが、[40] そこでの妥当性の確証や訂正の可能性は、各自の反省的エヴィデンスによって支えられるのである。この妥当性の確証の構図をフッサールが明確に述べなかったことは、現象学が普及するうえでは大きな障害となってきた。

他者の体験をいかに扱うべきか

さて、本質記述は、各自の反省的エヴィデンスにもとづいて検証されることを確認してきた。そのさい、「まず一人でもって本質記述をつくりあげ、それを他者が吟味する」というふうにイメージされていた。では、最初から互いの挙げる実例やエピソードを考慮に入れながら、本質観取の作業を行うことは許されないのだろうか。

フッサールが自分の体験の自由変更のみを認めたのは、自分でもって自分の体験を確かめること＝反省的エヴィデンスのみにもとづこうとしたからである。〈他者の語る体験（体験談）は私の体験ではない以上、私自身の反省的エヴィデンスにもとづいて行われるべき本質観取には使用できない〉というのがフッサールの考えだっただろうと思われる。

たしかに、他者の挙げる実例は私が直接に体験したものではない。しかし、たとえば「自由の本質」を求めるワークショップのなかで、ある人が自由の実例として語った「長くかかった卒論の執筆から解放された感覚」を、私はまざまざと想起することができる。そして自分のなかでこれと似た体験をいくらでも思い出すことができる。

つまり他者の挙げる体験例が、自分自身の過去の同様な体験を呼び起こしたり、あたかも自分が体験したかのように実感を伴ってありありと思い浮かべられるならば、それは、私自身の体験の自由変更の一例とみなすことができる。その場合には、他者の体験例は当然、私の行う本質観取に用いてよいはずである。もちろん、小説のようなフィクションのなかに出てくる体験例であっても同様である。

これを逆からいえば、他者の語るある事例が自由の体験としてまったくピンとこないならば、それは私の行う自由の本質観取には役立たないことになる。——もっとも、その他者が目の前にいるならば、より詳しくその体験を語ってもらうことができるし、それを通して「なるほど、こういう感覚なのか」と腑に落ちることもあるだろう。

他者の事例を聴くことの利点

他者の事例を用いることは、それが自分自身の同様な体験、あるいは生き生きとした想像的体験を呼び起こすかぎりで可能である、と述べてきたが、他者の事例を聴くことには、一人で考察を進めることにはない積極的な利点がある。というよりも、さまざまな他者たちの感度(感じ方)を考慮にいれることは、とくに価値をテーマとするさいには必須といってよい。

まず、先ほども指摘したように、同じテーマ(正義、幸福、自由、なつかしさ、嫉妬)であっても、それをめぐる体験には多様性があり、また、その言葉に含める体験の幅も人によって違いがある。だからこそ他者たちの感度を考慮に入れることは必須なのである。

しかし必須というだけでなく、他者の事例を聴くことは、それじたいがおもしろい。なるほどこのようにしてこの人は物事を感じているのか、人によって生きている風景がこんなふうにちがうのか、という新鮮な気づきが得られることもあれば、人としての共通な想いを実感することもあり、どちらにしても豊かな経験となりうる。このように互いの事例を聴きあうことには、人の、、、、生の多様性と共通性とを実感させる点で大きな意味がある。

そして、ここはとても重要な点だが、他者の語るエピソードや他者の行った本質記述に触発されて、自分が気づいていなかった大切な論点に気づかされることもある。「なるほど言われてみれば、確かに自分の体験もそうなっている」――複数人で具体的な事例を出しあって本質観取を行っていくと、しばしばそういう気づきがある。

互いのエピソードによって互いの気づきを触発しあうという点からも、本質記述をより深く一般性のあるものに鍛えていくという点からも、本質観取のイメージを「相互の確かめあい」へと変えていくことが望ましいと私は考える。

ここでは抽象的にしか語れないが、互いの事例の交換は、わたし自身のあり方を他者の視点から見つめ直すことを可能にし、他者の生と自分の生のもつ条件のちがいを気づかせてくれる。そして同時に、自他のあいだに共通している想いを実感させてもくれる。これは一人で行う本質観取によっては得られない。

こうして複数で行う本質観取のワークショップは、〈他者了解・自己了解・人間の生一般の了解を同時に深めていく作業〉となっていく。そしてその点にこそ、本質観取の多大なる意義があると私は考えている。

このように、フッサールの方法を価値や情緒へ応用し、また哲学対話と共同的な探求を支えるものにしていくためには、「孤独な自己反省」というイメージを転換して「自我一般に共通する構図を相互に確かめあう」——もちろんそれを支えるのは各人の内的な反省的エヴィデンスである——という仕方で考えるべきである。

2　直観が正当性の原理となる——諸原理の原理

本質もまた直観される

私はこれまで、本質観取が反省的エヴィデンスにもとづくものであることを述べて、自由変更について語ってこなかった。なぜなら、自由変更は体験反省を仕上げていくさいに有用だが、決して体験反省の核心をなすものではないからである。

まず確認しておく必要があるのは、任意の自由変更によって本質が「つくりあげられる」のではない、ということだ（フッサールの説明はときにそう誤解されやすいものになっている）。なぜなら自由変更を行わなくても、具体的なエピソードを想起した時点で、すでにある種の一般性、つまり本質的なものが暗々裏に直観されているからである。そしてこの一般性（本質性）の直観こそが、反省的エヴィデンスという言葉で私が語ってきたものの核心である。

たとえば「なつかしくなった体験」の一例として、ある具体的なエピソードを思い出したとする。そのエピソードは一つの個別具体的な経験だが、「なつかしさ」の一例として想起されたものである以上、当然そこには「なつかしさ一般」に通じるものが含まれているはずである。したがって、それを言語化しようとするさいには、まずはそのエピソードに対して「他のなつかしさ体験にも含まれているような、なつかしさ体験に共通する核心的なものは何か」とていねいに問いかけ、そしてそこに含まれている契機を言葉として取り出すことになるだろう。そういう姿勢なしに、いきなりそのエピソードをさまざまに自由変更しても無意味であろう。

フッサールが、私たちは個別的なもの（個物）だけを直観するのではなく、一般性（本質）をも直観すると主張したことは、よく知られている。たとえば、私が目の前の鉛筆を見たり触ったりしているとき、その対象である鉛筆は「個物」であって、いま・ここにあり、それ固有の色合いや形をもっている。しかしそれは同時に「事物」の一例でもあるから、事物一般に欠かせない事柄（特定の時間・空間のなかに位置する、形をもつ、色をもつなど）を伴っている。だから、私たちは個的なものを直観することだけでなく、本質的なものに注目してそれを直観すること（本質直観 **Wesensanschauung, Wesensschauung**）ができる、とフッサールは述べた。そして、この本質直観を明確なものにすると、「本質観取」になる。彼の言葉を引いておこう。

> 本質観取はそれゆえ［個的直観と同様に］直観なのであり、それが強い意味での観取であって単なる曖昧な準現前化［＝想像や表象］ではない場合には、それは一つの原的に与える［**originärgebend**］直観であり、つまり本質をその〝ありありとした〟自己性［**seine „leibhafte“ Selbstheit**］において把握する直観なのである。（IdeenⅠ, §3, S. 15）

本質観取も一種の「直観」である。直観には曖昧な場合もあるが、そうではなくハッキリと把握するように直観しているときに、本質「観取」（本質を見て取る）と呼ぶ。そのとき本質は、ありありと自分に対して与えられている。――およそこのようにフッサールは言っているのだが、これに対して、本質を直観する（本質を見る）というのはいささか無理な言い方ではないか、と感じる人もいるかもしれない。しかしここでいう直観は、「根拠づけ」との関連で語られていることに注意しよう。

具体的個別的な事実や事態について語る命題を根拠づけるのは、「個的な直観」である。つまり、それをじっさいに目で見たり触ったり聞いたりすること（知覚）である。その特質をフッサールは、伝聞や想像ではないという意味で、事象を「原的に（オリジナルに）与えてくる」とか、「ありありとした自己性（Selbstheit 実物性）において与えてくる」と表現する。このように、オリジナルに・ありありと・事象そのものが与えられること＝個的直観によってこそ、事実や事態についての命題は根拠づけられるのである。

では、本質についての命題を根拠づけるものは何か。たとえば私たちが、事物一般の本質を問われ、音一般とのちがいを指摘するように求められたとしよう。そのように問われていきなり言葉にするのは確かに難しい。しかし私たちは「事物とは何か、それは音とはどうちがうか」を暗々裏にわかっている。だからその「わかりかた」に問いかけて、ふさわしい言葉を見つけながら、この「わかりかた」を明確なものに仕上げていくことができる。こうして、本質記述ができていく。

その意味で、本質記述をなすときの「源泉」は、すぐには言語化できないとしても暗々裏にわかっていること（暗々裏の本質直観）なのである。この最初の本質直観は曖昧さを含んでいるかもしれないが、しかし何らかの感触（実感）として確かに与えられている。これに問いかけて言葉を用いて明確にしていくと、まさしく焦点が合ってくるようにして「原的に（オリジナルに）」「ありありと」本質を捉えているといいうる状況に至る。この「ありありと把握された本質直観」の段階になったときに、これを本質観取（本質を見て取る、つかみとる）という言葉でフッサールは呼ぶ。

このように見てくると、本質を直観するというときの「直観」という言葉は、目で見るという意味ではなく、なんらかの感触が確かに与えられている、ということを指すものなのである。

自由変更とは体験の諸条件を「動かす」こと

そして、この暗々裏の直観に働きかけてそれを「仕上げて」いくために役立つのが、自由変更なのである。

ふたたび「なつかしさ」の本質を取り上げてみよう。なつかしくなる体験のなかのさまざまな条件を想像によって変更しながら、「その場合でも、なつかしさ体験でありつづけられるか？」と問うことができる。そのような一種の思考実験として、自由変更は役立つのである。たとえば次のように。

「どんな過去の経験でも、思い出せばなつかしくなるだろうか？」——過去の楽しい経験（例：大学のゼミの仲間で遊園地にいった）だと、なつかしくなる。また、とくに楽しい経験ではなくても、かつて親しんでいたもの（例：かつて乗降していた駅）に久しぶりに再会するとなつかしくなる。しかし嫌な経験はふつう、なつかしくならない。

「では、過去の嫌な経験でもなつかしくなることがあるか？」――「ある人からバカにされた経験」があって、いまも思い出すと嫌になるとする。そういう経験については決してなつかしくなれない。しかしある人はこういう。「ものすごくきつくて嫌だった高校時代の剣道の部活は、いま思い出すとなつかしい」と。

「なぜだと思う？」とその人に尋ねてみた。すると、「部活じたいはきつかったが、いっしょにがんばった仲間たちとの関係は楽しかった。また、この部活を通じて、たいていのことにはへこたれないという自信を身につけられたと思う」という答えが帰ってきた。

以上から、さしあたってこのような結論が出てきた。――当時は嫌だと思っていたことでも、現在からふりかえるさいに「何か肯定的なもの」を見出せるならば、なつかしくなることがある、と。

以上のように、ある種の体験に伴う具体的な状況・条件をさまざまに変更しながら暗々裏の直観に問いかけることで、「その種の体験が成り立つための必要条件＝本質」が明確になってくることがわかる。自由変更とはそのような探究の方法なのであり、じっさいに哲学対話をワークショップとして行うときにも、そのような問いかけを意図的にやってみることが有効である。

しかし繰り返しになるが、自由に条件を変更しながら、「これだとなつかしくなれない、これだとなつかしくなれる」というそのつどの答えを導くのは、やはりそれぞれの「私」のなかの

〝感触〟つまり反省的エヴィデンス（条件を変更した想像上の体験を反省することによって、明証的に与えられてくるもの）なのである。

諸原理の原理

エヴィデンスの問題に戻ろう。具体的な事実についても、本質についても、それらを語る命題を根拠づけるのはなんらかの「直観」である（直観こそがエヴィデンスである）、ということをみてきた。フッサールはこのことを、有名な「諸原理の原理」（IdeenⅠ, § 24, S. 51）という『イデーンⅠ』の一節で、明確に語っている。

フッサールの生きた一九世紀末から二〇世紀初頭は、絶対確実なものと思われた論理学や数学をはじめとして、さまざまな学問の基礎（根拠）が問われた時代である。そしてその問題は現代でも引きつがれていて、決して解決されたわけではない。

自然科学を学んだ方の多くが、次のような階層的なイメージをもっておられると思う。〈まず論理学があり、それが数学を根拠づける。これが土台となって、物理学が成り立つ。物理学を土台として、化学や生物学が成り立つ〉と。そのさい論理学は「あらかじめ正しいもの」とみなされているが、しかし論理学じたいもそれが正しいことの根拠づけを要するのではないか、と考えるとき、ではその根拠づけはどこから得られるのか、ということが問題となってくる。

先ほどから述べてきたように、フッサールは、あらゆる命題の正しさを最終的に根拠づける源泉は「直観」である、と考えた。具体的な事実についても、論理学や数学についても、哲学の求める本質についても、なんらかの与えられた直観にもとづき、それをふさわしく記述することが最終的な根拠づけになる、と。このことをはっきりと宣言したものが「一切の諸原理の、原理 **das Prinzip aller Prinzipien**」という節である。諸原理のなかの王、というような意味である。

> 一切の諸原理の、原理：すべての［対象を］原的に与えてくる直観が、認識の正当性の源泉であるということ、つまり、われわれに対し〝直観 Intuition〟のうちで原的《オリジナル》に（いわばありありとした現実性において）呈示されてくるすべてのものは、それが与えられるとおりに、しかしまた、それがそこで与えられる限界内においてのみ、端的に受け取られねばならないということ。（IdeenⅠ, §24, S. 51）

これについてフッサールは「真正な意味において根拠づけの使命を担うもの」（ibid.）であるともいっている。なぜそういえるのか。「どんな理論も、その真理性をふたたび原的な所与性［＝じっさいの直観において与えられているもの］から汲み取ってくる以外にないだろうことを、われわれは洞察する」（ibid.）からである。

この「諸原理の原理」とは、先ほども述べてきたように、自然科学者は事実の直観を理論の正当性の源泉にし（理論はつねに実験結果の記録によって検証されねばならない）、本質を扱う哲学者は本質の直観をその主張の正当性の源泉にする、ということだ。そして素朴な本質直観を仕上げて本質観取にしていくプロセスは、自由変更を伴う体験反省において行われることになる。

こうして、本質観取＝本質記述は、この体験反省によって与えられる本質直観によって支えられることになるが、この「直観が正当性の源泉である」という命題のなかには、ひじょうに重要な論点が潜んでいる。

私はそれを、①**「仮説や解釈」**と**「直観されうること」**の区別、②**検証されえない「根源仮説（根源真理）」**の禁止、③**無《む》限《げん》遡《そ》行《こう》の禁止**、として取り出しておきたい。

まず、①「仮説」と「直観されうること」との区別について。

引用文のなかの「直観のうちで原的《オリジナル》に呈示されてくるもの」とは、じっさいにそうなっていることを直接に確かめられる、ということを意味する。だからこそ「直観されうること」は命題の正当性の根拠となる。

これに対して、直接に確かめられないこと（これはおそらくこういう原因から生じているはずだ、など）はすべて、推論されたもの、つまり「仮説」となる。

自然科学においては「仮説」は必須であるが、これは最終的には実験などの知覚直観によって検証される。では認識や価値の根拠を確かめる哲学においてはどうか。フッサールの現象学は一切の仮説を廃して、意識体験を反省しながら「そこからみてとれる＝直観されうることだけ」を記述する。そうすることで、哲学の理論に「だれもが自分の体験に即してその正しさを検証できる」という公共性をもたらそうとしたのである。

これまでの哲学者たちの議論には、「各自の意識体験からみてとれること」以外の独断的な考え方がしばしば入り込んできた。たとえばカントは「感性（時間・空間の枠組み）＋悟性のカテゴリー」という仕方で認識の成立を説いたが、これに対して、時間・空間は単なる感性の形式なのか（人の生きる時間・空間をもっと異なった仕方で規定できるのではないか）、また因果性などのカテゴリーはもともと（アプリオリに）人の知性に備わっているものなのか、などの疑いが出てくる。有名な道徳法則がアプリオリに人の精神に備わっているかどうかも、同様に疑わしい。これらの理論は、意識体験の反省によって根拠づけられたものとはいえないのである。

「なつかしさの本質」のグループワークを行っていると、ときどき、「過去を振り返ってなつかしむのは、現在の自分の成長を確認するためである」と書いてくるグループがある。話を聞いてみると、「あのころは幼かったな、いまだったらそんなことはしないのに」と当時を振り返って微笑ましくなる、というようなことが多い。しかし「なつかしくなる」という体験のなかに、「成長確認のため」という目的を読み込むのは行き過ぎであって、体験から読み取れることだけを記述すべきなのだ。

しかしまた、「体験反省によって確かめられること」だけに考察を限るならば、人の求める諸価値の根拠や、人の欲望の考察という点で足りない面があるのも確かである。なぜなら、それはあくまで、現時点での体験のあり方を確かめることしかできないからだ。道徳的・美的な感受性や認識のあり方が発達過程のなかでどのように形成されてくるかを考察することも、人間理解の点では重要な課題となってくる。

フッサールはこの課題を「発生的現象学」という言い方でもって名指したが、これを形作るためには、子どものふるまいや子どもの他者関係をていねいに観察して理論化する「発達心理学」

的な考察を参考にする必要があるだろう。[*]そのかぎりで、発生的現象学（を名乗る理論）は一定の仮説性を含むものとなることを、明確に自覚しておく必要がある。こうして、「体験反省によって直観的に確かめられること」と「仮説」との区別は、哲学および人間科学にとって非常に重要な区別となる。

＊竹田青嗣『欲望論　第二巻』は、道徳や美の発生を現象学的に理論化しているが、自身の子育て体験の反省に加えて発達心理学的な諸理論を参照することによって、これを行っている。

続いて、②検証されえない根源仮説（根源真理）の禁止について。――哲学や人間科学の領域では、さまざまな検証不可能な理論がときに大きな権威をもって通用してしまうことがある。たとえばフロイトは無意識の領域をクローズアップして人間理解に大きな貢献をしたが、しかし検証不可能な根源仮説（信じる人にとっては根源真理）を立ててもいる。「あらゆる神経症は、エディプス・コンプレックス（幼児は母に性的欲望を向け、それを父から禁止されるという愛憎を伴った心理劇）をよいかたちで経過できなかったことに起因する」というものだ。こうしてあらゆる心理的な症状が、幼児期の問題に還元される。続く精神分析の学者の多くが（ラカンを含めて）、やはり検証不可能な根源仮説を立てている。

哲学においても、フッサールの弟子にあたるハイデガーは、『存在と時間』において現象学的な「直観」にもとづいてすぐれた人間論をつくりあげたが、その後には「存在そのもの」について神秘的な語りを続けていった。

これらとは反対に、現象学の「直観」主義は根源仮説を禁止し、「じかに見て取られること」

を記述することで議論の公共性をつくりだそうとするものといえる。

さらに③「無限遡行の禁止」が必要となる。——体験を反省してみると「確かにこうなっている」ということが確かめられたとする。それに対して、なぜそうなっているのか、と問いかけることが可能であり、それに答えるための仮説的で発生的な理論が可能であることは先ほど述べた。

しかしこの「なぜ」を無限に問い続けるならば、カントが批判したような「根源への無限遡行」に陥り回答不可能となる。「なぜの問い」はそれに答えることが有用かどうか（その問いは生を具体的に解明する点で役に立つか）、また、検証が可能かどうか、という点で限界をもつ、と考えなくてはならない。つまり「確かめてみると（なぜかはともかく）このようになっている」というふうにして直観にとどまって、無際限な問いを打ち止めにする必要があるのである。*

＊無限な遡行は「懐疑論」に通じ、根源仮説（根源真理）は「独断論」となる。カントが『純粋理性批判』で述べたとおりである。どちらにしても検証不可能であるから、双方の信念は対立する以外にない。

このように、認識の根拠づけということをフッサールは徹底的に考えたが、その核心が直観と、その記述にあることを納得いただけたと思う。

直観は記述されうるか

このように諸原理の原理は、現象学の方法の土台ともいうべきものであり、公共的議論を可能にするうえでもっとも重要なものといえる。

しかし、「与えられている生き生きとした直観を記述することが可能であり、それこそが正当性（真理性）の根拠＝エヴィデンスとなる」というこのフッサールの主張に対して、前に述べたように、デリダやローティからは痛烈な批判が浴びせられた。「与えられている非言語的直観をそのまま言語に写し取ることなど不可能だ」というのである。

彼らの主張を私なりに敷衍しながら語ってみよう。たとえば、ある事実、たとえば「火事」を記述する場合でも、火事の勢いのすさまじさに魅せられてそのようすを友だちにメールするときと、消防署に火事発生を連絡するときとでは、その語り方はまったく異なるはずである。後者の場合には、まず発生の場所、そして火の大きさの程度、建物のなかに人がいるかどうかなどを語るかもしれない。

つまり、与えられている直観をそっくりそのまま記述することなど不可能であり、必ず特定の観点から、また特定の言語を用いて記述するしかない。こうして直観そのままの写し取り（ローティは鏡の比喩を用いて、「鏡のように写し取る」という言い方をよくする）はありえない、ということになる。体験を反省する場合も同じであって、反省作用に対して、ある体験（たとえば、なつかしさ体験）が生き生きと想起され直観されているときも、そこで直観されているものを「そのまま」言語に写し取ることなど、やはり不可能であろう。

以上を、フッサールの側から反論してみよう。まず「直観」という言葉で念頭に置かれているものが、デリダ、ローティとフッサールとでは異なっている。火の勢いのすさまじさに見とれている人が直観している火事と、消防車を急いで呼ぼうとしている人が直観している火事とは、フッサールからすれば別物である。直観は観点（フッサールの用語では志向性）に相関して現れるものだからである。そして「なんのために・だれに伝えたいか」がちがうならば、当然記述すべき内容も変わってくる。

確かに、感覚や知覚に与えられているものすべてを「そっくりそのまま」記述することは、不可能である。しかし特定の観点・関心のもとで与えられてくる直観を、それにふさわしく記述して他者に伝えることは、一定の範囲でもちろん可能である。そしてその観点つまり「記述の目的」に照らしたときに、当然、うまい（＝ふさわしい）記述と、まずい（＝ふさわしくない）記述とが区別されてくる。

体験反省についても同様である。「なつかしさ体験の微妙な色合いはどこからくるのか、なつかしさ体験が成り立つための基本的な条件を知りたい」という観点（記述の目的）があってはじめて、なつかしさ体験を生き生きと想起しながら、それを「ふさわしく」記述することができる。観点がなければ、ふさわしい／ふさわしくない、という区別じたいが成り立たないのである。

フッサールが「諸原理の原理」でいおうとしたのは、「まず与えられている直観があり、それをそのまま言語で再現できる」ということではない。ある命題内容の正当性は、そのさいの観点に対して与えられている直観にもとづく、ということなのである。植物学者は、植物学者としての観点と目的に従ってある植物の花をスケッチするだろうし、同じ観点をもつ別の植物学者は、そのスケッチが目的からみて「ふさわしいか／ふさわしくないか」を判断することができるだろう。同様に、「なつかしさ体験のもつ微妙な色合いと成り立ちとを知ろうとする」という観点からの直観にもとづいて、なつかしさ体験の本質記述は可能になってくる。

しかしフッサールは、記述という行為じたいが〝特定の観点から〟のみ可能であることを語らなかったために、あたかも「それ自体として与えられてくる直観をそのままに記述する」ことを主張しているように読まれてしまったのである。

事物知覚の本質記述にも観点がある

「本質などというのはそもそも存在しない」という批判があった。これは、本質を「永遠不変なイデア的なもの」とみなしたうえで、そうしたイデア的な存在を認めない（認めたくない）というところからきている。そして、この見方からすれば、「現象学とは、意識体験にアプリオリに内在している永遠不変なものとしての本質を直観し、それを記述によって鏡のように写し取ろうとするものだ」ということになってくる。

しかしこれは、本質観取においてじっさいに行われていることとはまったくちがう。先ほど詳しく述べてきたように、そもそも問いや観点なしに本質を取りだすことは不可能なのである。本質観取は問いによって導かれるのであり、その問いにふさわしい仕方で、どんな人の意識体験にも共通な構図を取りだそうとするのである。

しかしすでに前章（第10章）で述べたように、『デカルト的省察』（§38）では、具体的で事実的な知覚に自由変更を行っていけば、おのずからどの知覚にも共通する本質が浮かび上がるような言い方がなされていた。あたかも問いや観点などなくても本質観取が可能であるかのようであり、そしてこれは、意識体験にアプリオリに内在している本質を取りだすというイメージを読み手に強く抱かせるものでもあった。

しかしじつは、フッサールの描く事物知覚の本質記述も、明らかに認識論的な関心、つまり真偽の種類や真偽が決定される条件への問いによって導かれている。このことを簡単に示しておこう。

フッサールのなかには、経験科学の真理性と数学の真理性とのちがいを対比しつつ解明しようとする意図があった。経験科学のエヴィデンスとなるのは実験と観察であり、つまりは事物や事態の「知覚」である。知覚こそが事物や事態を直接にオリジナルに与えるものと信じられているからである。しかし経験科学の認識はたえず訂正され、新たな見方が出てくる。それに対して、数学の認識では、いつでもどこでもだれが行っても、正しい認識が可能である。

そこで、このちがいはどこからくるのか、という観点をもって事物知覚に注目すると、「事物知覚は対象それ自体を与えてくるという感触があるにもかかわらず、常に一定の予期（裏面はどうなっているかなど）を含み込んでいる」という本質が取り出される。[41]

また、知覚があらゆる経験科学の根拠となるのは、それが「現実」を与えると信じられるからである。つまり知覚は、想像や幻覚とその点で明らかに区別される。この「現実を与えるか否か」という観点から、知覚と想像・幻覚とのちがいに着目すれば、「知覚には〝ありあり感〟が伴う」「ある知覚が現実知覚とみなされるためには、時間・空間的に首尾一貫した客観的世界の確信と調和することが必要である（幻覚は確信された世界秩序と調和しないからこそ、幻覚とみなされる）」といった本質が取り出されることになる。[*]

＊フッサールは、知覚について、まず現実の客観的世界があってそれが意識に入ってくる、という見方をしない。そうではなく、ある種の意識体験は「現実」を与えると確信され、また別種の意識体験は現実を与えない、と考える。そのうえで、現実を与える意識体験はどのような特質をもつか、というふうに問うていくのである。

フッサールは本質を、ある種の体験がそう呼ばれうるために必ず備えていなければならない条件、として定義していた（第10章第2節）。しかしその条件は、観点抜きに得られるものではない。フッサールは、経験科学の根拠という観点から知覚の本質を考えたが、同じ事物知覚を別の観点から考察することも可能である。

私たちの事物知覚は、単に「事物一般」を見ているのではない。私たちはふだん、事物を「コップ」「机」「パソコン」というように、特定の名で呼び分けている。そして初めて知覚する物であっても、たいていはそれらを見た瞬間にそれが「何」なのかを識別することができる。[42] そして、ある人にとって単なる「木」に包括されてしまうものを、いつも山に入っている人はさまざまな言葉で呼び分ける。

では、私たちにはまず「事物の知覚」が与えられ、さらにそれをさまざまな名（用途や特徴）で呼び分けているのだろうか。フッサールはそう考えたようだが、[*] ハイデガーは、何かの事物をその用途から見ることこそ、事物知覚の本質だと考えた。

＊フッサールは、事物知覚のさい、まずは事物の色や形を認知する志向性が基礎となり、その層の上に、

事物の用途や価値を認知する志向性の層が重なる、と考えた。『イデーンⅠ』§95を参照。

彼は、私たちが事物を取り上げて形・色・重さなどを確認するさいの事物のあり方を、「客体性 **Vorhandenheit**＝目の前にごろんとあるあり方」と呼び、これに対して、私たちがふだん出会っている事物は「道具」であって、そのあり方を「用具性 **Zuhandenheit**＝手元にあって用いられるあり方」と呼んで区別した（『存在と時間』§15―§16）。そして、客体性よりも用具性のほうが事物のあり方として本源的である、とした。つまり、私たちは基本的に事物を用途のために知覚するのであって、形や色を客観的に確認することのほうが特別な場合だとみなしたのである。このハイデガーの指摘には、多くの方も賛同するだろう。彼のいう「用具性」は、主体の関心による分節という点からみた事物知覚の本質とみなすことができる。

病体験の本質記述

あらためて確認しておけば、本質観取は、なんらかの体験や対象のなかにアプリオリに存在する本質があってそれを取りだす、というものではない。問う者の「問いの方向＝観点」に応じて、本質として記述されるべき内容は変わってくるのである。この点を一つの実例に即して確認しておこう。

救急医学の専門家である行岡哲男は、医療という営みを現象学的に捉え返す優れた書物（『医療とは何か』）のなかで、〝病という体験〟のあり方について、三つの要素を指摘している。すなわち、**①身体の不都合**：できたことができなくなる、**②不条理感**：「なぜ私だけが」「自分は役立たずになってしまった」という否定的な感情、**③自己了解の変様の要請**：それまでの自己了解（生の物語）を新たに作り替えることが必要となる、である。[43]

この三点の指摘は、医療が「身体の不都合」の是正、つまり治療のみにとどまってはならず、不条理感や自己了解の変様に対する支援が同時に必要であることをよく理解させる。この三点は、「支援はいかにあるべきか」という観点から取りだされた「病体験の本質」といえるのだ。

しかしまた、同じ病体験といっても、急性で死の危険にさらされる場合と、慢性の病とでは病体験の質が大きくちがい、必要な支援も異なってくる。そうなると、支援の観点から、急性の病体験の本質と慢性の病体験の本質とを取り出すことが可能になるはずである。より具体的には、たとえば「認知症」という体験はいかなるものか、について、当事者の語りやインタビューを通じて、それらに共通な重要な契機を取り出して支援に生かしていく、という質的心理学的な研究も有用だろう。

このようにして、観点ないし問いに対していかにふさわしい仕方で共通点を取りだすか、という仕方で本質を考える必要があり、またそのように考えてはじめて、現象学の本質観取の方法は「信頼しうる共通了解」を形づくるものとして大きな可能性を獲得するはずである。

第12章 〈超越論的還元〉と認識問題の解決——現象学の方法（三）

〈超越論的還元〉の導入

第10章と第11章では、各人の体験例を交換しあいそこから共通項を取り出す、という本質観取の方法を示してきた。この方法は、各自の体験反省（反省的エヴィデンス）に根ざすことによって、自然科学では取り扱えなかった価値や情緒、また病のような独特な体験について、それらの意味をより深く理解し、さらにそれらの成立根拠についても、共通了解を形作ることを可能にするものであった。

この方法はさまざまなテーマに応用しうるものであり、私たちが対話を通じて自己了解と他者了解を深めることに役立つだけでなく、さらには、私たちの生きる社会を方向づけるためにも大きな役割を果たしうるはずである（第三部では、正義という価値を例にとって、この方法をじっさいに応用してみる）。

しかしフッサールは、「意識体験のみに即して考察する」という意味での〈現象学的還元〉（私がこれまで紹介してきたもの）よりも、さらに一段階深まった還元の必要を訴え、それを〈超越論的－現象学的還元〉と呼ぶ（以下、〈超越論的還元〉と略称する）。〈超越論的還元〉とは、認識の難問（主・客一致の難問、第9章第2節）を解決するために提示されたものであり、一言でいえば、あらゆる認識を意識体験においてのみ生じるもの（意識の内部で生じるもの）とみなし、「意識の外側にあるだろう客観的世界」を考えることをしない、という姿勢のことをいう。

ほんとうにそんな考え方が可能なのか、と疑問をもつ読者もおられるかもしれない。じっさいに、この〈超越論的還元〉については、フッサールの存命当時から「客観的世界の存在を否定するものだ」という非難があり、一定数の弟子たちが離反したこともあるように、〈超越論的還元〉の意義（なぜ・なんのためにこれを行うのか）については、現在に至るまで十分に理解されているとは言いがたい。*

＊フッサールの最初の主著『論理学研究』（一九〇〇／一九〇一）のさいには、「意識体験のみに即して考察する」という姿勢のことを現象学と呼んでいた。その姿勢に共感した若手の研究者たちがフッサールのまわりに集まって、現象学派ができあがってくる。その後、〈超越論的還元〉の発想がはっきりとフッサールに生まれたのは、『現象学の理念』（一九〇七）のころである。この発想を本格的に展開したものが中期の主著『イデーンI』（一九一三）であり、そこでのフッサールは、自身の立場を〈超越論的〉現象学と呼ぶようになる。しかしマックス・シェーラーを代表するミュンヘン学派と呼ばれる弟子たちは、超越論的還元（超越論的現象学）に反対し、離反していったという事実がある。

「そのような怪しげなものにかかわる必要はない、互いの体験の交換と本質観取だけでよいのではないか」と思う方もおられるかもしれない。じっさい、「なつかしさ」や「正義」をテーマとして哲学対話を行っていくためには、そのやり方で足りる。

しかし、これまでの〈現象学的還元〉、つまり「体験に即した考察」のままでは、大きな問題が取り残されてしまう。だからこそ、〈超越論的還元〉を導入する必要が出てくるのである。

その一つは、現象学的な考察と自然科学との関係をどう理解したらよいか、という問題であり、もう一つは、独断論と相対主義の対立・交替をどう乗り越えるか、という問題である。それぞれ説明していこう。

現象学と自然科学の関係

自然科学は、実験・観察（と統計的処理）をエヴィデンスとしながら、自身の営みを「客観的世界を解明するもの」として了解している。これに対し、現象学的還元と本質観取の方法による考察は、各自の反省的エヴィデンス（体験反省のもつ明証性）によって、意識体験の世界（心の世界）を解明する。

こうしてさしあたり、この二つは、異なった種類のエヴィデンスにもとづく異なった領域の学問として、並行的に存在する、ということになるだろう。

しかし両者の関係をよりつっこんで考えておく必要が生まれてくる。

なぜなら、自然科学が客観的世界の解明であるとするなら、「究極的には、自然科学のほうが心的世界の解明である現象学よりも優位に立つはずだ」と考える論者も出てくるだろうからだ。いささか極端にいえば、「反省的エヴィデンスなどといっても、結局は脳が生み出したイメージについてあれこれ述べているにすぎない。自然科学こそ客観的世界とその真理を解明するのだ」という考えが出てくるかもしれない、ということだ。*

＊この問題は、第９章第２節でとりあげた近代初頭からの「物心問題」とつながっている。自然科学と人間科学（心理学・教育学・看護学など）の関係の問題、ＡＩは意識をもちうるか、といった問題もこれに関連している。

この二つの学問・二つのエヴィデンスについて、フッサールはこう考える。――自然科学の営みもまた意識体験のなかで生じるものである。当然に、自然科学の理論の客観性（信頼できる／信頼性が低いなどの区別）も意識体験において判定される。そして、この認識の客観性（信頼性）の基準は、認識体験の反省によって取り出すことができるはずだ、と。

つまり、認識の客観性という問題を解明するさいの「権利」は、意識体験（主観）の反省にある、という立場をとるのである。

こうなると、二つの学問の位置は逆転する。自然科学の信頼性の根拠を解明するには、意識体験（主観）に戻らねばならず、反省的エヴィデンスにもとづく必要がある、ということになるからだ。

そう考えたとき、意識体験の場である「主観」は、単なる「心」――まず客観的世界があり、そのなかに肉体があり、そのなかに位置するとみなされている心――という位置づけではなくなり、世界とあらゆる対象が現れ出てくる場、すなわちあらゆる認識が生じる場であって、だからこそ認識の客観性（信頼性）を解明しうる場でもあるものとして位置づけられる。

そして、そのように位置づけられた主観を、フッサールは〈超越論的主観性〉と呼び、超越論的主観性における対象確信の成立条件を問うことを〈超越論的現象学〉と呼ぶのである（その詳しい意味は後述する）。

独断論・相対主義の乗り越えと認識問題

いま語ってきた、現象学的考察と自然科学との関係の問題（物心問題）とも深く関連しているが、もう一つ、現代の哲学の課題として、ぜひともやっておかねばならないことがある。

哲学の歴史は、古代ギリシア以来、独断論と相対主義がせめぎ合う歴史であり、二〇世紀が相対主義の時代であったことも、すでに述べたとおりである。

そこで必要なのは、独断論でも相対主義でもない仕方で共通了解を形作っていくことであり、そのためには、独断論と相対主義とが生まれる理由を根底から解体して、合理的な共通了解への道筋を明確に示す必要がある。

では、そもそも独断論と相対主義の対立と交替は、なぜ起こるのだろうか。

独断論には、〈それ自体として存在する真なる事態〉（客観的世界やイデア）があり、それをそのままに写し取ることが正しい認識である〉という大前提がある。そして「自分の知こそは、この客観的な真なる事態に一致している」と信じることで、独断論が生まれる。

相対主義は、この独断論のもつ権力性（われこそは真理を語る）を批判し解体しようとする点で正当な動機をもっているが、しかしそれは、独断論の「それ自体として存在する真なる事態がある」という前提を否認するだけで、根底的に解体してはいない。

たとえば二〇世紀の哲学の多くは、言語・社会関係・関心に目を向けることで認識の相対性を主張する。たいていの人はそのこと（言語・社会関係・関心による認識の拘束性）を認めるだろうが、しかし次のようにも思うのではないだろうか。「認識が多様性をもつことは確かだろう。しかし、世界は客観的に存在しているのだから、それにより近い認識はあるのではないか」と。またこう思うかもしれない。「世界の客観的存在に近づく何か特別な方法が、やはりあるのではないか」と。

相対主義は、客観的世界の存在を否認するか、または、客観的世界の存在は認めつつ、認識がそれをわがものにすることについて否認するだろう。しかし私たちは基本的に「私たちが認識しようとしまいと客観的世界はそれ自体として存在する」と信じて生きているのであって、そうである以上、相対主義による否認はこの「信」を揺るがすことができない。したがって、二〇世紀の相対主義に続いて、ふたたび新たなスタイルでの独断論が復活してくる可能性は依然として残されているのである。

そして、この「独断論と相対主義の対立と交替」の問題は、そのまま「認識の難問」でもある。認識の難問（主観・客観一致の難問）とは、①よく考えれば「あらゆる認識は主観的な認識である」（主観のなかで生じる）と認めざるを得ないのに、②同時に「客観的な真なる事態があるはずだ」とも思える。しかしこの二点を調和させることはできない、ということを意味する。主観的な認識しかないという立場を徹底すれば相対主義にならざるを得ないが、しかし相対主義は

「客観的な真なる事態があるはずだ」という実感を消去できない。だから、相対主義と独断論の交替が生じてしまうのである。

竹田青嗣による〈本体〉論の解体

現在、哲学にとってもっとも重要な課題は、独断論の前提である「それ自体として存在する真なる事態」という観念を適切な仕方で解体して、合理的な共通了解の可能性を切り拓くことである。

この、「認識以前にそれ自体として存在する真なるもの」のことを、竹田青嗣は〈本体〉と名づけている。具体的には、（認識以前に存在すると考えられた）客観的世界、（プラトンのいう）イデア界、（認識以前に存在すると考えられた）数学や幾何学の世界、（言葉以前に存在すると想定される）客観的意味も、〈本体〉と呼びうる。哲学の歴史に即せば、パルメニデスの「存在」や、ヘーゲルの「精神」、さらにハイデガーの「存在そのもの」なども〈本体〉と呼んでよい。竹田は浩瀚《こうかん》な『欲望論　第一巻「意味」の原理論』において、哲学の歴史を総括しながら「〈本体〉論の解体」を徹底的に推し進めている。

竹田と私はこの点で問題意識を同じくしているが、同書のなかで竹田は、哲学史のなかで「〈本体〉論の解体」を根底的になし遂げようとした人物として、フッサールとニーチェを挙げている。私はこの章で、もっぱらフッサールに焦点を当てて、彼の提唱した〈超越論的現象学〉が、まさしく「〈本体〉論の解体」を推し進めて合理的な共通了解の可能性を拓くことを意図していたことを、描き出したいと思う。

そもそも、フッサールの〈超越論的還元〉とは、客観的世界の存在を意識に関係づけることによって、「意識から独立してそれ自体として存在する客観的世界＝〈本体〉」という観念を解体しようとするものであった。

しかし、世界及び一切の対象を意識体験のうちに現れるものとみなす超越論的現象学は、しばしば、世界の存在を無化する悪しき観念論（ないし唯心論）とみなされてきた。それは、フッサールが超越論的現象学をつくりだした動機――意識から独立した〈本体〉の観念を解体したうえで、〈本体〉との一致とはちがった仕方で合理的な共通了解の可能性を打ち立てる――を理解しないところからくる誤解だが、しかし後述するように、フッサール自身も、十分明確にその動機を示すことができていない。したがって私は、フッサールの語るところを補いながら、超越論的現象学が〈本体〉の観念を解体して、合理的な共通了解への道を拓きうることを示したいと思う。

超越論的現象学による解決法

では、超越論的現象学による「〈本体〉論の解体」とは、どのような方法なのか。それは次のようなものになる。

①現象学はまず、「あらゆる認識が主観的なものであり、意識体験の連続のなかでのみ生じる」ということ、「主観（意識体験の連続）の外側に出ることなどありえない」ということを、積極的

に承認する。これが〈超越論的還元〉であった。

②それと同時に、主観（意識体験の連続）のなかで、「意識する・しないにかかわらず、客観的世界はそれ自体としての秩序をもって存在している」という確信がたえず再生産されている、とみなす。さらに、「信頼できる客観的認識かそうでないか」を区別することも意識のなかで行われている、とみなす。つまり、客観的認識を、意識の外側に出て真なる事態をわがものにすること、としてではなく、あくまでも意識体験のなかで生じる確信とみなすのである。

③以上のようにみなすならば、意識体験の連続を「反省」することによって、「客観的世界があるという確信が再生産されるのはいかにしてか」また「ある認識が客観的認識といえるための条件は何か」を、取り出すことができるはずである。――つまり、客観的世界を〈本体〉としては否定しつつ、それを意識内の一定の条件において成立する確信とみる。そしてその確信が成立する条件については、体験反省によって普遍的な共通了解が可能になる、とみなすのである。

以上のような超越論的現象学のやり方を、一種の思考実験として考えてみるとわかりやすい。つまり、意識体験の「外側」を一切考えることなく、認識を徹底して意識体験の場面において考えてみることにする。そして、客観的世界の存在や、そのなかに含まれる物事の存在や、認識の客観性などをすべて「意識内部で生じる確信」とみなすことにする。そのうえで、客観的世界の存在や、事物の実在・非実在、認識の客観性をどう理解できるかを、意識体験の反省のみによって、試みるのである。

このような姿勢によって行われる考察が、〈超越論的還元〉にもとづく現象学という意味で〈超越論的現象学〉と呼ばれる。そこで、この〈超越論的〉という（わかりにくい）用語をフッサール自身の言葉に即して解説しておこう。

〈心理学的還元〉と〈超越論的還元〉

すでに語ってきたように、後期のフッサールは、〈現象学的還元〉を二種類に区別している。その区別によれば、私がこれまで語ってきた〈現象学的還元〉（「現象＝意識体験」の場面のみにとどまって、そのあり方を反省的に明らかにしようとすること）は、〈心理学的現象学的還元〉（以下〈心理学的還元〉と略称）と呼ばれる。心の領域のなかだけで考える、という意味である。

心理学的還元においても、意識体験の場面の「外側」――つまり客観的な事物や事実、またそれらが存在している客観的世界――を考えてはならないことになっている。しかし、あくまでもそれらを「考えない」だけであって、意識体験（心）の外側に客観的世界や客観的事物がそれ自体として存在することは、暗々裏のうちには前提とされていたはずである。

そこからフッサールはさらに進んで、「意識しようとしまいとそれ自体として存在する客観的事物や客観的世界」すらも、意識体験のなかで確信されたものだとみなそうとする。これが〈超越論的還元〉である。『デカルト的省察』の次の文章を見てみよう。

世界は、それの全ての意味 Sinn を、すなわちその普遍的な意味も特殊的な意味も、さらにそれの存在妥当 Seinsgeltung をも、先述したようなコギタチオネス［見る、さわるなどの意識作用］からのみ得てくるのである。（CM, §8, S. 22）

世界も、世界のなかの一切の存在者も、さまざまな意識作用（見る・触る、推論する等々）のなかで、その意味（何であるか・いかにあるか、たとえば「大きな机」）を得てくる。これはわかりやすいが、さらにそれだけでなく、その存在妥当（確かにある、おそらくある、おそらくない、などの意識内の確信）をも意識作用から得てくる、とフッサールはいう。

そのさいフッサールは、意識から独立しているもの——客観的事物や客観的世界、また幾何学的図形や幾何学の諸定理、代数学など——のことを「超越物」（超越的なもの Transzendentes）（IdeenI, §44, S. 91）と呼ぶ。しかしそれら一切の超越物も、じつは、意識体験のなかでその「意識からの独立性」が信じられている、とみなすのである。

このように「意識から独立した超越的なものがあることも、意識体験のなかで確信されている」という逆説的な見方をすることが〈超越論的還元〉である。フッサールは、「意識の存在は絶対であるのに対し、あらゆる対象（超越的なもの）は意識のなかで確信されるものであって相対的な存在しかもたない」と『イデーンI』で何度も繰り返している（IdeenI, ibid.）。「超越的なもの」の確信をもたらすのは意識の存在である、という意味で、意識のほうは「超越論的なもの」と呼ばれる。

しかしこの逆説的な見方をなかなか飲み込めない人がいるかもしれない。——「私が意識しようがしまいが、世界は客観的に存在しつづけているのではないか。私が寝ている間も、人びとはさまざまな活動を繰り広げているのは自明ではないか」と。

私（西）ももちろん、そう思っている。自分が寝ていても、また自分が死んだ後でも、世の人びとは活動を続けていくに違いないと確信している。しかしいま、確信していると述べたように、〈意識しようがしまいが、意識から独立して世界が客観的に存在している〉ということすらも、意識のなかでの確信とみなすことができる。そして、意識のなかでの確信であるからには、それがいかにして成立しているかを問うこともできるはずである。

まとめておこう。意識から独立した客観的世界及びそこでの一切の存在者（また、数や幾何学の図形のような理念的存在者）を意識体験のなかで確信されたものとみることが、〈超越論的還元〉である。これに対して、これまで私が説明してきた、心的現象に忠実に留まるだけの還元は〈心理学的還元〉と呼ばれることになる。*

*現象学的還元を心理学的還元と超越論的還元の二つに区分することは、主著『イデーンⅠ』（一九一三）の時点（中期）ではまだ行われていない。後期の『ブリタニカ草稿・第四草稿』や『危機』でははっきりと行われている。両者のちがいの明快な説明としては、『ブリタニカ草稿・第四草稿』の第Ⅱ章「現象学的心理学と超越論的現象学」（Britannica, S. 287 以下）を参照せよ。

なお、〈超越論的還元〉の見方を、次のように考えるとわかりやすい。

私たちの通常の見方（フッサールは自然的態度という）では、〈まず客観的世界とそこでの客観的な事物や事実があり、それが意識に入ってくる〉とみなす（世界→意識）。それに対し、超越論的還元の見方では、〈意識体験の連続のなかで、客観的世界の存在とそのなかのコップなどの事物の存在が疑えなくなる〉（意識→世界）と（なお、この言い方は竹田青嗣に教わった）。

自然的態度（通常の見方）	世界→意識
超越論的還元の態度	意識→世界

本章の課題

さて以下の節では、〈超越論的還元〉の姿勢のもとで、次の二つの課題を私なりに明らかにしていきたい。

1．客観的世界の確信の成立条件――「客観的世界がある」というときの「客観的」とは、どういうことを意味するか。そしてこの確信は、意識のなかでどのようにして成り立ち、再生産されているのか（第1節）。

2．認識とは何か――認識とはそもそもどういう行為なのか（眼前の事態の単なる写し取りなのか）。認識という営みの必要性と意義とを、あらためて考察する（第2節）。

そして以上の考察から帰結するものとして、以下のことを主張したい。すなわち、認識とは

「真なる事態の写し取り」ではなく、あくまでもなんらかの「観点」（生の必要や知的疑問）からなされるものであり、認識の客観性（信頼性）は、それが認識の観点に相関して決まる「合理的な共通了解」の条件を備えているかどうかにもとづく、と。

以上の課題を徹底して行うためには、おそらく一冊の著作を必要とするだろう。本章で示すのは、あくまでも私なりの暫定的なスケッチにすぎない。しかし「独断論と相対主義を超えて、共通了解の可能性を拓く」という課題に対して、基本的な方向を示せるようにしたいと思う。

ところで、いま「私なりの」と述べたのは、フッサールはこれらの問いについて体系的に答えを示していないからである（そうする前に亡くなってしまった、ということかもしれない）。つまり彼は、客観的世界を意識に還元すること（超越論的還元）の必要を語ったが、意識において客観的世界の確信がいかにして成り立つのか、を語らなかった。「世界→意識」という往き道だけを語って、「意識→世界」という帰り道を示さなかったのである（そのため、「超越論的現象学は、客観的世界を意識における創造物とみなすものだ」という種類の誤解を受けることもしばしばだった）。そして彼は、認識の客観性・信頼性の意味を刷新することもしないままに終わった。超越論的還元の思想は、学問論を一新しうる起爆力を秘めているにもかかわらず、である。

だが、フッサールの考え方の方向は彼の残した著作に示されているので、その道筋を再構成しながら、その先を私なりに進めてみることにしたい。

1　客観的世界の確信の成立条件

客観的世界の確信の成立条件（なぜ客観的世界がある、と確信されるのか）について、考えてみよう。まず、客観的世界（＝現実）と私たちが呼ぶさいの、「客観的」の意味を明確にするところからスタートしてみる。

私はこれを、次の二点で表現してみたい。

①意識からの独立性（超越性）

世界は意識から独立したそれ自体としての秩序（時間・空間的な秩序）をもっている。私が眠っていようと、私が死んでしまおうと、世界の秩序はそれ自体として存続しつづけるだろう。またこの意識から独立した世界の秩序には、未知性が含まれている。目の前の事物をルーペで拡大したり分解してみたりすれば、いくらでも知らないことを見つけることができる。対象から眼を離してみると、この世界は私の知っている場所を越えて、空間的にも時間的にも未知なものへと広がっている。地上を超えて何十光年も先までこの世界は広がっており、私の生まれるはるかな過去にもこの世界は存続していたにちがいない。

②他者との共有性

この世界は、私だけの世界ではない。私は他の人びとともに同じ世界に生きている。私は友人と青空の下で陽光を浴びながら、「なんていい気持ちなんだ」と語り合い、風景と感情とを共有することができる。また、私は同僚と打ち合わせて「次の会議」の準備をする。さまざまな感情や関心事を共有しながら私は他の人たちと生きているのであって、世界はそれらすべてが生じる地平ともいうべきものである。

この、世界の「意識からの独立性」と「他者との共有性」を、私たちはふつう、〈世界がまず存在していて、それを各人なりに受け取っているからそうなる〉、つまり「世界→意識」として理解している。しかしこれを超越論的還元によって逆転して、「意識→世界」と考えてみることにしよう。つまり、〈どのような意識体験の連鎖によって、意識からの独立性と他者との共有性をもつ客観的世界がある、という確信が形づくられ、またつねに更新されているのか〉と問うてみるのである。

1−1　意識からの独立性と未知性

現実の事物と想像の事物

いきなり客観的世界を問題にする前に、客観的世界のなかに含まれている具体的な対象である

「事物」を取り上げてみよう。「目の前のリンゴ」は実在していて、意識から独立したものだと私たちは確信する。この、この実在性と独立性の確信は、どういう基準によって得られているのだろうか。

これを考えるためには、「目の前のリンゴ」と「頭のなかで想像したリンゴ」のちがいを考えると役立ちそうである。後者は事物ではあっても、実在性と独立性をもたないからである（読者も自分で考えながら、以下の記述を読んでみていただきたい）。

まず、目の前の事物は、直接に見たりさわったりできる。つまり「知覚」できる。眼で見るだけでなく、手触りを感じたり、指に力を入れてその硬さを感じたりすることができる。また、手でもってそれを動かすこともできる（対象に手でもって「介入」できる）。そして、目の前の事物は、自分だけでなく、「他の人も知覚できる」。

そして、ここは大事な点だが、眼を閉じても目の前の事物がなくなることはない（ふたたび眼を開ければ同じ物が見え、眼を開けなくても手でさわることができる）。手で動かすことはできても、思考するだけで形や色を変えることはできない。つまり、目の前の事物はいわば〝向こうから与えられている〟という感触を伴っており、自分の自由な思考に委ねられていない。注目する場所を変えることは自分の自由に委ねられているが、しかしそれは、事物じたいの形や色を変化させるものではない。

これに対して、想像のリンゴはどうか。これについても色や手触りを細かく想像することはできるが、目の前のリンゴを知覚するときのような「ありあり」「生き生き」とした色や手触りは得られない。さらに想像のリンゴは、言葉にしたり絵に描いたりしないかぎり（つまり知覚可能なものにしないかぎり）、他の人は知覚できない。そして最後に、想像のリンゴは、思考によって色や形を自由に変化させることができるし、この想像じたいをやめることでこのリンゴを消し去ることもできる。

以上のように、二つの意識体験（事物の知覚と、事物の想像）を比較してみることによって、事物の実在性／非実在性を私たちがどのように区別しているかを、明らかにすることができた。すなわち対象が、

①ありありと見たり触ったりできる（知覚できる）
②他者も同じ対象を知覚できる
③自分の思考の自由に委ねられない

からこそ、それは「実在」として確信されることになる。これに対し、他者が知覚できず、自分の思考の自由に委ねられている対象は「非実在・想像物」として確信される。

このように、私たちの意識体験のなかには、自分の思考の自由に委ねられず、きわめて「ありありと向こうから与えられてくる」対象*があることがわかる。まさしくそのことが、その対象の意識からの独立性を感じさせるのである。そして、客観的世界は、そのような対象を含んで成り立つ全体であり、だからこそそれを私たちは意識から独立したものとして確信しているのである。

＊思考の自由にならない対象としては、「目の前の事物」だけではなく、それとはちがうレベルの対象も含まれる。たとえば、「公園で小さい男の子がブランコに乗っている」ということは知覚できるが、判断のレベルを含んでいるので、事物ではなく「事実」や「事態」と呼ぶほうがふさわしいだろう。また、山の上から眼下に広がる森の眺望を全体として眺めているとき、これも事物というより「眺望」とか「風景」というほうがふさわしい。しかしこれらはすべて、ありありと向こうから与えられてくる（知覚できる）対象と呼べる。

意識体験の調和が、意識から独立した秩序の確信を生み出す

では、客観的世界の意識からの独立性は「ありありと向こうから与えられてきて、自分の思考の意のままにならない」ということにのみ、もとづくのだろうか。そうではないだろう。さらに、独立性の確信が得られてくる根拠をさぐってみる。

まず、客観的世界（現実）は「秩序」をもっている、ということが指摘できる。事物や場所が空間的に配置されているだけでなく、時間的にも連続した脈絡（〜が起こり、それが終わって、次に——という事件が発生し、次に…が起こる、というような）をもっている。そして、私が寝ている（＝意識を失っている）あいだにもこの現実は動き続け、何か事件が起こったり、道路工事が進展していたりしているはずである。

このように、私が意識しようがしまいが、寝ていようがいまいが、世界はそれとは無関係に、それ独自の時間・空間的な首尾一貫した秩序をもって動き続けている、と私たちは感じている。だからこそ私たちは、客観的世界を「意識から独立している」と感じるのである。

この「時間・空間的秩序を備えた客観的世界の存在」はあまりにも自明であるが、これが疑わしくなるということはあるのだろうか。この点について、フッサールは主著『イデーンI』のなかで、次のような思考実験を行っている。

次のことは、考えうる事柄なのである。すなわち、経験のうちに［……］調整不可能な矛盾がうようよしていること。経験による事物定立を調和的に一貫して保持しようとする期待を裏切って、経験が突然、御しがたいものとなって出現してくること。［……］つまり、いかなる世界ももう存在しなくなること。そういうことは考えうるのである。［……］物体世界が無くなったとすれば［それに伴って］意識の存在も、つまりおよそどの体験流［体験の流れ］も確かに必然的に変様するとしても、しかしその固有な存在［意識が存在するということ］については影響を被らないだろう。(IdeenI, §49, S. 103 f.)

この文章は、すべての意識体験が夢のようになってしまった状態を想像するとわかりやすい。だれかと話していたら、その人が別の人に変わってしまうとか、家にいたら次の瞬間公園にいたとか、そういうことが次々に起こる、という状態のことだ。

私たちはふつう、「経験による事物定立を調和的に一貫して保持しようとする期待」をもっている。つまり、自分の体験の間に矛盾が起こったときでも、なんとかツジツマを合わせて首尾一貫した説明を与えようとする（けさ確かに自分のカバンにノートを入れたのに、いまカバンを見ると入っていない、という場合には、一度入れたノートを別の場所で出したのではないか、などと考える〉。しかしそうした説明が無理になってしまうほど、体験がバラバラになり相互に矛盾するならばどうか。〈時間的にも空間的にも首尾一貫した秩序＝客観的世界〉が実在しているとは確信できなくなるだろう。しかしそうなったとしても、意識体験じたいは存在し続けているだろう、とフッサールは言うのである。

これを逆からいえば、ふだんの私たちの意識体験は、すべてが夢のようになってしまったりしない、ということだ。各自の意識体験のうちのかなりの部分は、バラバラではなく互いに「調和的に einstimmig」関連しあい、そうすることで〈時間的にも空間的にも首尾一貫した秩序＝客観的世界がある〉という信念を不断に再生産しているのである。

私なりに例示してみよう。私はいつもの部屋で目が覚める。そして着替えて、朝ご飯を食べて、いつもの電車に乗っていつもの駅を降り、歩いて職場に行く。このように私たち各自の体験（の多く）は、「空間的に広がり時間的に経過してきた、いつもの世界」と矛盾せず〝調和〟している。そして、歩きながら「あれ、こんなところにお店ができたんだ」と気づいたときには、その発見はこれまでの世界秩序に付け加えられる。

このように、事物や対象の独立性は「ありありと向こうから与えられてきて、思考の自由にならない」ということだけで成り立っているのではない。さまざまな対象についての意識体験が時間的・空間的にまとまりをなし調和するからこそ、私は秩序ある世界の存在を信じ、しかもそれは私が寝ている間も存続している、つまり「意識から独立している」と信じるのである。

世界の未知性は意識内部の現象である

次に、世界のもつ「未知性」に注目してみよう。

意識から独立している（と信じられている）この時間・空間的秩序には、私の知らないこと（未知性）が多く含まれている。私の知っていることは、広大に広がっている客観的世界のなかのほんの一部にすぎないと私は感じている。――このことも、私たちが〈意識の「外側」に世界がある〉と感じている理由の一つだろう。しかしこの未知性についても、意識の端的な「外側」にあるのではなく、意識の内側においてで経験されるものとみなすことができる。そのことを示してみよう。

想像や想起とはちがって、「客観的世界をありのままに受けとっている」と確信する意識作用のことを、フッサールは「知覚 Wahrnehmung」と呼ぶのだった。第10章第2節で示したように、事物知覚は「ありあり感」を伴って事物を「そのまま与えてくる」（自体所与性）と感じさせる。しかしその知覚された事物は、じつは、与えられた感覚（色感覚、形感覚など）をもとにしてその全体像をいわば「想い描いた」ものであることを、フッサールは指摘していた。

たとえば、私たちが初めてあるテーブルを見たときに、脚が手前の二本しか見えていないとする。そのとき私たちは、見えないところにもう二本の脚があるはず、と暗々裏に想定してしまう。このように事物知覚は、与えられた感覚をいわば材料にしたうえで、これまでの経験にもとづいて「事物全体」の形や色を想い描いているのであって、だからこの〝想い描かれた事物〟は、さまざまな点において暗々裏の予期（Antizipation）を含み込んでいるのである。*

＊意識体験の基本的な二つの契機としてフッサールが、ギリシア語由来の術語である「ノエシス」と「ノエマ」という対概念を用いたことはよく知られている（本書第10章第1節）。そのさい意識作用を指すノエシスは「思うこと＝想い描くはたらき」を意味し、意識対象を指すノエマは「思われたもの＝想い描かれたもの」を意味する。「知覚対象である事物は、じつは感覚をもとにして想い描かれたものである」という発想を、この「ノエシス－ノエマ」という術語は含み込んでいるのである。

つまり、事物には、知覚して確かめたわけではない未知な部分がある、ということになる。もっともこれはまったくの未知ではなく、ある範囲のなかで予期されている。このような「一定の範囲で予期されている未知性」を、フッサールは〈地平 Horizont〉と呼ぶ。*

＊『デカルト的省察』には「地平とは、あらかじめ描かれた潜在性 vorgezeichnete Potentialitäten である」（CM, § 19, S. 47）という言葉がある。ボールの表面を見ているときにも、裏はおそらくこうなっているだろうという一定の範囲内の暗々裏の予期が成り立っている。それは知覚されているわけではない（潜在的である）が、人は裏を「見る」、つまりこれを知覚して確かめる（顕在的にする）ことができる。

この地平という言い方を用いるならば、事物は、裏はどうなっているか・材質はどうなっているか、などの〈内部地平〉をもっている、ということになる。そしてさらに、事物のまわりには〈外部地平〉が広がっている。

事物の〈外部地平〉とは、事物知覚が、時間・空間的秩序（つまり世界）を背景として成り立つところからくる。テーブルを知覚するときでも、その空間的背景として、それが家具店にあり、その家具店は所沢《ところざわ》市にあり、所沢市は埼玉県にあって東京都に隣接していることを私は知っている。そしてこの客観的世界の空間は、既知なところを核としながらも未知性を伴って限りなく広がっている。

また、このテーブルを見ている私は、「家のテーブルが古くなって脚がガタガタしはじめたこと、だから新しいテーブルを求めて妻と家具店まで出かけてきたこと」を知っている。つまり現在の知覚は、一定の時間経過を背景としてもっているのであり、この時間もまた既知なところを核としながら限りなく未知へと広がっている。

このように未知性とは、意識の端的な「外」にあるのではなく（もしそうならば、まったく意識に上ることとすらもないだろう）、意識の内側において「地平」というかたちで体験されていることがわかる。

もう一つ付け加えておきたいのは、この未知性は、まったくわからないものではなく、原理的に知覚されうるという意味をもっている、ということだ。

私はブラジルに行ったことがなく、若干の情報をもっているだけだが、じっさいに行けばそこの人びとや風土にふれることができると思っている。火星の表面の具合についても、〝もし私がそこに行くことができるなら〟それを知覚できると信じている。過去についても同じである。恐竜の生きた時代についても、〝もし私がそこに行くことができるなら〟それを知覚できると思えている。つまり、未知性といっても、それはあくまで、人間的な感覚と知覚の能力をもって体験できるはずのものとして考えられており、かつ、それは私たちが属している既知の時間・空間的秩序に調和的に接続できるはずのもの、と考えられているのである。

まとめておこう。客観的世界の「意識からの独立性」も「未知性」も、意識の端的な外側にあるということではなく、意識体験の内部において認められるものである。〈客観的世界は意識から独立し、未知な領域を広大に含んでいる〉ということじたいが、意識のなかで確信されているのである。

1―2　客観的世界の共有性

次に考えてみたいのは、〈私も他者たちも皆、客観的世界（同じ現実）のなかを生きている〉という信念についてである。私たちが客観的世界や現実という言葉を用いるとき、そこには、自分の生きている「この世界」は、私一人だけのものではなく、私も含む人びとによって〝共有された〟世界である、という意味が含まれているはずである。

では、この共有性の信念はどのようにして成り立ち、再生産されているのだろうか。フッサールはこの問いへの答えを、『デカルト的省察』の第五省察のなかで詳しく語っているので、まずその骨子を紹介してみたい。

他我の存在しない世界を想定する

フッサールはまず、「他我という意味」のまったく存在しない物体的世界を想定する。つまり、その世界で感じたり考えたりする主体は「私だけ」であり、他者については「肉体とその動き」

だけは知覚できるが、そこに自分と同じように、感じたり考えたり怒ったり求めたりするような「他我」が宿っているとは思ってもいないと想定する。つまり、他者の肉体は、ここでは単に動く物体としての意味しかもたないことにする。

このように、自分以外には物体しか存在しない世界（「固有領域」とフッサールは呼ぶ）をいったん想定したうえで、自分のなす経験を通じて、あらためて「他我という意味」が生まれ、さらにこの物体の世界が「他我たちと共有される世界」という意味を得ていくプロセスを、フッサールは思考実験として追究していくのである。

では、そこで「私」はどんな経験をすることになるか。――〈私の身体に似た形をした物体が現れ、私が見ている対象に対して、私がふるまいそうな仕方で動く。それを見ると、私は、その動く物体が単なる物体ではなく、そこに、私と同じく感じたり欲したりする「他我」が宿っており、その対象に働きかけようとしているとしか思えなくなる。それと同時に、その他我と私とが同じものを見ている以上、その他我も私も同じ世界に生きていることが疑えなくなる〉。

たとえばこういうことだ。手や脚らしきものをもち、目や鼻や口らしきものを備えた何かの物体が、向こうの木になっているバナナ（私も欲しいと思っていた）のそばに寄ってきて、手らしきものを伸ばし、バナナを取って口らしきところに入れた。このふるまいを見れば、私はそれが「他我」、つまり自分と同じように見たり欲したりする主体であることが疑えなくなり、同時に、その他我も自分も「同じ世界」に生きていることを疑えなくなる、と。

つまり、何かが①「私がしそうなふるまい」をすること、すなわち、私のもちうる意図と同じような意図を感じさせる動きをすることによって、その物体は「他我」という意味を獲得する。しかも②その他我が「私が見ているものと同じ対象に対して」ふるまうことによって、他我と私とは同じ一つの世界に生きているという「共有世界」の意味が獲得される、とフッサールは考える。

そして、向こうにいる物体は、「他我」という意味を獲得した以上、その他我には「私がそこにいたら見えるだろう世界の眺め」が――多少の違いがあるとしても――見えているにちがいない、と私には思えるようになる。

〈私の二重性〉と〈世界の間主観的構成〉

このようにして、いったん「他我」の存在が認められると、続いてそのような他我が他にもたくさんいることが認められるだろう。こうして二者による世界の共有は多数による共有へと進展し、「自分も他我たちも同じ世界に生きている」という確信が成り立つ。

こうして「多くの自我が住む共有世界」という確信が成立すると、それと同時に、出発点では感じ考える唯一の存在であった私（自我）もまた、「他我たちのなかの一人」（自我たちの共同体のなかの一人）という新たな意味を獲得することになる。この意味のことを〈間主観性 **Intersubjektivität**〉という。*

*フッサールの語る間主観性とは、あくまでも、私の体験世界（私の意識体験の連続）のなかで成り立つものであることに注意しよう。それは、他者たちと私とがコミュニケーションするようすを、客観

的に（俯瞰的に）捉えて言う言葉ではない。そうではなく、私の体験世界のなかで他者と私とが語りあったりふるまいあったりすることを通じて、「他我たちがたくさんこの世界には生きており、私はそのなかの一人である」という意味が自分のなかに成り立つことを指す。

この間主観性の成立とともに、「私」が二重の意味をもつことになることに注意しよう。
一つは、あらゆる対象が現れ出てくる意識体験の場（超越論的主観性）としての私である。
もう一つの意味は、他者たち（他者たちもまた私の意識体験のなかに登場してくる他者であるが）のなかの一人としての私である。

図4

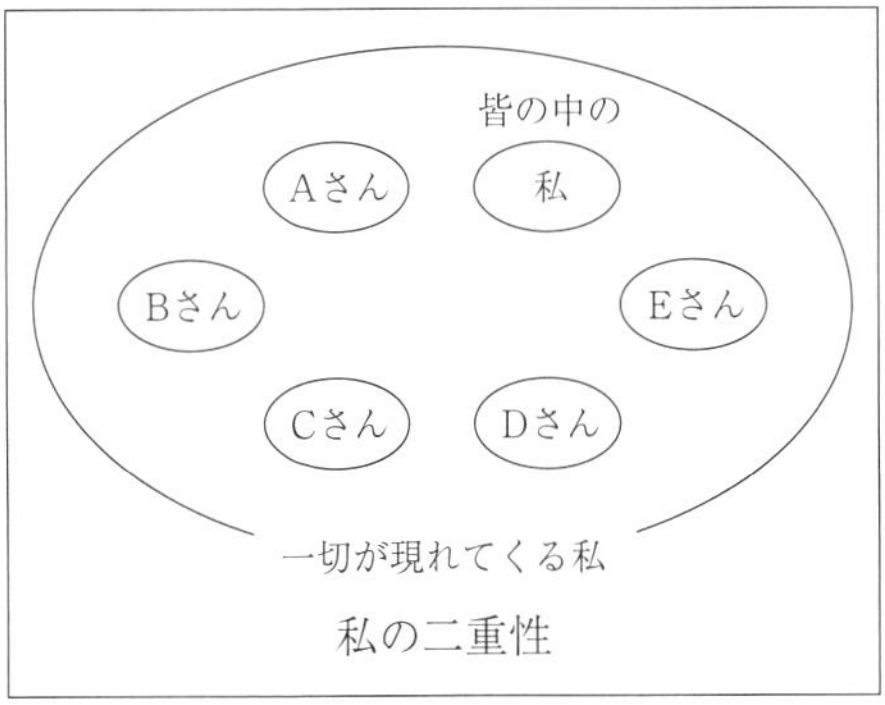

私はつねに、あらゆる対象が現れ出てくる場としてあり続けるが、同時に、私の体験は「私の場所から世界を捉えたもの」として、つまり「他者とはちがった私固有のもの」として意味づけられることになる（図4）。

さらに、間主観性が成り立つと、他我たちのふるまいが、私のもつ「世界がどのようなものであるか」の確信に影響を与えてくることになる。

たとえば、門のそばの犬小屋にいる愛犬がやたらに吠えるとき、自宅のなかにいた私は「だれか来たのかな」と思う。他我たちの一人である犬のふるまい（吠えること）は、この世界（客観的現実）についての情報を提供してくれるものとなるからである。

さらに、他我の語る言葉も、私の世界確信（世界がいかにあるかの確信）の内容に影響してくる。『デカルト的省察』のフッサールは言葉については一切ふれていないが、このことも私なりに考えてみよう。

私はとくに疑う必要のないかぎり、他者の語ることをつねに取り入れている。たとえばイタリアのベネチアに暮らしていた友人の語ることを、私は〝自分があたかもそこに居合わせたかのように〟聞く。その意味で、私は自分の知覚を、他我たちの知覚にまで拡張しているといえる。いわば、他者の耳を自分の耳とし、他者の眼を自分の眼とする、ということが起こるのである。

以上のことを、フッサールは、〈世界の間主観的構成〉と呼んでいる。すなわち、ふるまいや言葉から示唆される他者たちの知覚を取り込みながら、私は「私も他者たちもともに生きている一つの世界が存在し、それはこのようになっている」という確信をたえず新たにつくりあげているのである。

さらに、この〈世界の間主観的構成〉によって、客観的世界の意味が大きく変容することにも注目しておきたい。

私の知覚が他者たちの知覚を取り込んで拡大する、と先ほど表現したが、そのことによって、私の知覚は「ともに生きている客観的世界を私の視点から受け取ったもの」として意味づけられる。これまでは、私の知覚するもの＝客観的現実、であった。しかし他者の知覚を意識するとき、私の知覚は「他者ではなく私が」知覚したものとして〝主観的なもの〟という意味を獲得する。

より正確にいってみよう。ふだん私は、自分が知覚したものはそのまま客観的現実であると感じている。しかし自分の知覚したものと他者の知覚したものとにズレがあったり、どちらも断片的であったりするときには（たとえば交通事故が起こったときのようすについて）、それぞれが知覚したものを突き合わせながら、慎重に客観的事実を確定することが必要になる。そのとき、私の知覚はあくまでも「私」が知覚したものにすぎないものとされ、客観的現実はそれから切り離されたものとされる。

このように、間主観性が成り立つことによって、客観的現実は、私の知覚から切り離されてそれ自体として存在するもの、という意味を獲得し、私の知覚は、客観的現実についての「複数の見方のうちの一つ」とみなされることになる。——このように、間主観性の成立は〈共有世界〉という意味の成立であるとともに、主観からの客観世界の「独立性」（超越性）の確信をより高次なものとして確立することがわかる。

「他我」という意味が成立していない時点を想定したとしても、自身の知覚体験が調和的に経過するならば、客観的世界は自身の知覚体験から独立したものとして捉えられるだろう。さらに他我が成立してくると、この世界は、「私が見ていなくても他者たちが見ていたはずの世界」として、主観からの独立性の意味に他者の視点が付け加えられるのである。

まとめてみよう。

・客観的世界の主観からの独立性を、主観的体験のなかで成立する「確信」として捉えようとし

たこと（超越論的還元）
・まず、この独立性を、自身の知覚体験の調和にもとづくものとして捉えたこと
・さらに、この独立性を、間主観性にもとづくものとして捉えたこと

以上は、これまでの哲学の歴史にはまったくなかった、フッサールの独創である。

客観的世界は自分の知覚する範囲をはるかに超えて想像される

続いて、私なりに、この間主観性の意味するところをさらに広げて考察してみたい。他者の語ること（マス・メディアや歴史書を含む）を取り入れることで、客観的現実は私の知覚する範囲を超えて時間的・空間的にはるかに拡大していく。そして、この拡大された客観的現実からみたとき、私が知覚している範囲は、時間的・空間的に局限された「ごく一部」にすぎないものとして位置づけられることになる。

さらに私たちは、想像することによって、世界をますます拡大していくことができる。火星の表面には何があるだろうか、太陽系の外はどうなっているのか、というふうに。〝自分があたかもそこに居合わせたかのように〟火星の地上のようすを私は想像的に見ようとする。恐竜の生きていた時代をリアルに想像することも、知覚の想像的な拡張によって可能になる。

このように、他者たちの知覚を取り込むだけでなく、知覚を想像的に拡張することによっても、客観的世界の確信像（現実とはいかなるものであるか）は、私がじっさいに知覚する範囲と他者か

ら与えられる情報を超えてはるかに拡大されることになる。

もちろん、私がつねに見たりさわったりしている知覚的な世界は、私にとってはつねに第一次的な現実としてありつづける。しかし客観的世界はその範囲を超えて、時間的・空間的に広がった全体——仮想的に〝知覚しうるもの〟の総体——として思い描かれることになるだろう。たとえば「森のなかの一本の木から、一個の果実が落ちた」という事実をだれも見ていなかったとしても、それは「もしそこに居合わせたなら知覚されたであろうこと」として客観的世界に属すると考えられる。そのような、知覚可能であった無数の事実の総体として、人は客観的世界を思い描くことができる。

以上を整理しておこう。私たちが客観的世界と呼ぶものを、次のように「層」をもつものとして考えることができる。

①じっさいに私が知覚している世界（身の回りの世界）
②他者たちの語ることや情報によって描かれる世界→私の知覚している世界は客観的世界の一部として位置づけられる
③想像によって、時間的・空間的に限りなく広がるものとして思い描かれる世界（知覚可能な事実の総体としての世界）

さらに、④自然科学が数式によって記述する世界、を右のリストに加えることができるが、この科学の語る客観的世界については、次節で取り上げることにする。

他我と共有世界の意味を更新するものとは――〈やりとり〉と〈呼応〉

『デカルト的省察』のフッサールは、これまで示してきたように、他我と共有世界という意味が生まれてくる源泉を、「自分の身体によく似た物体の動きの知覚」に求めた。この説明は、他我と共有世界の意味の成立根拠を解明しようとした最初の試みであり、また、主観からの客観的世界の「独立」（超越）がなりたつ根拠を〈間主観性〉に求めた点でも画期的である。しかしその説明には、難点もある。

それは、〈他我と共有世界の意味はどうやって生まれてくるか〉、つまり他我と共有世界の意味の「発生」を理解するために、他我の意味がまったく存在しない世界という、だれも経験したことのない状況を想定した点である。現象学の強みは、だれもが自分の体験を反省することによって共有しうる考え（本質）を形成できるという点にあるのだが、フッサール自身がこの強みを裏切ってしまっている。――もっともこの思考実験は、間主観性の働きを浮かび上がらせることで、〈私の二重性〉と〈世界の間主観的構成〉を指摘しえており、その点ではきわめて有意義といえるのだが。

とはいえ、まず他我を欠いた世界を想定したうえで、「自分の身体によく似た物体の動きを知覚することによって」他我の存在を認める、という論の運びはどうか。もし他我も知らず自分の身体の姿も知らない――自分の身体の姿を鏡に映してその全体像を知っていれば別だが、これはフッサールの論ではとくに指摘されていない——とすれば、物体の「形」の類似から身体だとわかり、さらにその「ふるまい」から自我を備えているとわかるという論の筋道はかなり苦しい。

この、他我と共有世界の意味の「発生」という問題をきちんと理論的に取り扱うためには、むしろ、乳幼児が養育者と関わりあいながら成長していく様子をていねいに観察しながら、自我と他我と世界の意味の形成過程を理論化すべきだろう。* しかしこのような意味の発生論は仮説的なものを含むため、その妥当性を各自の体験反省だけによって確かめることはできない。

＊竹田青嗣は『欲望論　第二巻　価値の原理論』において、ピアジェやワロンをはじめとする優れた発達心理学的な研究を素材にしつつ、乳幼児の欲望のあり方がどのように発達し、それとともに世界・他我・自我の意味がどのように形成されていくかを詳しく論じている。

しかしまた、〈他我と共有世界の意味がすでに獲得されていることを前提としたうえで、私たちはどうやってこの他我と共有世界の意味を日々更新（再生産）しているのか〉という問いについてならば、私たちの日々の体験を反省することによって、〝だれもが確かめうる仕方で〟明確にできるはずである。そこで、この問いについて私なりに考えてみることにしたい。

フッサールの先ほどの説明は、何か（サルのようなものかもしれない）がバナナを口に入れるのを、私が隠れて観察しているような感じだった。これを少し修正して、サルと「私」とのあいだで「やりとり」が生まれる場面を想定してみよう。

私があるときバナナを差し出すと、サルみたいなものが寄ってきてそれを取って口に入れた。それ以来、私が毎朝バナナを持っていくと、必ずそれが寄ってきて取って食べるようになった。

――こうなってくると、私はそれが「動物」であって知覚し欲求している、つまり私に似た主体であり他我であると思えてくる。「それ」と私とでは感覚や知覚のちがいが多少あるとしても、ともに「同じバナナ」に関心をもっていて「同じ世界」に生きていることを疑えなくなる。

つまり、同一対象（この場合はバナナ）をめぐって、互いのふるまいがかみ合って「やりとり」になってくると、相手が自分とどこか似た意志や感情をもつ主体であり、ともに同じ世界に生きていること、そして、二人のあいだに関心の共有があることが疑えなくなってくるだろう。

フッサールは、体のかたちの類似性（鼻や口らしきもの、脚らしきものがある）に着目したが、かりに体型がかなり動物とはちがっていても（たとえば金属の球や、スライムのような不定形のかたちであったしても）、その物体との間になんらかの「やりとり」が成立するならば、私たちは「それ」に意志や感情を帰属させうるだろう。*

＊ＡＩを搭載したロボットとの間に、言葉を含めて「やりとり」が成立するならば、ロボットに感情や意志が存在しないことを頭では理解したとしても、相手を意志ある主体のように感じてしまうことは十分ありうる。では、ＡＩが進化すればそれ独自の感情と意志を備えるようになるだろうか？　現時点では、ＡＩが「〜に対して…のように反応する」としても、そのようにプログラムされているのであって、自らの意志をもって相手に働きかけようとしているのではない。現在のＡＩの原理は、独自の意志と感情を生み出す可能性をもっていないと私は考える（感情を発生させる新たな原理が今後も見つからないとはいえないが）。

以上の思考実験からすると、身体のかたちの類似性より「ふるまいのやりとりが成り立つこと」のほうが、より本質的なものである。この「やりとり」が成り立つことを、私は〈呼応性〉

と名付けてみたい。この〈呼応性〉は、私たちが共有世界を生きているという信念を更新していくさいに、非常に（「最も」かもしれない）重要な契機だろう。

より日常的な場面を想定してみる。私がエサをもっていくと、犬はしっぽを振って寄ってきて、それをおいしそうに食べる。このような「やりとり」が成り立つからこそ、犬が単なる「物」ではなく感情をもつものであることを私は疑えない。そして犬と私は「エサ」という対象を仲立ちとして――より正確には、私がエサを持っていくと犬は喜んで食べる、という〝ふるまいの呼応〟が成立することを通して――私は犬と同じ世界を生きていることを確信している。相手（犬）もまたそう確信していることだろう。

私たちが言葉でもってやりとりするのも、このふるまいの呼応の発展したものとして理解することができる。大学のキャンパスですれちがった同僚に「今日はいい天気ですね」と声をかけると、彼は「そうですね、ずっと寒かったですが、今日は暖かくていい気持ちです」と返してくる。そんなわずかの言葉の交換であっても、青空、日の光、外気の寒さのなかにも感じられる暖かさ、そして、冬が終わって春になりつつあるんだなあという感慨、それらを私たちは共有し、「同じ世界をともに生きている」ということを確かめているのである。

この言葉のやりとりは、互いが知覚していることをテーマとしないことのほうが多いかもしれない。未来のこと、たとえば会議の予定について語りあうことによっても、私たちは、相手が自分と同じく感情や意志をもった「他我であるという確信」と、相手も自分も〝同じ世界の同じ事柄〟に関心を寄せながら生きている、つまり「共有世界を生きているという確信」とを、更新しているのである。過去についても同じことになるだろう。

そして、言葉のやりとりのさいに、世界についての互いの理解が異なる――フッサールの言葉でいえば「調和」しない――ことも起こりうる。たとえばある人に「新宿の花園町《はなぞのちょう》においしい和菓子屋さんがある」といわれてそこに行ってみたが、どうしても見つけられなかったとしよう。そういうときには、あらためてもっと詳しく場所を聞いて、互いの知覚を「調和」させようと努力することになるだろう。

まとめておこう。個人のなすさまざまな知覚体験の調和が世界の意識からの「独立性」を確信させたように、互いの知覚体験の調和と、何かの関心事についての言葉のやりとりの呼応的な調和が、世界の「共有性」を確信させるのである。*

＊このような「ふるまいの呼応」は、ウィトゲンシュタインの言葉でいえば〈言語ゲーム〉に相当する。言語ゲームというと、一定のルールのもとにふるまいをする、というイメージがあるが、根本的には、両者のふるまいが呼応しあうこと、とみなすべきだろう。その呼応が明確な目的と一定のルールを備えたものになっていくと、スポーツや演劇や学校のような制度性をもった「ルールを伴ったゲーム」になっていくと考えられる。
また、呼応性の原点は、乳児が泣くと養育者がすぐに寄ってきて「おなかすいたね、オッパイあげるね」とか「オムツが冷たいね、いま換えるからね」というふうに、乳児の欲求を満たしたり不快を取り除いたりしてくれるところにあると考えられる。「叫べば必ず応えてくれる」と乳児が信じることを、精神分析学派の心理学者エリクソンが、世界と他者に対する〈基本的信頼〉と述べたことはよく知られている。

そして、この原初的な場面からどうやって、乳児と養育者とが〈後には同年齢の子どもたちとのあいだで）「呼応しあう関係」を発達させていくのか、ということは、道徳や美の感覚を備えた人間的な体験世界はいかに成り立つかを考えることにつながる。またこれは、発達障碍《しょうがい》や精神障碍を理解することにもつながるだろう。前掲の竹田青嗣『欲望論　第二巻』は道徳性と美の成立をテーマにしており、小林隆児『自閉症スペクトラムの症状を「関係」から読み解く：関係発達精神病理学の提唱』（二〇一七）は、発達障碍や精神障碍をとくに幼少期の親子間の呼応関係における不調から理解しようとしている。

2　認識とは何か

私たちはこれまで、客観的世界を意識の端的な外側に置くのではなく、あくまでも意識体験のなかで形作られた「確信」（時間的・空間的に首尾一貫した秩序の確信）として捉え直す試みを行ってきた。これを踏まえつつ、この節では「認識」という営みの意義をあらためて捉え直すことを試みたい。とくに、「真なる事態の写し取り」という認識のモデル（イメージ）を解体することが、この節の目的である。

まず、会議室のなかにある机の数を「確認」する、というような、ごく日常的な認識の作用を題材にして、「真なる事態の写し取り」モデルにどの程度真実性があり、どの程度誤っているかを、考えてみたい（2-1）。

それに続いて、そもそも「何のために」認識というものがあるのか、ということを考えてみる。

動機や観点のない認識などありえない、という論点を追求していくと、世界の時間・空間的秩序が単なる確信ではなく、生きるために秩序づけられたものであることがはっきりしてくる。そのうえで、いわゆる客観的認識を代表するものとしての「自然科学」が、どのような意味で客観的認識といえるのか、ということを考えたい（2－2）。

2－1　認識によって〈持続する現実〉がつくられる

現実を確認する働きとしての「確証」

私たちはふだん、さまざまな必要からたえず現実（客観的世界）のあり方を確認している。たとえば、会議の予定があるとき、「確か会議室には椅子が十脚あったはずだが」と思い、会議室をのぞいてみると「やっぱり十脚あった。これで大丈夫」というように。

このように、最初に思ったこと（～だったはずだが）の正誤を、何らかの手段を用いてあらためて確認することを、フッサールは「確証 Bewährung」と呼び、『デカルト的省察』の「第三省察」で詳しく取り上げている。それは、この確証という行為が「認識」の始まりであって、私たちにとっての現実を積極的に「確定」する働きに他ならないからである。

では、確証はどのようにして行われるのか。先ほどの「会議室のなかの椅子の数」の場合には、事情をよく知っている誰かに聞く手もあるが、最終的かつ決定的な確証は、自分で直接に会議室のなかを見て、そこにある椅子の数を数えることである。つまり現場の「知覚」によることになる。

では、ピタゴラスの定理（直角三角形について、直角を挟む辺をａとｂ、斜辺をｃとするならば、$a^2+b^2=c^2$ の関係が成り立つ）についてはどうか。最終的かつ決定的な確証は、自分で図を描いて証明を思い出しながら、この定理が成り立つ理由をみずから確かめることによる。

フッサールはいう。「確証とは、究極において、明証的にすること・明証的にもつことに他ならない」（CM, § 23, S. 58）。そして「明証」とは、第11章第1節で述べたように、予測や間接的な推定とはちがって、「ある事柄、事態、普遍性、価値など」が「〝それ自身そこにある **Selbst da**〟〝直接に直観され **unmittelbar anschaulich**〟〝原的《オリジナル》に **originaliter**〟与えられるという究極的な様態」のことをいうのだった（CM, § 24, S. 58 f.）。

そして客観的事実を確証するためには、現在の事実の「知覚」が決定的である。過去の事実については、知覚できないために究極の明証には至らないが、証言や文書に訴えて合理的な推定をすることができる。これに対して、幾何学の定理を確証するためには、「本質直観＝ある命題が一般的に成り立つことの直観」が必要となる。たとえば「三角形の内角の和が二直角である」という一般的な事態を、次のような図5によって見て取ることができる。

以上からわかるように、「認識とは真なる事態を写し取ることである」というモデルは、確証のために「直観」を必要とするという限りでは、正しい。会議室内部の知覚や、三角形の命題が成り立つことの直観は、「直接に事態を与えてくる」のであり、それは自分の思考の自由にならない。その点では、写し取りモデルは完全に誤りとはいえない。

　しかし、この直観はなんらかの必要によって求められているものでもある。会議をする準備のために、また、図形のあいだに成立する一般的な関係を知るために、この直観は求められている。当然、これは「おのずと向こうから与えられてくる」のではなく、「特定の観点をもって見ようとする」ことに対して与えられてくるのである。

図5

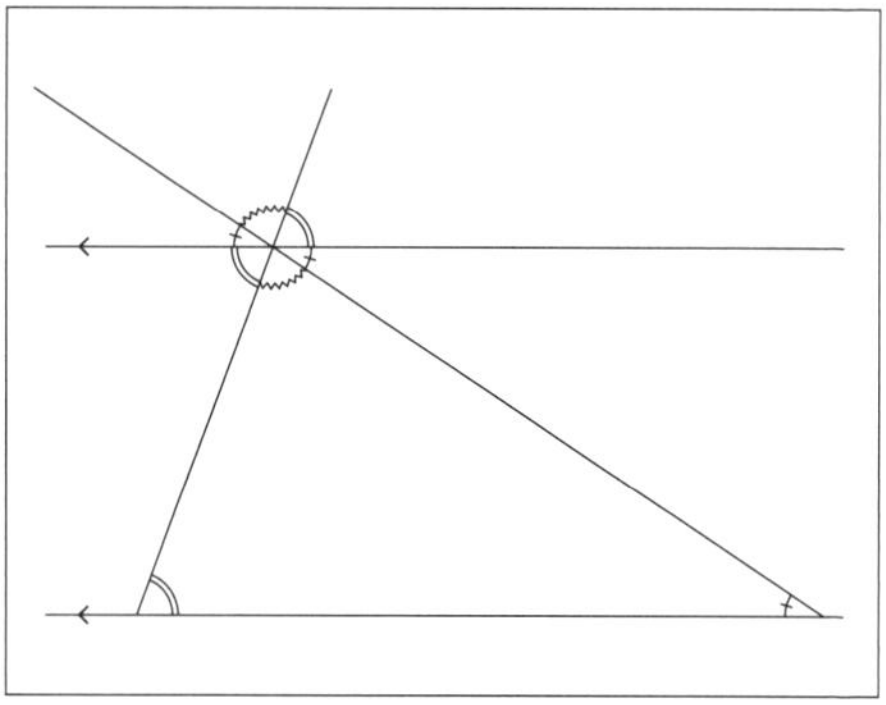

　ただぼんやりと会議室のなかを見るだけでは、椅子の数はわからない。はっきりと「椅子の数はどうなっている？」という観点（志向性）を向けることによって、椅子の数は直観されるのである。

　このように、写し取りモデルは、①そもそも認識がなんらかの必要（動機）によって求められるものであること、②写し取られるべき当の直観じたいが特定の観点に対して浮かび上がるものであること、を視野に入れていない。この二点を視野に入れるとき、認識とは、事態をそのまま受け取る受動的なものであるのではなく、主体の側の動機や観点によって形成されるものであることが明確になってくる。

明証を反復する能力によって「持続する現実」はつくられる

この論点とつながるのだが、フッサールは「確証」の働きについて、じつに興味深いことを述べている。明証を無限に反復する能力が「持続する現実」をつくりあげている、というのである。

あらゆる明証は私に対して、ある持続的な所有 **eine bleibende Habe** を創出する。最初の明証の復元 **Restitutionen** としての新しい明証の連鎖のなかで、わたしは、それ自身として観取された現実に〝何度でもくりかえし〟立ち帰ることができる。（CM, §27, S. 62）

私が二カ月ほど前に「新宿のある通りに和菓子屋がある」のを見たとする。これは「事態それ自身」を見たこと＝明証である。そしてその後、和菓子を食べたくなったときには、私はそのつど記憶を反復して「その通りに和菓子屋がある」ことを確かめる（確証する）ことができる。フッサールはいう、「そのような能力なしには、いかなる存立し持続する存在 **kein stehendes und bleibendes Sein** も、いかなる実在的世界も理念的世界 **keine reale und ideale Welt** も、私たちにとっては存在しないであろう」（CM, §27, S. 62）と。

幾何学のような理念的世界も、実在的世界（現実）も、「私がいつでも明証に立ち戻り反復しうる」こと——このような「能力」をフッサールはしばしば「私はできる **Ich kann**」という術語で表現する——によってはじめて存立し持続する、とフッサールはいう。これはどういうことだろうか。幾何学の場合には、「ある定理を想起し、必要ならばその証明に立ち戻れる」ということがあってはじめてその定理の妥当性が成り立つことは容易にわかる。では、現実世界についてはどうか。

ケア・マネージャーをしている私の友人から次のような話を聞いたことがある。重い認知症になって「思い出して確かめる能力」が次第に損なわれていくと、時間の流れのなかで自分なりに把握でき整序できる幅がどんどん狭くなっていくという。ちょうど、光の当たるスポットが小さくなっていき、その周囲が闇に包まれてしまうように。するとついに「私はなぜ、どういう経緯でここにいるのか。ここはどこなのか」すらわからなくなってしまうかもしれない。周囲の人たちの行き届いた支えを欠くとき、それはひどく不安に満ちたこととして経験されるだろう。

このことからもわかるように、私たちが「いま・ここで知覚する事態」を「現実」とみなすのは、知覚における色や形が、想起や想像の場合とちがって「ありありと」経験されるから、という点だけにもとづいているのではない。「私がどういう経緯で、ここにいるのか」にいつでも立ち戻ることができるから（現在ありありと知覚していることを時間空間的な秩序のなかに位置づけることができるから）なのである。だから、目の前の状況をありありと知覚していても、ついさっきまでの時間経過を確かめようとすると「できない」ということになれば、だれもがひどく不安になり混乱するだろう。

このフッサールの論と認知症の話は、重要なことを示唆している。私たちはふつう、客観的世界（現実）にはそれ自体としての法則があり時間空間的な秩序がある、と信じている。そしてその秩序の一部を、自分はそのまま知覚し受容していると思っている。しかしじつは、私たちはつねに自身の体験を時間的・空間的に整序し、必要なときにいつでもこの時間的・空間的な脈絡に立ち戻れるということによって、「客観的世界・現実」の秩序を自分の中に存立させているのである。これを逆からいえば、体験を整序し想起する能力を欠くならば、安定した客観的秩序が存在するという確信もまた崩れてしまいかねない、ということを意味する。

こうして、認識とは、学問的認識である以前に、必要にもとづいて世界を確かめる行為であり、また、私たちは（たいていはほとんど自覚なく）たえず世界秩序を自分のうちに構築・再構築していることがわかってくる。この世界秩序のたえざる構築がなければ、私たちは生活していくことがきわめて困難になるだろう。

2－2　欲望がなければ現実もない？

何のために「確証」するのか

続いて、なぜ私たちは確証するのか、つまり、「世界はこうなっている・なっていた」と確かめ確定する必要はどこからくるのか、ということをつっこんで考えてみよう。

一つには、生活の必要から、である。日々の生活が成り立つために、衣食住に関するさまざまな物事を私たちは配慮している。そして「近くのスーパーがつぶれそうだ」とか「年金制度はどうなる」など、私たちはつねに、ある事柄が事実かどうかを確かめ、確定している。
もう一つには、私たちはそれぞれ固有な関心事をもっている。自分の仕事、子どもの将来、趣味で追求していること、などである。これらについても、私たちは積極的に情報を集め、状況の認識をたえず仲間たちと共有している。

さらに、具体的な必要や関心よりも包括的な、人生に関わる関心を私たちはもっている。私たちはそれぞれ自分の人生を、一つの首尾一貫したストーリー（物語）へと組み立て方向づけている。何か困ったときには、人はしばしば自分の「これまで」の人生を振り返りながら、「これから」の生き方を展望しようとするだろう（この論点は、本書第14章第3節で詳しく述べられる）。

つまり私たちはそれぞれに、生活が成り立つことを配慮し、自分の関心事を追求し、さらに自身の人生を気遣っている。だからこそ、事実を確定したり、必要があれば他者と共有したりしているのである。これをもっとシンプルにいえば、〈人になんらかの欲望（〜したい、…でありたい）があるからこそ、現実の秩序を確定する必要がある〉といえるだろう。

したがって、確証したり認識したりするということは、「客観的に存在する世界とそこでの事態を、そのまま正確に写し取ること」ではなく、一人ひとりの、あるいは集団の「欲望と関心」に従って――したがってその関心が必要とする程度の詳しさでもって――事態を確定し、それにもとづいて態度を決定するため、なのである。

しかしこの点（欲望と関心があるからこそ認識に向かう）を、フッサールは明確につかんではいない。

フッサールは意識の根本特性を「志向性＝なんらかの対象に向かうこと」だと考えたが（第10章）、そのさい、志向性は「欲望＝～が欲しい」としてではなく、まず「認知＝～はどうなっている？」として考えられている。より正確にいえば、フッサールは、「認知」がまず働いて、そのうえに「欲望」が出てくる、という順番で考えているのである。まず「リンゴだ」とわかって、それとともに「おいしそうだ・食べたい」が出てくる、という具合である。つまり、まずは認知する志向性の層が基底としてあり、その上に欲望・価値の志向性が重ねられる、という仕方でフッサールは考えていた（IdeenI, § 95, S. 220 f.）。

しかし、そもそも「リンゴだ」という認知じたいが、「あれを食べたい」という欲望がなくて、生まれてくるはずがない（ニーチェが認識を「欲望に対する適否」として捉えていたことを思い出そう）。こうして認識を、徹底的に「欲望」から考え直す必要が生まれてくる。

欲望から認識と現実をみる

この、欲望から認識を考えるニーチェ的な発想を、フッサールの「世界を含むあらゆる存在者を意識体験のなかで確信されたもの」とみる超越論的還元の見方と結びつけたものとして、竹田青嗣の『欲望論』がある。これは、「客観的な真なる事態（本体）を正確に写し取ることこそが真なる認識である」とする見方を根底的に解体するものとして、特筆すべきものであるが、その「解体」の骨子をなす『欲望論　第一巻』「エロス的力動」の章を見てみよう。

竹田は、世界（現実秩序）のはじまりについて、「一つの情動生起、一つのエロス的力動の生起によって、あるいはまた一つの「欲望」の到来によって、世界は始原的に分節される」[44]と述べている。

もし欲望が生じたとしても、それが即時に充足されるならば世界の秩序は存在しない、と竹田はいう。そうではなく、何かを食べたい（欲しい）、あるいは避けたい（逃げたい）という情動が生起し、それが即時に満たされないときにはじめて、「世界」が意識される。この情動の生起を竹田は「エロス的力動」という。それは、何か（対象）を求めようとする、あるいは、遠ざけようとする「力動」だからである。つまり、「欲しいあれ」、または「そこから逃げたいあれ」こそが、世界秩序のはじまりである。

そしてこの情動の生起によって「時間」もまた生まれ出る。竹田は「砂糖水をこしらえるときに、溶けるのを待たねばならない」というよく知られたベルクソンの言葉を引きながら、「待つ」とは「エロス的力動のざわめき（身体のノイズ）に耐えること」であるという。

具体的には、それは、

・欲望の充足を期待しつつその「まだ」を耐える
・生起した不快が除去されるまでを耐える

ことを意味する。これは、私たち自身の体験に即してもよく理解できるだろう。

竹田はさらに時間体験には「第三の契機」があるとして、

・欲望が満たされるための課題障壁が存在するとき、自己の身体的企投によってそれらの困難を一つ一つ克服していく努力[45]

を挙げている。確かに私たちは、欲望を満たすための課題を段階的に克服しなくてはならないときにも、「時間経過」を感じるだろう。

以上に補足を加えながら整理しておく。——世界の秩序は「あれ」を欲しい（「あれ」から遠ざかりたい）から始まる。しかし欲望が即時に満たされるならば時間経過は生まれず、世界もまた存在しない。欲望を満たすために「待つ」ことが世界と時間のはじまりである。そして空間も原初的には、「「あれ」に到達するまでの距離」であって、欲望を満たすまでに払わねばならない努力と相関的であり、決して客観的に測定可能な距離を意味しているのではない。

このように、この世界の秩序は、欲望を引きつけたり遠ざけたりする「あれ」、そしてあれと自分との「時間・空間的距離」の自覚からはじまるが、欲望をかなえるための「手段」もまた、続いて副次的に必要なものとして知覚されていく。

以上のように竹田の論をたどってみると、世界が欲望以前に客観的に存在するのではなく、時間も空間も、欲望の生起から生まれることがよく了解される。そしてもちろん、以上の論はまったくの作り事ではない。これは原始的な生命体の世界を想定しているように見えるが、じつは私たち一人ひとりが対象を欲したり嫌がったりする体験や、そのさいの時間・空間の体験を、可能な限りシンプルにすることによって「世界秩序と時間・空間の本質」を取りだそうとする思考実験を行っているのである。竹田自身はこれを「思弁的考察」と呼んでいるが、これは一種の自由変更にもとづく本質観取といってよいかもしれない。

だから私たちも、竹田のいうことがよく了解できるはずだ。退屈な講義は時間が長く感じ、興味を引きつける講義は時間のたつのが速い。自宅から歩いて四分のコンビニは、通常は「近い」が、身体がだるく熱っぽいときにはそこまでが「遠い」のである。

そして私たち人間の世界は、基本的に「欲望」に基づいて分節されている。ジュースは「飲むもの」つまり欲望の目的であり、コップは「それでもって飲み物を飲むためのもの」つまり手段(道具)である。そしてジュース〜コップという秩序は「飲みたい」がなければそもそも存在しない。私たちは幼いころから、コップやジュースという「名前」とともに、それらの用途(目的や手段)を養育者から教えられて育つ。そのようにして、私たちは世界を言葉と用途によって分節していくのである。

この世界分節の根本にあるのは各人の欲望だが、私たちはそのつど欲望しそれを満足させるという次元を超えて、とくに欲望がわいていないときであっても、暮らしに必要なもの(有用なもの)を言葉によって呼び分けており、しかもその秩序を人びとのあいだで共有している。

つまり、人びとはたえず語りあいながら、「人びとに共通な一般的な必要や欲望」に相関する仕方で世界を分節しているのである。事物を分節するだけではなく、たとえば、学校、職場、公園、市役所、商店などのように、空間もまた、それが生活に役立つ仕方によって私たちは分節している。*

＊この事情を、フッサールの弟子であるハイデガーは『存在と時間』のなかで鮮やかに描写している。現存在（人間）は、なんらかの存在可能性（かくありたい）をめがけるが、それに対応して、身の回りの世界（環境世界 Umwelt）は、なんらかの「目的 Worumwillen」とそれを実現するための「道具」の連関として分節されるという。この道具連関にあてがわれる場所として、空間も分節される。[46]

このような「共有された世界」の秩序を、私たちは前の世代（養育者や教師）から与えられるが、その秩序を土台としながら、その上に各人は自分に固有な欲望と関心を育て上げていく。こうして各人は各人に固有な「体験世界」の秩序をつくりあげているといえるだろう。〈世界秩序は根源的に欲望に相関した秩序であり、認識の行為も何かの欲望のためのものである〉。この発想をしっかり受けとめるとき、「客観的世界の秩序があらかじめ存在し、それを言葉で写し取ることが客観的認識である」とする発想も、「意識体験の外側にイデア的な世界が存在する」という発想も、根底から解体されるはずである。*

＊岩内章太郎は、心理学的還元のもとで本質観取を行ったシェーラーが、結局は「意識体験の外側に絶対的なイデアがある」という発想に無自覚に陥ってしまったことを指摘し、本質を含むあらゆる対象を意識と相関的なものとみなす超越論的還元の発想が、本質観取には必須であると主張している。私もそれに賛同する。岩内章太郎「現象学における本質学の二義性――一般本質学と超越論的本質学の導入の試み」ウェッブ研究誌『本質学研究』第1号所収、二〇一五を参照。

さて、これまで語ってきた論点を、あらためて整理しておこう。

1．世界の秩序は根源的に、欲望によって分節されたものである（**欲望による分節**）。

2．さらに私たちは、幼いときから言葉を交換しあうことによって、世界秩序を「人びとに共通な有用性」によって分節している。日常的な意味での「現実＝客観的世界」とは、この共通な有用性による秩序を意味する。その秩序はまた、私たちがたえず世界について語りあうことによって、たえず更新され共有されている（**言葉による共有**）。

3．右の世界の秩序は、意識体験とは無関係に客観的に存在するように感じられているが、しかしその秩序（世界はかくかくしかじかであるという確信）は、何かの事態を何かの必要から確証し、またそれを繰り返し想起する「能力」によって、支えられている（**確証する能力**）。

自然科学の認識とは

以上をふまえて、自然科学の認識とはどのようなものかを考えてみよう。自然科学もまた、私たちがふだん、なんらかの必要から自分の知ったことや情報を交換しあい、世界秩序を共有するという行為の延長上にある、と考えることができる。

しかし、認識に欲望や有用性を先立たせる以上の考え方に対して、次のような反論があるかもしれない。「自然科学に代表される理論的認識は、役立つかどうかは二の次であって、あくまでも世界がいかにあるか（世界の真理）を忠実に受け取ろうとしているのではないか」と。では自然科学は、世界をそのまま忠実に受け取ろうとするものかどうか、について検討してみよう。

科学とは何かを考えるとき、ヘーゲル『精神の現象学』（一八〇七）の「悟性（知性）」の章は示唆に富んでいる。その主張を私なりに整理すれば、以下の三点となる。

①科学の理論は、多様な感性的諸事実を統一的に説明したい（多を一でもって説明したい）という「知性の欲求」にもとづいている。知性は多様な事実をスッキリと統一的に説明することで快を覚える。その説明のために、「力」や「法則」のような概念が形づくられる。

②したがって科学は、客観的世界の隠された「真理」を解き明かそうとするものではなく、ますます多くの諸事実をますます少ない原理でもって説明しようとする営みなのである。*

＊知性は多くの法則があることに満足せず、より少ない法則を求めて進む、とヘーゲルはいうが、彼はそのさい、おそらくケプラーの惑星運動の法則とガリレイの物体落下の法則が、シンプルな原理をもつニュートン物理学によって統一的な説明をされたことを念頭に置いている。じっさい現在でも、物理学は異なった三種類の力（電磁相互作用、弱い相互作用、強い相互作用）を統一しうる「大統一理論」を求めている。

③そのさいつねに、「感性的な諸事実」こそが出発点である。

以上のヘーゲルの主張を一言で言えば、自然科学とは、人間が諸事実を合理的に説明したいという欲求に従ってつくりあげた、人間の思考による構築物だ、ということになるだろう。ところでこの三点目の「感性的な諸事実」は、フッサールの言葉でいえば事実の「知覚」である。私たちはフッサールの科学の見方を第8章で詳しくみてきたが、それをふまえつつ、科学のなしていることを私なりに位置づけるとすれば、次のようになるだろう。

――唯一の客観的世界が存在するというだれもがもつ「確信」が、自然科学や社会科学のような「世界についての実証的学問」の大前提となっている。とくに物理学や化学は、「この客観的世界の物的秩序はあらかじめ数学的体系的に形作られているはずだ」という見立てのもとに、さまざまな知覚事実を仮説的な数学的法則によって説明しようと試みるものである。そうすることで、物理学や化学はその理論の妥当性を各人が合理的に洞察しうるものとなり、その意味で「合理的な共通了解」を自然に関してつくりだしてきた、と。

あえて繰り返しておくが、物理学や化学は、具体的な知覚事実の背後に隠されている「客観的世界の真理」なるものを明らかにしようとしているのではなく、その理論はあくまでも人間的な「構築物」なのである。しかしそれは神話とはちがって、だれもがその妥当性を洞察しうるという意味で、合理的な共通了解性（普通の言葉でいえば「普遍性」）を備えており、まさしくこの合理的な共通了解の達成が科学の求めるものであるといってよい。

そして物理や化学は、知覚される客観的現実から、価値（美醜、好悪など）を省き、あくまでも長さや速度のような「計測できるもの」だけに着目し、かつそれらの因果性や法則性を取りだそうとする点で、特定の観点をもっている。そしてその観点の背景には、ヘーゲルのいう「知的な快の追求」という動機だけではなく、「技術的な応用可能性」という動機があるといってよいだろう。科学理論もまた、人びとの欲望と関心にもとづくものなのである。

合理的な共通了解のための「条件」を問う

第9章で述べたように、自然科学のもつ一般性（合理的な共通了解性）は、知覚事実（実験と観察）と数学の使用によるのだった。知覚事実と数学とは、近代科学を特定の文化圏を越えた一般的なものにしえた、もっとも重要なポイントである。

フッサールは、実証科学における知覚と数学の意義をよく自覚していた。彼自身は数学の出身であり、数学のもつ普遍性（いつでも・どこでも・だれにとっても数学の命題は正しいものとして通用する）をどう理解すればよいか、は生涯のテーマの一つであった。また彼は、客観的世界についての実証的な理論を形作るうえで、知覚という体験のもつ独自かつ決定的な意義（知覚事実は個人に訪れる体験でありながら、必ず他の人びともそれを認めるはずだと信じられる）に着目していた。彼が執拗なまでに事物知覚について語ったのは、それが世界の諸対象を直接に与えるものであり、世界についての実証的研究（実証科学）の源泉であると考えていたからである（IdeenⅠ, §1, S. 11）。

以上からわかるように、フッサールの超越論的現象学は、客観的世界を意識体験のなかでの確信へと還元するだけでなく——このことばかりが超越論的現象学について強調されてきたが——、〈超越論的還元を通じて合理的な共通了解が成り立つための「条件」を明らかにする〉という大きな課題をもっていたのである。

このことは、これまでほとんど注目されてこなかったが、学問の未来にとって非常に重要である。なぜなら、「あらかじめ存在する客観世界との一致」という旧来からの認識の見方は、主観・客観一致の難問を引き起こし、それは、あらかじめ存在する客観的世界や理念的世界に一致すると自称する独断論と、その不可能を説く相対主義を生むからである。

この旧来の見方に代えて、超越論的現象学は、〈客観的世界を意識のなかでの必然的かつ基本的な確信（世界確信）とみなしたうえで、客観的世界についてのなんらかの理論や主張は、どういう条件を伴うならば、単なる個人的確信ではなく、だれもがその正しさを認めうる（間主観的に妥当する）ものとなりうるか〉と問うことになる。

そしてこの問い方は、たとえば、本来学問は数学化されるべきだという偏見や、人文科学を自然科学より劣ったものとみなす偏見から、私たちを解き放つ。

すでに明確にしたように、学問とは、どこかにある真なる事態の写しではない。そうではなく、学問とは、なんらかの問題意識（動機）からスタートしてそれを具体的な問いへと形作り、その問いに一定の根拠をもって答えを出し、そうすることで、人びとからの合理的な同意を獲得しようとするものである。

すると当然に、あらゆる学問的研究に対して、以下の考察が要求されることになる。

・どういう問題意識から、何を解明しようとするのか（どのような種類の事柄に対してどのような問いを掲げるのか）。
・その問いの答えに、どの程度の「確かさ」が期待されうるか。またその確かさを達成するためには（その答えが「合理的な共通了解」といいうるためには）、どのような条件が必要とされるか。

つまり、合理的な共通了解を達成する条件について、ただ一つの「完全な一般的なモデル」があるのではない（たとえば数学を用いなければ科学ではない、とはいえない）。そうではなく、問題意識と、具体化された問いと、事柄の種類に応じて、合理的な共通了解を獲得するための条件は変わってくることになるはずである。

そして、この「合理的な共通了解の条件」を解明するためには、その事柄がそもそもどのような条件のもとで成り立っているのか、という学問領域じたいの成り立ちを問うことが必要とされるだろう。これは今後の学問論の重要な課題となるはずである。

もう一点、付け加えておきたい。「合理的な共通了解の条件」を問うという発想は、知覚しえない事柄についても可能である、という点が重要である。

たとえば医療のさいの治療法の選択は、それが正しかったかどうかは「事後的にのみ」判定しうる（結果的にその治療法が効いたかどうかに委ねられる）。つまり、選択する時点では、さまざまな検査によって診断をより精確にすることはなしえても、どの治療法が有効かということに対しては、絶対の答えはない。しかしそのさいにも、その時点での合理的な判断を形づくることは可能であるはずであり、そのための条件を明確にすることもできるはずである。行岡哲男『医療とは何か』[47]は、そのような観点からなされた画期的な医療論である。

同じように、司法における合理的判断もまた、事実の知覚にもとづいてはなしえない。しかしそのような事柄についても、合理的な共通了解のための条件を考察することはできるはずである。

以上のように見てくると、いわゆる学問領域だけではなく、実践的なさまざまな分野においても、「合理的な共通了解の条件」を考察し、合理的な共通了解を広げていくことが可能であることがわかる。

フッサールの創始した超越論的現象学は、そのような可能性をもつものとして受けとめられるべきであると私は考える。*

*新実在論者と呼ばれるメイヤスーは、意識と存在（あるいは言語と存在）の相関性を思考の基軸にすえるカント以来の思考を「相関主義」と呼び、その相関主義の「外」に出て「大いなる外部」（物自体）に到達することを試みている（カンタン・メイヤスー『有限性の後で』二〇〇六）。しかしその試みは不可能である。むしろ、相関主義を徹底して「共通了解の可能性」を求めることにこそ、哲学の新たな方向を定めるべきだと私は考える。新実在論の批判は、いずれ他の場所で行いたい。

第三部

どのように哲学対話を実践するか——正義の本質観取を例として

序　正義の本質を探究する

第二部ではフッサール現象学の方法を詳しく検討し、その意義と修正すべき点について語ってきたが、この方法をどのようにして哲学対話に生かすか、について、この第三部で詳しく語っていきたい。テーマは「正義の本質」である。

正義は、多様性と普遍性がともに見出されるテーマである。

時代や社会によって正義の基準が多様であることを私たちは知っている。また、対立する双方が、しばしば自身の正義を主張して争うことを、私たちは知っている。そこからすると、正義はまったく相対的で、何の根拠もないもののように思われてくる。

しかし他方で、正義という観念をもたない民族や社会があるかと問われると、そのような民族や社会はありえないと私たちは思う。そこからすると、「正義という観念をもつこと」にはそれらの根拠があり、また普遍性がありそうである。

正義における多様性と普遍性を、また正義の根拠をどのように考えればよいのか、という問いがここにある。

正義はまた、私たちが社会生活を送るうえで重要なテーマである。何が正義と不正とを分ける基準となるのか、つまり私たちが採用すべき「正義の基準」は何であり、またなぜそういえるのか。これは重要な問いだが、確信をもって答えることのできる人は多くないだろう。

このような問題意識に対して、正義の本質観取は、正義という事柄の体験的な意味を明確にし、さらにその意味（正義という観念）が成り立つ根拠を明らかにすることをめざす。そうすることで、正義の多様性と普遍性はどこにその根拠をもつのか、さらに、現代を生きる私たちが採用すべき正義の基準についても、明確にしていくことができる。以上を示すことで、本質観取の方法の具体的なやり方とともに、それがどのように役立つかを実感していただけると思う。

最初の第13章では、実際に行ったワークショップのようすを示しながら、本質観取を行っていくさいの重要なポイントを取り出して整理する。問題意識を出すことからスタートし、体験例を出しあいながら、どのように本質観取を行うかの具体的な手順が示される。

続く第14章では、本質観取によって得られた結果（正義の本質）にもとづいて、正義をめぐるいくつかの問題意識（ワークショップで出されたもの）に答えるとともに、既存の正義論の検討を試みる。本質観取を研究に応用するさいの参考にもなるだろう。

第13章

正義の本質観取——現象学の実践（一）

さて、本章の第1節では、あらためて現象学の方法を確認しておく。とくに〈現象学的還元〉が、哲学対話においてしばしば生じる「信念対立」を超え出て共通了解をつくりあげる上で、本質的な有効性をもつことを確認する。そして〈現象学的還元〉の方法を、哲学対話のなかで実践できるように具体化して示す。

続いて第2節では、〈本質観取〉の具体的な進め方を「正義の本質」を例にとって示してみる。そうすることで、方法上のポイントを確認するとともに、本質観取という対話の方法がどのような意義をもちうるかについても明らかになってくるはずである。

1 「信念対立」を超えるために——〈現象学的還元〉再説

哲学にかぎらず、対話・議論においてはさまざまな考えが対立し、ほとんど架橋不可能なものになることがしばしば起こる。具体的な政策レベルの対立や、その背景にある価値観の対立や利害の対立に私たちは直面し、それをどう超えるかについて苦慮することもある。

これらのさまざまなレベルでの対立をどう乗り越えたり、調停したりできるかということは重要な実践的課題だが、ここでは「哲学」という営みにおける信念対立をどうやって超えるか、という問題に焦点を絞って考えてみたい。

広義と狭義における哲学

そのさい、ここで取り上げる「哲学」をどのような範囲のものとみなすか、という点について、あらためて確認しておこう。

哲学とは、広義においては、〈議論において、根拠が提示され各人がその正しさを洞察することを通じて、合理的な共通了解を育てようとする営み〉である、といっておきたい。この広義における哲学は、自然科学や数学も含むあらゆる学問的営みを包括する。

しかしここで私が対象とする哲学、つまり「狭義」の哲学については、〈さまざまな種類の「よさ」（価値）について、その意味とその成立根拠とを根底から問いなおすことによって、合理的な共通了解をつくりあげようとする営み〉としておきたい。具体的には、認識の価値としての真、個々人の行為や社会的営みの価値としての善や正義、行為や物事の有用性、私たち各自が享受する美など、さまざまな種類の「よさ」（価値）が、ひとまず狭義の哲学の対象となる。*

＊「よさ」にもさまざまな種類がある。ある「よさ」（価値）は、なぜ・どういう点でよいのかを明確にすることを、よさの「意味」を問う、という（第一部のプラトンを参照）。正義という価値につい

て、それがどういう点でよいのか、を問うことが、正義の意味への問いである。さらに、正義がどのような根拠（平和に共存する必要など）によって成り立っているのかを問うことが、正義の成立根拠への問いである。

ちなみに、〈価値を根底から問いなおす〉ということを、〈哲学とは「そもそも」を問う営みなのである〉と言い直すとわかりやすいかもしれない。教育という主題について〈そもそも教育とは何をすることなのか〉〈教育のもたらす「よさ」はそもそもどのようなものか〉と問うならば、これは教育の哲学となる。正義という主題について〈正義の基準は社会や民族によって多様だが、正義という観念はどんな社会にも存在しているように思われる。では、正義の観念はそもそもどういう根拠から生まれてくるのか〉と問うならば、これは正義の哲学となる。

私はさらに、以上のような「価値」の意味と根拠の考察に加えて、さまざまな「感情的体験」（嫉妬、不安、死の恐怖、さまざまな種類の喜び、エロティシズム、恋愛など）についても、それらのもつ意味やその成立根拠について考察することが可能であり、これらの考察も狭義の哲学の対象に含めたいと思う。ちなみに、ホッブズ、デカルト、スピノザのような近代初頭の哲学者たちは「情念論」という名で人間の感情を考察してきた。人間性の考察には、感情の意味を問うことが欠かせないからである。

まとめるならば、哲学とは価値及び感情について、その意味と根拠を根底から問うことであり、それは最終的には二つの焦点をもつ。一つは「人は何を求めて生きているのか」という魂のあり方への問いである。もう一つの焦点は、社会のあり方への問いである。といっても、社会の状況を事実として確めること（これは社会科学の課題である）ではなく、社会正義や教育のような社会的営みの価値の根拠を問うことが哲学の課題となる。

このような哲学の営みが、個々人の行為や社会を方向づけるという意味で、一人ひとりの魂の世話（魂への配慮）、さらに、社会への配慮ともいうべき意義をもっていることは、本書の第5章ですでに述べたとおりである。*

＊なお、哲学と社会科学には相補性がある。人間性（魂）の認識の点では、哲学は「人間性の共通面」を取りだそうとするのに対し、社会科学は、人間性を社会環境や自然環境によって条件づけられたものとして考察する。また、哲学は、社会正義やその他の社会的営みの「価値の根拠」を考察するが、それを具体的な社会政策に結びつけるためには、人びとの生の条件である社会環境を社会科学的に考察する必要がある。

空転と信念対立を乗り越えるために

しかし多くの場合、哲学の対話と議論とは、実を結ばない。

たとえば「正義とは何か」という問いでもってワークショップを行ったとしよう。すると、この問いがあまりに抽象的すぎて、どこからどうやって考えていけばよいか、さっぱりわからないことがある。問いに答えるための手がかりがないために、「空転」するのである。

また、各自がそれぞれの意見（正義とは〜である）を表明しあうようにして、議論は進行するかもしれない。しかし、最初は他者の意見にふれること自体に新鮮さがあるとしても、さらに進んで、互いが納得できる「共通のもの」が見えてくるのでなければ、対話を継続する意欲じたいが次第に失われていくことになる。

このように、哲学の対話を進めようとすると、「そもそも価値について、根拠を伴った共通了解などはありえない。それぞれの考えがあるだけだ」という懐疑的・相対主義的態度に陥ることになりやすい。相対主義にならないとしても、「これこそが真の正義だ」という意見（独断論）どうしが衝突し対立するだけ、つまり信念対立が起こって解消できない、という結果になりかねない。

議論を空転させず、相対主義にも独断論にも陥らないためには、共通了解をつくりあげていくための「土台」が必要になる。すなわち、各人が〝みずから確かめる〟ことのできる土台をもつことが必要であり、そしてその土台は、無際限な遡行（根拠の根拠の根拠…を問い続けること）を停止させて、「確かにこれはこうなっている」ことを各人が見て取ることを可能にするものでなくてはならないだろう。

そして、この土台としてフッサールが提示したものこそ、〈現象学的還元〉によって浮かび上がってくる、各自の「体験」の領野であった。

現象学の第一の方法である〈現象学的還元〉は、この土台としての自分自身の体験の領野に立ち戻ることを要請するものだが、この手続きに含めるべき重要な点だと私が考えるのは、どこかにあるはずの「唯一の真理」を求める姿勢を放棄する、という点である。正義という主題であれば、「唯一の真の正義とは何か」という問い方をやめる、ということになる。この点をフッサール自身はとくに強調していないが、意識体験の領野への還元は、当然このことを含むはずである。

というのは、〈意識体験の外側に「真なる客観的な事態＝真理」が存在しており、それに一致することが正しい〉という見方こそが、空転や信念対立を生む大きな原因だからである。「正義とは何かの唯一の真なる答え」がどこかにあると思い、それを探そうとするからこそ、思考はさまざまなところをさまよい、ついに着地点を見出しえないかもしれない。また、自身の考えこそが「正義とは何か」の真なる答えだと信じる者は、正義について人びとの抱く多様な感度を考慮に入れることなく、頑強に自身の信念を主張することによって、信念対立を引き起こす。このように「唯一の真理」を想定することは、空転か信念対立につながりかねないのである。

　これに対して現象学は、「各自の体験世界に戻れ」という。唯一の正義があると決めつけることなく、また、さまざまな論者の「正義論」の当否もいったん措いて、〈正義という事柄は、私たち各自の生（体験世界）のなかでどのような意味をもって現れているかを確かめよ。ここにこそ、探究が向かうべき地盤がある〉という。こうして、体験に向かって問い、体験に即して答えるという姿勢を貫くことが〈現象学的還元〉なのである。*

＊後期フッサールは、現象学的還元について心理学的還元と超越論的還元を区別したが（本書第12章）、その区別にとらわれず、〈現象学的還元の核心は体験に即して問い・答えることにある〉とシンプルに捉えておくほうがよい。そのさい、これが「心」を捉える方法の一つではなく、価値や情緒や認識を捉えるうえで最も根源的な哲学的な方法である、という自覚は必要である。

　その場合、各自が正義や不正を実感する体験や、正義や不正という言葉を用いる体験を取り上げて、そこから正義・不正のもつ共通な意味に迫っていくことになるだろう。

「問い」を体験に即して答えられるものにする

〈現象学的還元〉を哲学対話のなかで実践するためには、まず、問いじたいを、各自の体験に即して答えられるものにする必要がある。これを〈問いの現象学的還元〉と呼んでおこう。[*] そのやり方は以下のようなことになる。

＊問いを体験へと還元する、ということは、当然、〈現象学的還元〉に含まれるべき手続きだが、フッサールはそのことをとくに指摘してはいない。

①その問いが、各自の体験世界に即して答えられるものかどうか、を確認する
②答えられないときには、その問いの体験世界における意味を問う（問いじたいの問い直し）
③各自の体験世界に即して答えられるかたちへと、問い方を変える（問いの変更）

たとえば「死後の世界はいったいどうなっているのか」が気になって仕方がない人がいるとする。しかしこの問いに対して、答えを出すことはできない。どこかにあるかもしれない死後の世界は、各自の体験世界を超え出た（超越した）ものであって、体験に即した答えは不可能だからである。

しかしまた、「死後の世界が気になってしまう」ということじたいは、問う人の体験世界のなかに確かに存在している。

だから、「死後の世界が気になってしまうのはなぜか」「死や死後の世界はどのようにイメージされているか」などのように問いのかたちを変えるなら、その人の体験世界に即して答えることができる。それだけではなく、ワークショップに集まっているすべての人に対して同様の問いを向けて、その答えを交換しあうこともできるだろう。

そもそも「問い」はつねに体験世界から生まれ出てくるものであるから、問いそのものの体験世界における意味を問うておくことは、どんな問いに対しても重要である。「正義とは何か」という問いにしても、なぜそれが気になるのか、どういう状況からそれが出てきているのかということ、一言でいえば、問題意識を確認しておくことは、哲学対話において不可欠なものとみなさなくてはならない。

もう一つ別の例を挙げてみよう。小学校で、日常生活から問いを取り出して皆で考えるという実践を行っているところがあるが、私が見学させてもらった小学四年生のクラスでは、このような問いが話し合われていた。「ある子（女子）が、水泳教室に通っていた。がんばっていたが昇級審査が厳しくて、なかなか合格しない。それでとうとう通うのをやめてしまった。この決断はよいものだったかどうか[48]」。

だれにとっても気になるような、おもしろい問いである。しかし、「結局は本人が納得するかどうかなんじゃない？」という話になると、皆で考え合う意味がなくなってしまう。

そこでたとえば、「何かの習い事を辞めてしまったときに、その決断がよいものだといえるためには、どんな条件を満たせばよいか」という一般的な問いのかたちにすれば、だれもが自分自身の体験世界に即しながらそれぞれの回答を出すことができる（さらに、「どういう点でよいのか」、つまり「よさの意味」についても話し合う必要が出てくるかもしれない）。私が見学したクラスでも、実質的には「よい決断といえるための条件」を問う話し合いになっていた。

本質を問うとは、事柄の「意味」と「根拠」を問うこと

いま見たように、さまざまな具体的な場面に即して「よいといえるための条件」や「なぜ・どこがよいのか」を問う哲学対話が可能であり、学校や市民のあいだでこうした営みが広がっていくことを私は期待している。

しかしやはり、哲学対話の中心となるテーマは、ソクラテス以来の「～とは何か」の問い、つまり事柄の本質をストレートに問う問いであろう。具体的な場面に即した対話も、最終的にはここにつながってくるからである。そして何より、本質観取の方法は、互いが出し合った体験を煮詰めて、そこから共通に了解できるものを取り出すことができる。その方法は、具体的な問いについて対話するさいにも役立つはずである。

私は〈本質観取〉を、主題となっている事柄（正義、美、不安等）の体験世界における「意味」と「成立根拠」とを問うこと、と定義しておきたい。つまり、ある事柄の本質を問うとは、〈その事柄が体験世界のなかでどのような意味をもっているのか、またその事柄はどのような根拠をもって体験世界のなかで成り立っているのか〉を問うことなのである。わかりやすくするために、「本質＝意味＋根拠」と理解しておくと便利である。

では具体的にはどのようにしてこの本質に迫るか。次の節では「正義」を主題として、このことを確認していきたい。

2 正義の本質観取（実践例）

私はこれまで、本質観取の方法を用いて、自由・正義・幸福・働く喜びのような「価値」の本質や、なつかしさ・嫉妬・不安のような「感情」の本質について、高校や大学、カルチャーセンター、企業研修、司法研修所などでワークショップを行ってきた。

ここでは、「正義とは何か」あるいは「正義の本質」という表題で行ってきたワークショップを具体例としながら、合理的な共通了解を導くために不可欠だと私が考える方法のポイントを、明らかにしていきたい。

現象学の大原則は、主題となる事柄（正義、自由、なつかしさ、嫉妬等）と私たち各自の生（体験世界）とが具体的にどのように関わっているかを浮かび上がらせ、そこから共通了解をつくりだしていく、というものだった。ここでは「正義」について、このテーマと各自の体験世界との関わりを浮かび上がらせ、それらに共通するものを見つけ出していかなくてはならない。

そのために私は、ワークショップの参加者に、次のような手順でアプローチしてもらってきた。この手順は、本質（～とは何か）を問うすべてのワークショップに共通するものと考えてよい。

○本質観取の進め方

①各人の問題意識の確認
②さまざまな体験例を出す
・主題（正義など）に関する言葉の用法
・主題に関する実感的な諸体験
③右の事例に即した、主題の「意味」の明確化とカテゴリー分け
④主題の「成立根拠」の考察
⑤最初の問題意識や途中で生まれてきた疑問点に答える

では以下、これらのプロセスについて、具体的な進行の実例を示すとともに、その方法的な意義について補説していくことにしたい。

2－1　問題意識の確認

ワークショップの参加者には、まず「問題意識」を出してもらうことにしている。小グループ（四～六名）のなかで「正義」について互いの問題意識を出しあってもらうと、次のようなもの

がよく出てくる（可能ならば、前もって準備してきてもらうとよい）。なお、引用したものはワークショップの参加者の発言をもとにしているが、その意図を汲んだうえで簡潔にしている。

・正義の普遍性と相対性
「時代や文化的背景によって、何が正義とされるかは変わる。そうではない、客観的で普遍的な正義というものは、はたしてあるのだろうか」

・主観的な正義と客観的正義
「人はそれぞれ主観的な正義の感覚をもっている。これらを客観的正義の名のもとに抑圧・否定すべきでないと思える。しかし、それぞれの主観的正義にもとづいて起こされた行動が衝突するときには、やはりそれらを調整する必要が出てくる。するとその調整のためには、やはり、多くの人が正義と認める最大公約数的なもの、つまりある種の客観的な正義が必要とされることになる。こうして、主観的正義と客観的正義との関係をどのように考えていいのか、よくわからない」

・正義という言葉による自己正当化／正義と正義でないものとを判定する基準
「『これが正義だ』と大声で語られるものは、しばしば自己正当化するためだけのものに聞こえ、ほんとうの正義とはいえないと思うことがある。しかし、ほんとうの正義とそうではないものとを判定するための明確な基準があるのか、と考えると、よくわからない」

・正義という観念の根拠／言語による意味内実のちがい

「正義という観念はどんな社会にもあるようにも思えるが、英語の justice と日本語の正義とでは異なるところがあるのではないか。そうだとすれば、そもそも、正義の根拠を一般的な共通了解として取り出すことは不可能なのではないか」

以上のように問題意識を出してもらうと、多くの人々のなかに〈正義には普遍性はなく、正義は社会や民族や個人ごとに異なる相対的なものにすぎないのではないか〉という疑いがあることがわかる。しかしまた、〈人びとの行為の調整のためには正義が必要とされるのだから、正義の基準を私たちがもたないわけにはいかない〉ということも意識されている。さらに〈正義が絶対化されることへの危機感〉もある。そこでこれらの問題意識を、以下の三つに整理しておこう。

①**正義という観念の普遍性及びその根拠への問い**……「正義の観念には普遍性があるのか、もしあるのなら、それはどのような根拠によるのか、あるいはそのような根拠はないのか」

②**正義の客観的基準への問い**……「私たちが社会を生きるうえで共有しうる、恣意的・相対的ではない正義の基準はあるか」

③**正義の絶対化への問い**……「正義はなぜ、しばしば絶対化され独善的なものになるのか。それ

を防ぐ方法はあるのか」

このような問題意識を出しあうプロセスは、とても重要である。気になっていることを出しあうと、互いに共通な問題意識があることがわかり、以降の作業を行うさいの動機が生まれる。つまり、なぜ・なんのために正義の本質（正義の意味と成立根拠）を捉えようとするのか、すなわち、「本質を捉えるさいの観点」が明確になり共有される。逆からいえば、まったくこれを行うことなく、いきなり正義の具体例から本質の抽出を行う作業に入ると、作業じたいが表面的・機械的なものになってしまいかねない。

さて、以上のように問題意識を出しあったら、それはいったん措いておく。そのうえで、「体験のなかで現れている正義」の具体例から、本質を捉える作業に移ってもらう。正義の本質が見えてきたら、そこから最初の問題意識に答えることを試みてもらっている。うまく答えることができれば、きわめて満足のいくワークショップとなる。

2-2　体験例の検討――正義の意味の明確化とカテゴリー分け

「言葉の用法」と「実感的な体験例」への着目

では、体験例の検討に進もう。正義という事柄が私たち各自の「体験世界」のなかでどのように現れてくるか、について実例を出しあう必要がある。具体的には、正義という言葉を私たちが用いるときの用法や、私たちがそれぞれに正義や不正を実感したエピソードをさまざまに挙げながら、それぞれの例において直観されている正義（あるいは不正・悪）の意味を言語化することになる。このように、具体的な事例を出し合ってそこから意味を確かめていくというやり方は、どんな本質観取においても共通である。

事例を挙げるさいには、「言葉の用法」と「実感的な体験例」について、それぞれ複数個を挙げてもらうようにするとよい。

「言葉の用法」とは、正義（ないしは不正・悪）という言葉が、どんな文脈でどのような意味をもつものとして用いられているか、を調べてみることをいう。ウィトゲンシュタインは言葉の意味をその用法に求めたが、とくに「価値」に関するテーマを体験に即して検討するさいには、その言葉の用法に着目することは役に立つ。

もう一つ、別の方向からの事例として、正義やその反対語である不正や悪について、その「実感的な意味」を探る必要がある。なぜなら、正義についてどんな思想や理論をもっているかとは別に、私たちは何かの事件や行為にさいして「これはひどい」「ずるい」「あの人は正義の味方だ」というような実感をもっているからである。そして、正義についての思想や理論はしばしば対立するが、後者の実感的なレベルでは、相当程度に共通したものを取り出せる可能性がある。

ではこの二つの方向から、正義の体験的な意味を捉えていくことにしよう。*

＊実感的な例と、言葉の用法の例、二つの方向から迫るやり方は、私がワークショップを行っていくな

かで思いついたものである。最初は実感的な例だけを出してもらっていたのだが、実感的でない例を考える必要があることに気づいたからである。たとえば自由の本質を考えるときにも、「仕事が終わったあと」のような実感的な例だけでなく、「自由席」「職業選択の自由」なども含めて考える必要がある。

マス・メディアや学問における「社会正義」の用法

新聞やテレビの報道や社説などで、しばしば「〜は社会正義に反する」というような言い方がなされる。具体的には、人権が侵されている、教育の機会均等が奪われている、経済の格差が大きくなりすぎている、というようなものである。

ここでの「社会正義」の意味は、さしあたって、〈社会が実現すべき価値〉のことを指す、といえそうである。しかし、実現すべき価値とはいっても、たとえば「文化を豊かに発展させる」という種類のことは、望ましいことであっても社会正義の実現とは呼ばない。* そうではなく、「人権」や、社会の成員それぞれが生きるうえでの経済的・社会的な条件についての「公正さ」などが社会正義の主題となるところからみれば、社会正義とは〈人びとが社会において共存するさいの基本的な取り決めとして、守られ実現されねばならない価値〉と呼ぶことができそうである。

＊このように、ある言い方で必要十分かどうかを試す「問いかけ」は重要である。これは、条件を動かしても主題の意味が成り立つかどうかを考察する点で、自由変更の一種といえる。本書第11章第2節

を参照。

さらにマス・メディアだけでなく、学問の世界にも「正義論」と呼ばれる政治哲学のジャンルがある。ここでも基本的には、社会ないし国家が実現すべき価値として、「人権の尊重」「経済格差の縮小」のような公正さの実現などが語られる。しかし、実現されるべき社会正義の内実をめぐっては、かなり異なった立場がある。

一九七〇年代から現在に至るまで、アメリカでは正義をめぐる論争が続いてきた。すなわち、①「最大多数の最大幸福」つまり社会全体としての効用（快）の増進をもって正義とする立場（功利主義）、②社会全体の効用ではなく一人ひとりの自由の権利（みずから選択し行為する権利）の尊重を正義の根幹におくが、経済的・社会的な格差の縮小をも重要であるとみなし、国家による所得再配分を認める立場（ロールズ）、③自由と所有の尊重のみを正義とみなし、国家による所得再配分を不正とみなす立場（リバータリアン）、④自由を正義の根幹にすることじたいを疑い、「共通善」（コミュニティが善とみなすもの）を正義の根拠とする立場（コミュニタリアン）などがあり、互いに対立してきた。

このように学問の世界で語られる「正義」も、マス・メディアで語られる社会正義と同じく、〈人びとが社会において共存するさいの基本的な取り決めとして、守り実現しなければならない価値〉ということができる。

そして重要なことは、ここでの正義が、社会についての「理念」であるということだ。この「理念としての正義」は、私たちが日々具体的に正義や不正を実感する体験とは異なったレベルのものである。なぜなら私たちは、そうした具体的な実感からいったん離れて、社会全体を俯瞰的に対象としたうえで、社会全体の望ましいあり方として「理念としての正義」を考えたり語ったりするからである。理念は具体的な実感のレベルとは異なるが、しかしこれもまた、私たちが正義を体験する一つの仕方であると考えなくてはならない。

このように、とくに価値の本質を問題とするときには、理念のレベルと実感のレベルとを区別することが必要になる場合がある。たとえば「幸福」についても、「幸福追求の権利」と憲法で語られるさいの幸福は「個々人の生の目標」を意味しており、その内実を問わず権利として保障されるべき理念である。これと、日々の生活のなかで実感される幸福とは、やはり区別されるべきだろう。

しかしもちろん、実感のレベルと理念のレベルとは無関係ではない。実感のレベルを問題にしながら、そこから理念のレベルまでを考察することが必要である、と考えておこう。

日常的・実感的な体験例

さて、マス・メディアや学問において語られる「社会正義」の意味については、ある程度輪郭をハッキリさせることができた。そして、実現されるべき社会正義の内容については異なった思想があることも確認できた。しかしこれだけでは、社会正義がなぜ必要とされるのか、つまり、社会正義が求められる「根拠」が明らかになったわけではない。この根拠に迫っていくためには、「実感を伴う日常的な体験」に即した考察が有効かもしれない。

私たちは日々の生活のなかで、何かの事件や行為に際して「この人は正義の味方だ！」「これはひどい不正だ！」と発語したり、内心で思ったりすることがある。そのような実感性のある体験例を挙げながら、それぞれの例に即して、そこで直観されている正義や不正（悪）の意味を確認していくことにしよう。*

*この実感性のある体験例の分析も、日常的な語りに即してその言葉の意味を確認すること、とみなせば、「言葉の用法」の分析と呼ぶことも可能である。

この実感的な体験例から意味を取り出す作業は、ちょうど、ソクラテスが『ラケス』で勇気の例として、戦いのさいに見せる勇気だけでなく、病気のさいに見せる勇気や欲望に対する勇気などのさまざまな勇気の例を挙げたうえで、それらの例すべてに共通する勇気の意味を言語化することを求めたプロセスに相当する（本書第4章及び第5章を参照）。

そのさい『ラケス』では、「一つの共通な答え」を取り出すことが目的とされていた。しかしここでは、まっすぐに「一つの共通な答え」へと突き進むのではなく、さまざまな体験例における正義や不正の意味を具体的に検討しながら、そこにいくつかの色合いの異なったものが見いだせる場合には、それらを「カテゴリー分け」することをも本質観取の目的として考えたい。

なぜなら、私たちが求めているのは、私たち各自の生活と「正義・不正・悪」という言葉（ないし観念）とがどのように関わり合っているのかを、具体的に探ることだからである。正義・不正（悪）という言葉の面から、私たち各自の生活や社会生活を見つめ直すことを試みる、といってもよい。

そう考えるならば、一つの共通な答えを急ぐことなく、むしろ、一つひとつの実例に即して、そこでの正義・不正・悪という言葉がどのような意味あいをもっているかをていねいに検討すべきなのである。

そうした検討のなかで、人によって正義という言葉に含める事柄の範囲が異なっているならば、それもハッキリしてくるだろう。また、英語の **justice** と日本語の正義の用法や意味に異なる点があるならば、これについても考えを進めるきっかけを得られるはずである。

具体的なやり方としては、まず、各人が正義あるいは不正や悪を〝実感〟するような、何らかの実例やエピソードを、小グループ（四〜六名）のなかでさまざまに出し合う。一つの付箋に一つの例を簡単にメモしてもらったうえで話すと便利である。そして話された例について、そのつどの正義・不正（悪）の意味をグループ内で確かめていくことになる。

では、典型的な事例を四つ紹介しよう。

①正義のヒーロー（正義の例）

「スーパーマンやアンパンマンのようなヒーロー。平和を乱す者と戦う、つまり、悪を罰して平和を回復しようと努めることが正義である。その反対に、何の理由もなく人びとの平和な生活を破壊したり、人びとを苦しめたりすることが悪である」。

ワークショップを行うと、必ずこれに類する発言が出てくる。西部劇の保安官、また警察や司法が挙げられることもある。そしてここでの正義の意味は、〈他者を苦しめる悪人を懲らしめて平和を取り戻すこと〉または〈悪を罰して社会秩序を回復すること〉といえる。

またこの例から、正義という言葉は「社会の状態」に対してだけでなく、人の「行為」やそのような行為を行う「人」についても語られるものであることがわかる。

②災害時の救助活動（正義の例）

「災害時の過酷な状況の中で、一人でも多くの人を救助しようとする行動に、私は正義を感じる。ここでの正義の意味は〈利他的であること〉だが、これに対応する不正は存在しない」。

これも必ず挙がってくる例である。しかし、正義＝利他的行動とするこの意見に対しては異論も出てくる。「災害救助は確かに善だが、正義とは呼べないのではないか。だれかがルールを破ったり他者を苦しめたりしたときに、その犯人を罰することは正義といえるが、災害はだれかがつくり出した悪ではないからだ」などである。正義という言葉に含める範囲が人によって異なることがわかる。

③学校でのいじめ（悪の例）

「大勢で一人をいじめることは、正当な理由なく他者に苦痛を与えて楽しむことであるから、悪である。この反対の正義は、〈他人をいじめないこと〉ともいえるし、さらに進んで、〈いじめる人たちに抗議したり彼らと戦ったりすることで、いじめられている人を救うこと〉をさすともいえる」。

この例は、〈人を苦しめること〉＝悪、という私たちの基本的な感覚をよく示している。同種のものとして、殺人、傷害、監禁、盗みのような犯罪も挙げられる。すべてが直接的な苦しみを他人に与えるものである点で、ハッキリと「悪」と名指される。これに対して、直接的な被害や苦しみを他者に与えない「ルール違反」的なもの（スピード違反など）は、「違反」とはいわれるが、悪とは呼ばれにくい。

また、ここでの悪に対応する正義を考えたときに、〈他人をいじめないこと＝他者に苦痛を与えない、ないしルールを守っている〉という水準と、〈いじめられている人を救おうとする、または、いじめる人たちをやっつける〉という積極的な行為の水準の二つが挙げられていることも興味ぶかい。

後者の積極的な行為の水準については、「正義のヒーロー」と同じで正義という言葉は似つかわしいが、前者の〈ルールを守り他人を傷つけない〉ということを正義と呼ぶことは、ふつうはない。「あたりまえ」だからである。しかし〈集団や個人においてルールが守られていること〉を「正義が保たれている」と呼ぶことは可能であり、その点では、これも正義と認めてよいだろう。

④カンニング、賄賂、株のインサイダー取引など（不正の例）

「大学入試でカンニングをすることは、不正である。これは判定を誤らせることで自分の利益（大学への入学資格）を求めることだが、当然、入学できなかった他者を生む。だからここでの不正とは〈公正な競争を害することによる私的利益の追求〉である」。

これは傷害や盗みとちがって、他者に直接には損害を与えないか、他者や社会への損害が間接的であってわかりにくい場合である。そして、直接的な損害がイメージされるときには「ひどい」「悪い」という言葉が浮かぶのに対し、カンニングや賄賂《わいろ》には「ずるい」「不正だ」という言葉が用いられることが多い。つまりルールを表向きは守っているように見せかけながら、裏ではそれを破って自分の利益を求めることを、「ずるい」とか「卑怯だ」と私たちは感じるのである。

ここからは、私たちがさまざまな場面で「どの参加者も同じルールで競争する」（広くいえば、どの人も同じルールを守る）という約束をしながら生きている、という事態が浮かび上がってくる。この〈ルールのもとでの参加者の対等性〉がしばしば「公正さ」と呼ばれるのだが、その意義については、後に詳しく掘り下げることにして、ここでは追求しないでおこう。

カテゴリー分けとその関連づけ

これまでの議論をもとにして、正義（悪・不正）の意味のちがいをカテゴリーに分けて整理してみよう。すると以下のようになる。

①**社会正義**　〈人びとが社会において共存するさいに「かくあるべきである」とされること〉。人権や公正さの尊重など。理念としての正義。

②**積極的な行為としての正義**　〈悪や不正をただす行為〉。警察や司法、また「いじめ」に反対するなど。

③**まったくの利他的行為〉としての正義**　災害で困っている人を救助する、など。しかしこれは正義に含めない人も多い。

④悪　〈直接に他者に危害や損害を与える行為〉。殺人、傷害、窃盗など。
⑤不正　〈ルールを密かに破って私的利益を獲得する行為〉。株のインサイダー取引、わいろなど。
⑥日常的に守られている正義　〈ルールを守り他者を侵害しないでいること〉。

これらのカテゴリーはしかし、まったくバラバラのものではないはずだ。これらがどう関連しあっているかについて、続けて考えてみよう（この「カテゴリーの関連づけ」は、本質観取のテーマによっては、きわめて有効な方法となる場合がある）。

――私たちはふだんの社会生活において、互い（同じ社会・集団のメンバー）を侵害せず、また一定のルールを取り結んで、そのもとで経済活動などのさまざまな活動を行っている。そしてそのルールは、特別な事情がないかぎり、基本的には「メンバーどうしを対等に扱う」（法のもとでの平等もその一つ）ことになっている。そして、このように〈ルールを守り他者を侵害しないでいること〉を、私たちはふだんとりたてて「正義」と呼びはしないが、そこには「これは正しいことであって破ってはならない」という感覚が伴っている。そこで、これを「日常的に守られている正義」（カテゴリー⑥）と呼んでおくことにする。

しかし、誰かを直接に侵害したり、また密かにルールを破って私的利益を追求しようとしたりした場合、それは悪や不正と呼ばれる（カテゴリー④と⑤）。そして、悪や不正をただそうとする行為は、積極的に「正義」と呼ばれる（カテゴリー②）。そして悪や不正が最終的にただされる（裁判が行われ犯人が相応の罰を受ける）ことを「正義が回復される」と呼ぶことがある。

また、社会正義（カテゴリー①）は、個々の行為というよりも、社会を全体としてみたときに公正さや人権の尊重などがきちんと成り立っているか、を主題としているものといえる。

このようにして、カテゴリーの間の連関を明らかにしてみると、とくに強く正義が意識されるのは、「悪や不正をただす」積極的な行為としての正義だが、しかし正義という事柄の核心にあるのはむしろ、「私たちがふだん他者を侵害しないようにし、またルールを守って社会生活を営んでいる」ということ、つまり「日常的に守られている正義」（カテゴリー⑥）であることがわかる。これがあってはじめて、不正や悪が問題となり、また強い意味での正義も必要とされるからである。

3　正義の成立根拠の考察

続いて、さまざまな正義の意味（カテゴリー）のもっとも核心に位置する「日常的に守られている正義」という現象に焦点を当てて、これをより深く理解し、その根拠を明らかにすることを試みたい。

ちなみに、これからの作業は、これまでのような「具体的な事例から、そこに直観されている意味を引き出す」というものではなく、「一つの現象になんらかの観点から問いかけて、それがどのようにして成り立っているのか（成立根拠）を明らかにしようとする」ものになる。しかしこの「成立根拠の問い」に答えるさいには、特有の困難がある。

体験的な事例から意味を引き出すことや、それらの関連を考察し、その中心にあるもの（ここでは「日常的に守られている正義」）を確定するまでの作業は、おそらくほとんどの人が同意しうるものだろう。このように、本質観取は「だれもが自身の体験を引き合いに出して確かめうる」ということが最大の利点なのである。しかしさらに事柄の根拠を掘りさげていこうとすると、「体験に即して見て取れる」というところを超え出て、いつのまにか独自の仮説を立ててしまう可能性がある。そうなると、本質観取としては失敗である。

以下については、私としては「体験に即して見て取れる」ことを意識しながら進めていくつもりだが、読者には異論があるかもしれない。もしそのような異論があれば、私までお寄せいただけるとうれしい。

共感性と約束性

この「日常的に守られている正義」について、私たちは「あたりまえ」「正しい」「破ってはならない」などの感覚をもっている。なぜそういう感覚を私たちはもつのか、というところから掘り下げてみたい。そのさい、先ほど挙がっていた、他者を直接に侵害することを「ひどい」と私たちが感じたり、ルールをごまかして利益を追求することを「ずるい」と感じたりすることを手がかりにしてみよう。

まず、他者を傷つけたり殺したりすることを、多くの人は「ひどい」と感じる。そうされる相手の苦しみを想像するからである。〈相手がされたくない辛いことを、自分はしたくない。自分もまた、そうされたくない〉という感覚を、確かに私たち（のほとんど）がもっているだろう。この感覚のことを〈共感性〉と名付けてみるなら、この〈共感性〉は、私たちのなかにある「正義」（他人を傷つけてはならない）の基底にあるものといえそうである。

しかしここで、「他者を傷つけたくない、傷つけられた人は気の毒だ」という〈共感性〉の感覚を、私たちはどんな場合でももっているか、と問うてみる。

私たちは他者に対して「苦しむのは気の毒だ」と共感的に接することもあるが、自分を侮蔑《ぶべつ》した他者や自分に危害を与えうる他者を憎み、そういう他者に危害を与えたい、ときには殺したいと望むことさえある。他者は共感の対象であるとともに、憎しみや脅威を感じる対象でもあるからだ（この点については、ほんらい「他者」の本質観取が必要だが、ここでは深入りしない）。

このような視点からみるかぎり、「日常的に守られている正義」（他者を殺さない・傷つけない）は、〈相手がされたくない辛いことを、自分はしたくない。自分もそうされたくない〉という〈共感性〉だけで成り立っているのではなさそうである。私たちが正義と呼ぶものには、〈相手が憎くても殺さない・傷つけない〉ということが含まれているからだ。

では、〈相手が憎くても殺さない・傷つけない〉ということが成り立つのはなぜか。私たちのあいだに「社会的な約束」があるからだろう。つまり、相手に対する自分の感情は別にして、〈互いを傷つけないという条件のもとで、私たちは社会を構成するメンバーとしてともに生きていくことにしよう〉という約束が、正義の感覚には含まれていると考えることができる。

たとえば暴力事件を起こした人がいて、相手を殴った事情を聞くと、「なるほどねえ、それは無理もないなあ」と共感できるようなものだったとする。しかしそれはそれとして、「暴力という解決の仕方はよくない」と、たいていの大人の市民は判断するだろう。

つまり、「殺さない・傷つけない」ということの根底には、他者を自分と同じく感情や意志をもつ一人の人間だと感じていること（共感性）があるが、それに加えて、殺さない・傷つけないということが社会生活を送っていくうえでの最低限のルールだ、ということ（約束性）がある、ということになる。

この〈約束性〉の契機は、株のインサイダー取引や、賄賂によって公共事業を受注するときのような「ずるい」ことを考えてみると、さらにハッキリしてくる。

〈一定のルールのもとで競争し、それでもって獲得された財は正当である〉という観念が私たちのなかにある。そこには、財の獲得という人の生活にとってきわめて重要な事柄に対して、権力や富のある者が好きなようにできる（暴力性がむき出しになる）のを押さえ込む、という意味があるだろう。〈力に訴えるのではなく、「このルールのもとで競争することにする」という条件でもって、みんなでやっていこう〉と社会の構成員は互いに約束しあっている。だからこそ、バレないようにしながらルールを破って私的利益を追求する行為を、私たちは「約束がちがうぞ、それは社会の構成員としてやるべきことではない」と感じるのである。

ちなみに、「同じルールのもとでの競争」という条件は、なぜ財の獲得や大学入試に至るまで広く社会のなかで採用されているのだろうか。この条件は社会の構成員すべてに財の獲得や入学のための「対等な」チャンスを与える、ということを意味するが、ここには〈社会の構成員すべてを対等なものとして遇すべきだ〉という感覚が含まれていることがわかる。貧富の差があっても等しく教育を受けられ、社会で活躍するチャンスを得られるようにすべきだという「教育の機会均等」（機会の平等）の思想もまた、基本的には、メンバーの対等性の感覚に基づくものといえるだろう。

さまざまなルールの根底にあるもの――〈共存の約束〉

さて、「ひどい」「ずるい」という感覚を検討することによって、他者に対する〈共感性〉だけでなく、さらに〈約束性〉がつけ加わることによって、「日常的に守られる正義」が成り立っていることがわかってきた。この〈約束性〉の意味をさらに掘り下げてみよう。

私たちは互いにさまざまなルール（約束）を取り決め、またそれを守りながら社会生活を営んでいる、という事態がみえてきている。では、それらのさまざまなルールを取り結んでいることの根底に、なんらかの根本の約束があるとすれば、それはどのようなものだろうか?

この問いはワークショップで必ず参加者に尋ねているものだが、私なりに次のように答えてみたい。それは「互いを同じ社会を構成する対等なメンバーとして認めあい、そして互いの共存・共栄のために必要なルールをつくって守っていこう、そのための負担（税など）も担っていこう」という約束である、と。

この約束のことを、私は簡単に〈共存の約束〉または〈共存の意志〉と呼ぶことにしている。

「正しく、破ってはならないことがある」という正義の観念は、この「ともに生きていこうという約束・意志」があるからこそ、生まれてくるものだろう。つまり、この〈共存の意志〉こそが、正義という観念の土台であり根拠であるといえる。

＊

さて、以上の検討をふまえて、正義の本質を以下のようにまとめておきたい（ワークショップでも、最後に各グループにまとめの文章を書いてもらうことにしている）。

〈人びとが互いを、社会を構成する対等な仲間として認めあい、自分たちの平和共存と共栄のために努力しようと意志するところから生まれる「あるべき秩序の像」や「正しさの感覚」。これが正義と呼ばれる〉

この文章は私が作ったものだが、作文するさいには、①正義の根拠が〈共存の意志〉にあることを明確に指摘するとともに、②正義の意味について、「正しさの感覚」（破ってはならないという感覚）だけでなく、社会正義を包括できるように「あるべき秩序の像」という言葉を付加してみた。正義の意味を詳しく示そうとするなら、先に検討した複数のカテゴリーとその連関についても文章化することができるが、ここではそうせず、端的な短い文章としておいた。

これは試論なので、より適切なものへと書き換えられる可能性があることはもちろんである。しかしそのさいも、「体験に即しそこから見て取れること」によって訂正が加えられるのでなくてはならないだろう。

さて、こうやって本質観取によって得られた結果（正義の本質）をもとにして、そこから最初に出しあった問題意識をあらためて見つめ直してみることができる。さらに、正義の本質と既存の諸学説との関連を考えることもできる。

この作業もグループとして行っていくことができるが、これまでじっさいに行ってきたワークショップでは、もっぱら時間的制約の関係で、私から簡単に、グループとしてまとめてもらった正義の本質と、最初の問題意識や諸学説との関連を示すに留まってきた。したがって、以下は私個人の考えを多く含むものとなっているので、章を改めて記していくことにしたい。

第14章

正義をめぐる問題と学説の検討——現象学の実践（二）

正義の本質観取をはじめるさい、最初に挙がっていた問題意識は次の三つであった。

①正義という観念の普遍性及びその根拠への問い
②正義の客観的基準への問い
③正義の絶対化への問い

この章では、前章での本質観取の結果をもとにして、これらを順番に検討してみよう。その検討とともに、先にペンディングにしておいた学説・思想をどうみるか、ということにもふれてみたい。

以下はしかし、あくまで私なりの検討例であって、同じ本質観取の結果をもとにしても、また別の考えをもつ人がいるかもしれないことをお断りしておく。

1　正義の根拠について

正義に根拠はあるか――メンバーの範囲の問題

「普遍的な正義はなく、すべては相対的なのではないか？　結局のところ、正義というものに根拠はないのではないか？」という疑念を、これまでワークショップに参加した人の多くが抱いていた。これに対しては、〈互いに共存・共栄していこうという意志＝共存の意志〉というものを、正義の根拠としてつかまえることができた。

正義の「基準」だけをみれば、それが社会や文化によって異なることが目立つが、正義の「根拠」を考えてみると、〈人びとが争いを避けて集団や国家をなし、共存・共栄するためにルールをつくり、それを守って生きようとすること〉には時代を超えた普遍性があると考えられる。その意味で、正義は決して〝何かたよりないもの〟ではないことがわかる。

しかしパレスチナとイスラエルのように、どちらも「自分たちの正義」を標榜《ひょうぼう》して争い続けているところもある。このような「正義と正義の衝突」は、私たちがしばしば正義の相対性と無根拠性を感じさせられる事例だが、しかしこれは、正義というものがどこにも根拠がないことを意味するのではない。そうではなく、両者のあいだに不信が蓄積しているために、互いのあいだに、正義を生み出す土台である〈共存の意志〉が成立していないことを意味する。もし両者が「ともに生きていく仲間」として互いを承認しあうことができたなら、そこには新たな正義が生まれることになるだろう。この「相互承認」が成立するには大きな困難が予想されるが、しかしそれが成立するための条件を考察することはまったく不可能ではないだろう。

また、この例によってハッキリとみえてくるのは、〈共存の意志〉というときに、どの範囲の人びとが「共存するメンバー」とみなされるのか、という問題があるということだ。

ほとんどの日本人（日本国籍の所有者）は、他の日本人を共存・共栄する仲間とみなしているだろう。しかし、在日コリアンのように、日本国籍をもたないが歴史的な経緯から「永住権」をもっている人びとを、日本人は共存・共栄する仲間だとみなしているだろうか。彼らは日本人と同じ言葉を話し、地域社会で暮らし、もちろん税金も払っている。しかし、「在日」をともに生きる仲間とみなすかどうかについては、残念なことだが、人によって感覚が分かれている。ヘイトスピーチを行う人のように、在日コリアンを仲間だとみなさない人もいるのである。

世界に目を向けてみても、一つの国家の内部にさまざまな民族問題を抱えているところは多い。それはしばしば、少数民族が「自分たちはまともに（対等に）扱われていない」と感じるところからきている。そしてここには、「〈共存の意志〉は、いかにして排他的になることなくその範囲を広げうるのか」という非常に重要な問題（考察すべき問い）があることがわかる。

さらに、このメンバーの範囲は一つの国家に閉じられるのかどうか、という問いも浮かんでくる。――これをふりかえって考えてみると、私たち日本社会に生きている人びとの大多数の正義の感覚は、もう日本国内のみに限られていないことがわかる。

戦前の日本人であれば、その多くが、日本人だけを「共存するメンバー」として、つまり正義の感覚が及ぶ者として感じていたかもしれない。しかし現在を生きる私たちは、もう、他のアジア諸国やヨーロッパ、アフリカなどの人びとを、自分たちとは異質な「外」の存在とは感じていない。彼らもまた、自分たちと同じように喜怒哀楽の感情をもちそれぞれの人生をもって生きていると感じているからだ。このように、人類を自分たちの共存する仲間とみなす「世界市民」の感覚は、かつては一部の知識人だけのものだったが、現在ではごく日常的なものになりつつある。

二度の世界大戦によって、先進国の間では平和を守り戦争を避けようという合意が成立して国際連合が作られ、国際人権規約（一九六六）のような世界規模の規約も作られた。しかし、世界市民的な感覚が日常的なものとなったのは、日本では一九八〇年代以降のグローバリゼーションの広がり、つまり世界の人びとが広く交流しあい、世界の情報がたえず入ってくるようになってからである。

とはいえ、国家の一員であることと、人類という仲間の一員であることとは、さまざまに矛盾しうる。富の獲得をめぐる国家間の競争が激化し、貧富の格差が拡大していけば、各国はナショナリズムを高めていき、戦争の可能性も高まってくる。大きく見れば、現代の世界は、人類として共存・共栄するための政治制度をめざす、試みの途上といえるかもしれない。

〈共存の意志〉はいかにして育まれるのか

「正義の土台は〈共存の意志〉である」ということは、〈共存の意志〉が弱ってくれば、犯罪（ときには無差別な殺人）が増えたり、地域・階層・民族のあいだの争い（ときにテロル）が生じたりするかもしれない、ということを意味する。ここには、「〈共存の意志〉を、どのようにして人びとのなかに育んでいくことができるのか」という非常に重要な問題があることがわかる。

この問題に関して、私の考えを少し述べておきたい。

〈共存の意志〉はいかにして育まれるのか、という問題を、哲学の歴史のなかで最初に根本的に扱った人物として、『社会契約論』（一七六二）のルソーを挙げることができる。

ルソーのいう「社会契約」とは、人びとが広場に集まって契約の行為を行う、というような、じっさいの行為を指すものではない。そうではなく、人びとがもろもろの権利や法律を「正しいもの」とみなすことの、根底にあるものとして想定されている。* つまりこれは、私が〈共存の意志〉と呼んでいるものとほぼ等しい。

＊『社会契約論』の冒頭、第一篇第一章で、ルソーはこう述べている。「社会秩序は神聖な正義［droit, 法や権利をも意味する］であり、他のあらゆる正義の土台として作用する。ところが、この正義は自然から出てくるものではなく、したがって、いくつかの約束［conventions, 慣習という意味もある］にもとづくものである。問題は、これらの約束がどんなものかを知ることだ[49]」。

さらにルソーは次のように強調する。人びとが議会に集まって法案を審議するときに、その法案が「自分や自分の親しい者にとって得であるかどうか」ではなく、それが「〈一般意志〉であるかどうか」、つまり、それがメンバー各自の生活とメンバー相互の共存にとって必要・有用であり、だからこそ「だれもが欲する」一般性をもつかどうか、を考えなくてはならない、と。[*]

＊一般意志とは、単に多数派の意志ではなく、よい仕方で共存していくためには「どのメンバーにとっても」必要であり、だからこそ「だれもが意志する（欲する）こと」を指す。具体的には、人民の集会で法案が審議され、それが一般意志であることが確かめられて、「法」となる。これを逆からいえば、法の正当性の根拠はそれが一般意志といえるかどうかにある、ということになる。この点については、『社会契約論』の第四篇第二章「投票」を参照。また、一般意志は個別の事柄（特定の人物や特定の案件）については成り立たず、あくまでも一般的なケースを規定するだけであり、その意味でも「一般」意志であるとされる。これについては同書の第二篇第六章「法について」を参照せよ。

なぜなら、マジョリティが自分たちだけの利益を法や政策として決めてしまう、ということが続くとしよう。するとマイノリティは「法と政策には自分たちの利害はまったく考慮されない」と感じるようになる。これがきわまれば、〈共存の意志〉、つまり社会契約じたいが弱体化し、ついには解体しかねない。そしてマイノリティによるテロルや、独立運動を招来しかねない。〈社会のルールや政策について、自分（たち）の意見を表明でき、それが他の人びとによってきちんと聴き取られること。そして自分（たち）の考え方や利害に対して一定の配慮がなされること。そのことによって、自分（たち）は社会を構成する対等なメンバーとして承認され遇されている、と感じられること〉――このことが私見では〈共存の意志〉が育まれるためのもっとも根本的な条件であり、これをルソーは鋭く意識していた。[*]

＊なお、人民集会で互いの立場や考えを出しあって議論したすえに、意見がまとまらないときには最終的には「多数決」によって決定するしかないことを、ルソーも認めている。しかしそのことを一度は

全員一致で決めておく必要がある、とも付け加えている（第一篇第五章）。つまり多数決は「決定方式」の一つであって、状況によっては別の決定方式のほうが「よりよい」こともありうる。ルソーの考えでは、法の正当性はあくまでも、それが〈一般意志〉であるかどうかにあり、多数決じたいにあるのではない。

「自分の考えを表明でき、それが他の人びとから聴き取られ、配慮される」ということが実感されないと、「自分たちはともに生きる仲間なのだ」という感覚じたいが衰え、社会の分裂や対立を招く。正義の感覚が社会のなかに健全に保たれ、また社会の分裂を招かないためにも、語り・聴かれることを通じて〈共存の意志〉が活性化されることが必要なのである。*

＊〈共存の意志〉を育んでいくためには、学校教育や、自発的に作られる団体（NPOや趣味のサークル）や、地方自治のような身近な場において、語りあい聴きあう「対話的関係」を成り立たせる工夫が重要だと考える。この点について、民主主義における地方自治とアソシアシオン（自発的につくられる団体）と陪審制の意義を明確に述べたアレクシ・ド・トクヴィル『アメリカのデモクラシー』が参考になる。また小山勉『トクヴィル――民主主義の三つの学校』はトクヴィル理解のために役立つ。[50]

2　正義の「客観的」基準について

次に、正義に客観的基準はあるのか、より正確には、「私たちが社会を生きるうえで共有しうる、恣意的・相対的ではない正義の基準はあるのか」という問いについて考えてみよう。

近代以降、「正義とは何か」について多様な思想が生まれてきた。とくに一九世紀の半ばから二〇世紀にかけて、自由主義経済か社会主義かという対立は、正義についてのもっとも大きな対立だった。これについては、二〇世紀の終わりに社会主義諸国が次々と倒れ、計画経済には無理があり市場経済を認めつつやっていくしかない、ということや、社会正義の根底に個々人の自由を据える必要がある、ということが認識されてきた。

だが、現代アメリカの正義論においても、功利主義、ロールズらのリベラリズム、リバータリアニズム、コミュニタリアニズムのように正義の基準をめぐる対立があり、解消されそうなようすはない。

しかし私たちは、正義の本質観取を通して、〈共存の約束・意志〉を正義の土台として見出してきた。そこから考えるならば、時代や状況によって変動しうるルールとは区別された、正義の「骨格」を明確にすることができるかもしれない。

そのために、まずは〈共存の約束・意志〉の内実をあらためて掘り下げることを試みてみよう。

2－1 〈共存の約束〉の動機と対等性

〈共存の約束〉の動機とは

この〈共存の約束〉を人びとが抱くのはなぜか、つまりその動機はどこにあるのか、ということを、あらためて考えてみよう。
まず、その最大のものとして、「平和への要求」、言い換えれば「暴力性の縮減」を挙げることができる。ふだん意識しないことも多いが、外国からの攻撃に対する防衛や国内での治安の保持は、私たちの生活にとってきわめて重要である。*

*ホッブズは、人びとは自己保存の欲求と名誉欲をもつために、もし実力を備えた強力な国家権力がなければ、財産や生命の奪いあいが常態となる（戦争状態となる）と述べた（『リヴァイアサン』）。私たちは国家権力のもつ暴力性に目が行きがちで、国家じたいが「暴力性を縮減する」という意義をもつことを見逃してしまいやすい。この点については、竹田青嗣『哲学は資本主義を変えられるか――ヘーゲル哲学再考』を参照[51]。

さらに、「個々人の自由な意志と活動を守ること」、つまり「自由の確保」を挙げることができる。たとえば、力のある者（富者や権力者）のいいなりにならないと生きていけないような社会状況では、ほとんどの人は自由があるとはいえない。そうではなく、一定のルール（法）に皆が等しく従い、違反者には等しく制裁が加えられる状況が成立してはじめて、一人ひとりに一定の範囲で「自由」が確保されうる。*

*ルソーは、「人間への依存」と「法に従うこと」とをはっきりと区別している。人間に依存するとは、強者に媚びを売ることで自分を守ってもらい、自分は自分より弱い人間から奪うような状況のことである。このようにつねに強者のご機嫌を伺わねばならない状況では、自由はない。自由をつくりだすためには、「人間のかわりに法をおき、一般意志に現実的な力を与え、それをあらゆる個別意志の行為の上に置くこと」（『エミール』）が必要になるという[52]。

しかしまた、私たちは、暴力性の縮減と自由の確保だけでなく、景気対策などさまざまな公共政策も重要だとみなしている。たとえば、次のようなものが思いつく。

・道路、鉄道、電気、水道などの社会的基盤（インフラ）の整備や景気対策
——これらは、企業活動や個人生活の基盤を整備することによって、全般的に経済を発展させ、企業収益と個々人の福利を高めることを目的としている。

・義務教育の制定及び教育費の一定範囲での無償化
——身体的・文化的な一定の能力の育成・保障

・医療の国民皆保険、介護保険、障害者への保障、生活保護など
——個々人の能力が損なわれたさいの保障、また活動できなくなった場合の保障

さまざまな社会的インフラの整備は、個人や企業活動の基盤づくりに関わる。他方の教育や医療は、個々人の自由な活動を支える「能力」に関わっている。自由な活動は、一定の身体的な能力（歩けるなど）と文化的な能力（文章を読み理解できる、一定の知識をもち運用できるなど）とが伴って初めて可能になるからだ。一定の能力は、自由な活動の前提条件であるともいえるだろう。

以上を整理すれば、①個人や企業の活動の前提となる社会的基盤の整備、また②個々人の自由な活動の前提条件の整備、という、社会全体に向けたものと個々人に向けたものとの二つの方向で、さまざまな公共政策がなされていることがわかる。*

＊ヘーゲルは『法の哲学』（一八二一）で、個々人の自由な意志と活動が発揮されるための条件を整え

ること（自由の条件の共同的配慮）を、公共政策の重要な働きとして掲げている。この点については「市民社会」の章「C　公共政策と職業団体」を参照。これはロックやルソーにはなかった視点であり、産業革命以降の貧富の差の拡大を見据えたうえでの国家論となっている。

まとめておこう。まずは**「暴力の縮減と自由の保護」**、さらに**「個々人の自由な活動を可能にする基礎的な条件への配慮」**（教育や医療）、そして**「全体としての活動の発展と福利の向上」**（インフラ整備や経済政策）が、私たちが社会・国家をなすときの動機として含まれているといえる（ごく簡単にまとめれば、「仲間たちの共存と共栄のために」といえる）。

メンバーの対等性の意味

次に、社会・国家を構成する仲間（メンバー）の対等性とはどのようなことを指すのか、についても、さらに掘り下げて考えてみよう。

第一に、社会・国家を構成するメンバーは皆「同じ人間」である、と私たちは感じている。私が自分の意志と人生をもつように、他のどの人も、自らの意志によって行動し、自分の人生を自分の意志によって営みたいと願っていることを、私たちは知っている。だからこそ、他者の主体的で自由な意志を、正当な理由なく損なってはならないと感じている。

この感覚を、〈それぞれの意志と人生をもつ点ではどの人も対等（同じ）であり、だからこそ一人ひとりの自由な意志は尊重されねばならない〉とまとめておこう。[*]——なお注記しておけば、この感覚は自分の属する社会・国家のメンバーのみに限定されるものではない。外国人であっても、まったく見知らぬ人であっても、私たちがその人を「同じ人間」と感じ、その人の意志を損なってはならないと感じることは多い。

＊これをヘーゲルは「自由な人格の尊重」「自由な人格の相互承認」と呼び、正義（権利や法）のもっとも根幹にあるものとみなした（ヘーゲル『法の哲学』§36、§71）。竹田青嗣や苫野一徳はこれを簡単に「自由の相互承認」と呼んでいるが、この相互承認は、私たちが前章で正義の根拠を検討したさいの〈共感性〉と同じものだろうか？　私のみるところ、これは〈共感性〉を土台としつつも、やはり、互いに傷つけ合わず互いの自由を尊重することにするという〈約束性〉を含んでいる。

第二に、社会・国家を構成するメンバーは、単に「自由意志をもつ同じ人間」であることにとどまらない。メンバーは、互いの共存と共栄のために努力するという「約束」をしていると信じられているからだ。こうして、互いを「自由意志をもつ同じ人間」であると承認することを土台としつつ、そこから進んで、さらに「共存の約束をしている者」として認めあっているという、より高次の承認関係がメンバー間の対等性の根本をなす、と考えることができる。＊

＊ヘーゲルの『法の哲学』では、もっとも原初的な正義として「自由な人格の相互承認」からスタートするが、次第に、互いの自由を守りあおうとする共同的な意志へと成長していく。自由な人格の相互承認はいわば「相互不可侵」の段階だが、互いの自由を守りあおうとする意志の段階になると、積極的に共同体のメンバーとして関わることになる。

そうであるならば、これらの承認関係にもとづくメンバー間の対等性は、メンバーであること（メンバーシップと呼ぶことにしよう）に伴う権利と義務にも及ぶはずである。ではどのような権利と義務が、メンバーシップには伴うことになるのだろうか。

各人がそれぞれの人生を自分の意志で生きる存在として対等であるという感覚〈自由意志をもつ存在としての対等〉は、憲法では「基本的人権の尊重」として表現されている。つまり、どのメンバーもさまざまな活動の自由を「権利」として対等にもつとされ、その権利は社会の人びとと政府とから尊重される。さらに、教育を受ける権利や生活権のような一定の社会権も、どのメンバーにも対等に認められている。このような自由権と社会権とを含む権利の対等性を、**〈権利をもつ者としての対等〉**と呼んでおこう。

そしてさらに、社会・国家のメンバーは、そこでのルールを定めるうえで一人ひとりが対等な「権限」をもたねばならない。これは**〈ルール決定の権限の対等〉**と呼ぶことができる。——しかしこれは、代議士を選挙で選ぶさいに一人一票をもつという意味で「対等」であるだけでは足りない。ルール決定のさいに、一人ひとりの意見や利害を発言する機会があり、それが社会の他の人びとに聴きとられ配慮されること、そして結果的に、そのルールや政策に多様な立場や感度が反映される（一般意志となる）ことが重要であることは、先に述べたとおりである。

さらに、決定されたルールは、基本的にどのメンバーにも対等に課せられる。正当な理由なしに一部の人間だけが特権をもつことは許されない。そして、ルールに違反した場合のペナルティも対等でなくてはならない。これを**〈ルールに服するさいの対等〉**と呼ぼう。

また、社会・国家をなすメンバーは皆、共存・共栄するためのコストを負担することが求められる。その負担の程度は、現在の制度では収入によって異なるが、その精神はやはり「等しく負担を担う」ことにあるといえるだろう。これを**〈共存・共栄のための負担の対等〉**と呼んでおこう。――私たちは、富んでいて多くの税金を払う者が、ルール決定のさいにより大きな力をもったり、他の人にはない特権を得たりすることを、認めていない。それは金額としては異なっていても、「収入に対する負担」としては対等（同じ程度）にするという考えがあるからだろう。

さて、検討してきたことをまとめると、次の図のように整理できる。*

対等性の根拠
・各自の〈自由〉の相互承認
・〈共存の約束〉をしている者としての相互承認

↓

・「権利をもつ者」としての対等
・「ルール決定」の権限の対等
・「ルールに服する」さいの対等
・「共存・共栄のための負担」の対等

＊竹田青嗣は、ルソーやヘーゲルらの描いた近代社会の基本理念をつきつめると、社会から暴力性を可能な限り排除して、これを明確なルールによって営まれる「完全ルールゲーム」に変える試みといえる、と述べている。これは、社会を、ルールのみによって営まれるスポーツのようなゲームに変えよ

うとすることを意味する。当然そこでのメンバーは、民族や文化や男女のような属性には無関係に、権利・ルールの決定権限・ルールに服するものとしての対等性をもつことになる。[53]

ところで、国家のメンバーであるための資格（メンバーシップ）については、多くの国家において「文化や血縁を共有している同じ民族」という契機も重要である。私（西）が日本国籍をもつのは、両親が日本人（日本に生まれ日本国籍をもつ者）であったという事実に由来しているように、血縁と文化・歴史の共有というイメージが〈共存・共栄するメンバー〉の範囲に重ねられている。

しかしまた、他国出身の人で日本国籍を取得し、当然だが税金を払い、日本社会で生きていこうとする人を差別せず対等に遇するべきであるということも、多くの人びとに共通する感覚だろう。つまり、多くの日本人が抱く〈共存・共栄するメンバー〉の感覚には、文化や血縁の共有というイメージが色濃いが、文化や血縁の共有がなければメンバーになれない、というわけではない。メンバーシップの根底にあるのは〈共存の約束〉をしている、つまり〈共存の意志〉をもっているかどうか、であるからだ。だから、他国・他文化出身の人であっても、国籍取得などの一定の手続きを経て、共存する対等なメンバーとなることができる。

日本だけではなく現代の国家の多くが、文化・歴史や血縁の共有を〈共存の約束〉の事実上の基礎としているが、しかし同時に、理念としては、血縁や地縁や文化を超えた「基本的人権」や「参政権」をその憲法の核心としている。つまり現代の国家は、それに固有な文化や歴史、言い換えれば「国家の独自な物語」（これまで〜してやってきた私たちは、これから…であろうとして、いま―している）をもちながら、他方では、竹田のいう「完全ルールゲーム」（前々頁の註を参照）を理念としてもっていることがわかる。ここには、この固有な「物語性」と、人権のような「ルール」との関係をどう考えればよいか、という論点があるが、これは後に詳しく取り上げたい。

近代的な正義の骨格

〈共存の約束〉について、その動機（目的）とそこでのメンバーの対等性の意味とを掘り下げてきたが、あらためて正義の骨格を整理しておこう（これが正確には「近代的な正義」の骨格であることについては後述する）。

①法や政策は、人びとの対等な共存・共栄に役立つものであること

それは、平和・治安の確保や成員の自由の保護にとどまらず、成員のさまざまな自由な活動を支えるための土台・環境づくり（社会的インフラ整備、教育や医療の公的整備）も含まれる。貧困はさまざまな自由な活動を損なうものだから、貧困の解消の政策もここに含まれる。

また、成員全般についての福利の向上、つまり全体としての収入や利便の向上も、国家の政策や法の目的となる。*

＊この点について、竹田青嗣は次のようにコメントしている。「近代社会では、各人の「善」つまりどう生きるのが各人によって「よい＝ほんとう」であるかは多様である。そこで近代の「社会的な善」は、人間の善き状態についての、特定の理想理念を選び出すことはできない。そのためそれはただ、

各人が自分の個別的な「よい＝ほんとう」を追求しうる一般条件としての、生活水準の持続的な上昇ということ、そして法や社会制度の公平性と公正性、ということに収束する」[54]。

また成員の対等性に関連しては、

②法や政策は、一部の人びとの利益のみを推進するものではなく、成員すべてにとって必要・有益であること（一般意志であること）

③成員が等しく権利と義務をもつこと

・自由権と社会権における対等

・ルール決定の権限の対等

・税などの負担も、各自の収入に応じて対等となるように考えられなくてはならない

以上のようにまとめてみると、正義は恣意的なものではなく、それなりの客観的な基準をもつといってよいことがわかる。社会の具体的な事情や歴史によって、細かなルールはさまざまに異なるとしても、その「骨格」については決して恣意的なものではないことになる。

ここで、この近代的な正義の骨格が、近代以前の正義とは大きく異なっていることも、確認しておこう。

近代以前の国家においては、至高の権威・権力に従うことが正義とされた。そして至高の権威から下される掟は聖性を帯びていた。そして国家と権力とは、確かに「暴力の縮減」＝安全に寄与するものではあったが、各自の「自由」や、成員としての「対等性」をもたらすものではなか

った。

これに対して、ホッブズ、ロック、ルソー、ヘーゲルらによって形成されてきた近代的な正義と国家の構想は、各人の「自由」を認めあい、すべての成員を完全に「対等」な権限をもつ者として認めあう。したがって、自由と公正性を正義の骨格とするものである点で、画期をなす。

これに対して、近代国家を悪とする見方もある。マルクス主義はそれを明言しているが、ポスト・モダン思想にもその感度が強くある。確かに近代国家は一九世紀から二〇世紀にかけて帝国主義的な植民地争奪戦をくり広げ、二度の世界大戦を引き起こした。しかし現在までのところ、ここで描き出したような正義の骨格を根本的に乗り越えるような、「よりよき」国家・社会の構想は存在していない。

そしてこのことを市民が確認しておくことは重要である。正義について絶望することなく、国家・社会を、さらには人類社会を、正義の骨格が実現されるための具体的な条件（経済・政治・社会生活における条件）とともに構想していくことが必要だからである。

2－2　さまざまな「正義論」について

近代以降、社会主義をはじめとして、さまざまな正義論（正義の基準についての論）が提出されてきた。先述したようにアメリカの正義論でも、さまざまな論が対立している。

ここでは、先ほど描き出した正義の骨格をもとに、これまでのさまざまな正義論をどのようにみることができるか、について、ほとんど一筆書きのような仕方ではあるが、簡単にコメントしてみることにしたい。以下の順番でコメントしていく。

①社会主義（計画経済）VS自由主義（市場経済）
②功利主義（社会全体の幸福）VS人権（個人の権利）
③リバタリアン（自由と所有の権利のみ）VSロールズ（自由の権利＋格差を小さくする）
④個人の権利VSコミュニタリアン（共同体の物語、共同体の善）

①社会主義（計画経済）VS自由主義（市場経済）

社会主義の思想は、市場経済を否定して、生産と分配とを計画的にコントロールしようとする。なぜなら、市場経済はおのずと資本が最大限の利益を求めて運動する場となるが、その結果、産業革命以降、資本家と労働者の間の貧富の差が極端なものになったからである。そのほかにも、市場経済＝資本主義は、資源と販路を求めての植民地争奪戦を引き起こした。また経済恐慌を起こしたことも、市場経済に代わる制度が求められた理由の一つである。

大きな経済格差が存在する社会では、自由という「権利」の点ではすべての人びとが対等とされていても、じっさいには、貧しい者はあらゆる生活の便益を奪われ、自由な活動が不可能になる。そこで、生産手段を国有（共有）にして計画経済を行うことで、対等・公正な社会を実現しようとしたのが社会主義であり、一九世紀から二〇世紀にかけて正義を求める多くの人びとを惹きつけた。

しかし、市場による需要供給の調整（資源と富の分配）を、人為的な計画によって置き換えることは難しく、社会主義を行った国々では、経済効率と生産性の低さが露呈することになった。また計画経済のもとでは、さまざまな意見を統制して一元化する必要があるため、言論の自由は厳しく統制されて反対意見を唱えるものはしばしば投獄され、殺されることも多くあった。そして、共産党の官僚が権力と富とを集め、自由も公正さも実現されない結果となった。

ソビエト連邦の崩壊（一九九一）に見られる社会主義の失敗は、「自由」の権利が国家・社会において何よりも重視されるべきこと、また、経済は市場経済を基本としながらそれを調整するという仕方でしか運営しがたいことを、私たちに教えたといえる。

その意味で人類は、自由を骨格とする近代の正義論（ロック、ルソー、ヘーゲル）を批判して出てきた社会主義（マルクス）を経験し、その結果、もう一度近代的な正義論に立ち戻り、そこから再出発すべきことを学んだといえるかもしれない。

②功利主義（社会全体の幸福）VS人権（個人の権利）

アメリカでは、ロールズ『正義論』（一九七一）以来、何を正義とするか（正義の基準）についての論争が盛んになり、現在までも続いている。日本でもよく読まれた、マイケル・サンデル『これからの「正義」の話をしよう』は、この論争について的確な紹介をしている好著であるが、そこではまず、ベンサム、J・S・ミルらの「功利主義」の立場が取り上げられ、批判的に検討されている。

功利主義では、ベンサムの「最大多数の最大幸福」という標語がよく知られているように、社会全体の福利（快ないし幸福の総量）を増やすことが正義であるとされる。しかし社会全体の福利の増進と、個々人の権利の尊重とは、ときに対立することがある。いわゆる「トロッコ問題」はこのことをよく示す例であり、サンデルも同書第一章のなかで「暴走する路面電車」という仕方でこの問題を取り上げている。

> あなたは路面電車の運転士で、時速六〇マイル（約九六キロメートル）で疾走している。前方を見ると五人の作業員が工具を手に線路上に立っている。電車を止めようとするのだができない。ブレーキがきかないのだ。頭が真っ白になる。（中略）ふと、右側へとそれる待避線が目に入る。そこにも作業員がいる。だが、一人だけだ。路面電車を待避線に向ければ、一人の作業員は死ぬが、五人は助けられることに気づく。どうすべきだろうか？[55]

この路面電車をトロッコに置き換えれば「トロッコ問題」ということになるのだが、この問題は次のようなジレンマを引き出す。——全体の幸福の総量の増進を正義とみなすならば、一人を殺して五人の命を救うべきであることになる。しかし一人ひとりの権利の尊重を正義とみなせば、一人を殺してよいことにはならない。こうして、この問題を考える者は、どうしたよいかわからなくなってしまうのである。

サンデルは、この架空の例は「問題となる道徳的原理を分離し、その力を検証するのに役立つ[56]」というが、私の考えでは、この例は正義の本質を考察するためには役立たない。

この問題は「全体か個人か、どちらかを選ばねばならない」と迫ってくる。しかし、「一人ひとりの権利を尊重することも大切だが、全体としての幸福の増進も大切だし……」と直観的に思う人も多いだろう。〈共存の約束〉から導き出した正義の骨格からすれば、一人ひとりの権利（生命及び自由の権利）を尊重することは最も基本的な正義であるが、それとともに、成員の経済的条件の全般的な向上のような、全体としての福利の向上もまた、政策が推し進めるべき正義といえる。

つまりこの架空の例は、「個人の権利」と「全体の福利」という、ともに追求すべきことを対立する二つの立場に分離したうえで、どちらが正しいかを迫るものである。この問いは正義の根拠（本質）を問うものとはならず、むしろ二つの立場を対立させることで正義の根拠をわからなくさせ、合理的な共通了解をつくりだすことをあきらめさせかねない。その点で、これはまさしく〝ミス・リーディングな〟問いなのである。

哲学の言説は、パラドクスやジレンマをつくりだすこの種の問いに溢れている。そしてこの種の問いにかかずらわっていることこそ哲学だ、とみなす風潮もないわけではない。しかし必要なことは、このようなパラドクスやジレンマに陥るような問い方をやめて、各自の体験世界にまっすぐに問いかけることによって合理的な共通了解をつくりだしうるような、そのような問いを形作ることである。私が本質観取の方法について詳しく述べてきたのも、哲学において「問い方の革新」こそ必要という思いから、なのである。*

*もっとも、裁判官は、裁判官の立場としてこの「トロッコ問題」にも答えなくてはならない。なぜなら、この運転手が待避線にじっさいに電車を引き入れて一人を殺してしまったとき、この運転手に対して、罪があるのかないのか、あるとすればどのような罪となるかを判断する必要があるからだ。一人の死を招いた行為に対して、その責任を社会として妥当な判断（多くの市民が納得しうる判断）にもたらす必要があり、それはそれとして考えるべき問いとして残る。

③リバタリアン（自由と所有の権利のみ）VSロールズ（自由の権利+格差を小さくする）

二〇世紀の正義論の有名な論争の一つが、大学の同僚であったロールズとノージックによるものである。ロールズは、一人ひとりの自由の権利の尊重を正義の根幹に置くが、さらに、経済的な格差の縮小――つまり政府による所得の再配分――をも正義とみなし、社会に必要なものとした。これに対してノージックは、自由と、自由な労働によって正当に獲得された所有の尊重のみを正義とみなし、政府による所得再配分は「盗み」であるとする。貧困に対しては、自由意志によって私的な援助として行うべきであり、税によって強制的に行うべきでない、と考えるのである。個人の自由の価値を徹底化し、政府の個人への干渉を最小限にすべきだとするこの思想は、リバタリアニズム（自由至上主義）と呼ばれる。*

*ノージックの問題意識のなかには、政府が巨大化し福祉行政のかたちで個々人の私生活にさまざまに

介入してくることへの危機意識があり、この点ではフーコーが『性の歴史』で「生命に介入する権力」を批判したことと共通の問題意識がある。また、ノージックは同性愛者の結婚をも認める立場をとるように、ラディカルな自由主義という面がある。しかしリバタリアンの思想は、市場の健全さを信頼して政府は介入すべきでないとする経済学者フリードマンらの新自由主義と結びついていき、現在では、高所得者が自己を正当化するための思想だとする批判もある。

リバタリアンの正義論は、思想史的にはロックに遡る。ロックは「他者の生命・健康・自由・及び所有を尊重すること」を神が人間に与えた自然法であるとした（『市民政府論』一六九〇）。そしてその自然法（＝自然権）を守るために、契約によって政府がつくられる、という構えになっている。そして現在のアメリカでも、生命・健康・自由・所有を、神という超越的権威が与えた権利（自然権）であるとするロックの思想は根強い。

そして、正義は自由と所有を尊重することに限られる、というリバタリアンの思想は、神のような超越的な権威を持ち出さない限り、正当化されえない。そもそも「自由の権利」は神からやってくるものではなく、私たちが国家（政治的共同体）をなして、互いに平和共存しようという約束、つまり〈共存の約束〉をしているところに、その根拠をもっているはずである。法も、権利も、政府の目的も、すべて〈共存の約束〉にその正当性の根拠がある。

したがって、自由の権利は絶対的なものではない。たとえば、さまざまな活動に伴う騒音についてどの程度が許容されるべきか、については周囲の状況によって変わりうる。土地や建物の所有権についても、たとえばドイツでは土地利用や建物の色について、市民たちを含む委員会で立案し地方議会で定める「土地利用計画」や「建築実施計画」によってかなり厳格に規制している。自由の諸権利のなかでも、思想信条の自由や表現の自由は民主主義が成り立つうえできわめて重要な権利であり、そのつどの社会状況のいかんにかかわらず基本的に尊重されるべきものであるが、しかしこの表現の自由も、たとえば個人のプライバシーの尊重との関係でどの程度まで許容されうるかは、その時点の社会状況と人びとの感度によって定められることになるだろう。つまり、自由の権利はきわめて重要だが、それは「人びとの好ましい共存」という観点から一定の範囲において認められるものであって、神に由来するような絶対的なものとみなすべきではない。

このように、自由の権利は〈共存の約束〉に由来し、それが許容される範囲は「互いの共存にとって」好ましいかどうかという観点によって変動する（社会の成員がその範囲を決めていく）と考えることができる。

このように考えてくるならば、自由の尊重だけでなく、各人の自由の条件（自由な活動のための前提条件：社会的インフラ、教育・医療を受ける権利、生活保護など）を整備することもまた、〈共存の約束〉に含まれると考えてよいことになる。つまり自由の条件の整備のために税金を投入することもまた、正義とみなされるべきである。しかし、どの程度の額をそのために用いることが妥当なのか、という点についてはあらかじめ決定することはできず、社会の具体的な状況と人びとの感度から合意をつくって決めていくしかないこと、と考えるべきだろう。

こうして、所得の再配分は、それが単なる所得の均等化であるならば不正義といえるが、それが各自の自由の条件の整備のためのものであるならば、正義とみなしてよいことになる。

④個人の権利VSコミュニタリアン（共同体の物語、共同体の善）

「自由の権利」を正義の根幹とみる点では、ノージックとロールズは共通していた。この両者に対して、コミュニタリアンは反論する。

社会の正義は、歴史のなかで生成してきたコミュニティが具体的な「善」と認めるもの（共通善）であるべきであり、歴史と具体性とを欠いた個々人の権利は抽象物にすぎず、正義の根拠とはいえないというのがコミュニタリアンの立場である。

なぜ自由の権利が抽象的かといえば、それは個人から「属性」を完全に排除するからである。権利という観点に立つとき、性別はもとより、出自、宗教、文化などの一切を排除して、個人の自由を尊重することになる。だから、社会正義が自由の権利の尊重とその前提条件の整備のみを目的とし、一切の「物語」的なもの（歴史とともに生成してきた具体的な価値観）を排除すべきだとすれば、地方自治も国政も十分には語れないことになる。

たとえば地方自治を語るさいには、その「まち」のこれまでの歴史と、そこで獲得されてきた価値観、そしてこれからの具体的な未来（どういう方向でまちの産業を振興していくか、など）を語ることが必要だろう。国家の政治を語るさいにも同じことが言える。

この点に関連して、サンデルは前掲『これからの「正義」の話をしよう』のなかで次のように述べている。バラク・オバマはかつて、価値の多様性を認める「多元的社会」においては、公共的な問題について自分の宗教的な見解を語るべきではない、と考えていたが、あるときから方針を変えて自らのキリスト教的信念を語り出し、それが多くのアメリカの市民たちに訴えかけた、と[57]。サンデル自身は共同体の物語的な「共通善」を正義の根幹とするコミュニタリアンの立場をとっており、このオバマの方針転換に共感する立場からこのエピソードを語っている。しかし彼は、共通善と、人権・公正などのリベラルな正義とがどのようにつながるのか、それともこの二つは根本的に対立するものなのかを、この本のなかでは明確にしていない。

この問題は重要なので、節をあらためて展開することにしよう。

3 共同体の物語と近代的正義との関係

私は、自由の相互承認（したがって人権と公正）を中核とする近代的なリベラルな正義と、コミュニティや国家のもつ物語性とを、対立させるべきではないと考える。もちろん、身分や差別を含み込んだ物語に対しては、近代的な正義は対立的に働く。しかし近代的な自由と対等性を土台として人びとの間に「対話」が成り立つならば、コミュニティや国家の物語もその過程であらためて再解釈され、生き生きとしたものとなっていく可能性がある。そのような仕方で、近代的な正義は物語を再解釈し活性化するための土台となりうるのである。

以下、このことを「物語」というものに着目するところから、示していきたい。

「物語」とは

国家や個人のもつ「物語」というものを、私はこう捉えている。

どんな個人でも、「〜してきた私は、これから…しようとして、いま―している」という自分なりの人生の物語をもっている。人は、物語のかたちでこれからの自身の可能性（このようにありたい）を見出して生きる存在なのである。* だから、たとえば病気で身体の能力の一部が失われ、これまでのように働けなくなると、これまでの物語を維持することはできなくなり、苦悩が人を襲う。しかし人はそういうときに、話を他者に聞いてもらったりしながら、「これまで」どう生きてきたかをふりかえり、「いま」自分に残されている能力や資源（人脈を含む）を考慮しながら、「これから」どう生きるかをあらためて考えなおす。そうやって人は新たな生の可能性を見出していく。これは、新たな物語が形づくられることと同義である。

＊これはハイデガーが『存在と時間』（一九二七）のなかで、現存在の存在（人間のありかた）を「時間性」として捉えたことを、私なりに捉え直したものである。

このように、一人ひとりの人間は、みずからの時間的な物語をたえず形づくりながら自分の生の可能性を定め、人生を方向づけていく。この観点は、とくに教育や医療のような「支援」の営みにとってきわめて重要である。なぜなら、子育て・教育・介護・医療などの支援の営みは、苦痛の軽減や能力の向上といった直接的な結果だけではなく、同時に、一人ひとりが自分の物語を形成していくプロセスとしても考えられなくてはならないからである。

では、物語を育てていくさいに大きなポイントとなるものは何だろうか。私が考えてきたことを、ここではとくに論証することなく、直観的な仕方で示しておきたい。

①自分が他者や社会とのあいだに「互恵的」な関係を取り結ぶことができているし、できていけると信じられること（自己と、他者・社会との互恵性への信）

——1、だれか特定の人物を好きで受け入れており、またかだれかに自分もまた好かれ受け入れられている（また愛されうる）と思えること（愛情的承認の関係）

——2、何かをなすことを通じて、他者や社会によい影響を与えており、他者もそのことを認めていると思えること（役割的承認の関係）

——3、新たな発見や気づきがこれからも得られていけると思えること（発見や進歩）

②自分が人生の物語の「主役」であると実感できること（人生の自己決定の感覚）

③以上のような生の可能性を追求していくための、能力や資源があること（能力や資源の存在、資源は他者とのつながりを含む）

人の見出す「可能性」（かくありたい）の主要なものは、ここに示したように、他者との承認関係に関わっている。そしてこの承認関係を通じて、個人の物語は、〈われわれ〉の物語（家族や親族、地域のコミュニティ、趣味のサークル、学校、会社、国家、国際社会などの物語）と接続される。たとえば会社に長年勤務するということは、多くの場合、ただ生活の資を稼ぐこと以上の意味をもつ。会社にはその物語（創業者は何を社会に対して実現しようと願ったか、それからどのような歴史を歩み、苦難の時期をどうやって乗り越えたか、それを踏まえていま、会社はどのような社会的価値を実現しようとしているか、など）があり、勤務する人たちはその会社の物語と自分とを重ね合わせつつ働く。もちろんそれは、与えられた物語に単に同化するということではなく、会社の物語を自分なりに解釈し捉え直すことや、会社と自己との関わりを定めることを含んでいる。

こうして、地域のコミュニティや、国家についても、「これまで〜してきた私たちは、これから—でありたいと願って、いま…している」という時間的な物語を形づくり、また作りなおしながら私たちは生きているのである。しかし、地域や国家の物語も、個人の物語と同様に、未来への可能性が不透明になり、方向を見失うことがある。そして、地域や国家は、他の地域や国際社会との「互恵的」な関係を構想しなおさなくてはならなくなる。——そのとき人びとは、あらためて「自分たちが大切にしてきたものは何か」を見つめ直し、「自分たちと、他地域（や他国家）の人びとがともに幸福になりうるような、自分たちのなしうることには何があるか」、そして「それをなすためにはどんな資源が自分たちにはあるか」と問うことになるだろう。

そのような「共同体」（地域や国家）の物語には、当然、特定の価値観とその共同体の進むべき具体的な方向性とが含まれている。コミュニタリアンは、そのような具体的な価値観と方向を、アリストテレスにならって「共通善」と呼ぶが、これを抜きにして具体的な正義は語り得ないとするのである。

自由の権利の尊重と公正さだけでは、コミュニティや国家の具体的な価値観と方向性を語るには足りない、とする点では、コミュニタリアンの主張は正しい。私たちは、一人の個人として、またさまざまな共同体に属するものとして、たえず具体的な物語を編み変えつつ、自分と自分たちの可能性を形づくっていかねばならないのである。

相互不可侵の自由から、〈対話の関係〉による自由の承認へ

近代的な正義と物語の関係という点では、自由の権利は、具体的な価値観と方向性をもつ物語には「足りない」というのがサンデルのようなコミュニタリアンの主張だったが、さらに、自由の権利は物語を「壊す」という見方もある。

じっさいに自由の権利の追求が、他者や社会とのつながりを断ち切ることによって、コミュニティや国家の物語を壊していくこともある。とくに戦後の日本では、高度経済成長の時期に多くの人びとが田舎のむら・まちを出て都会に行き、そこで、だれにも邪魔されない「自分だけの自由な時間と空間」をもつことを望んだ。そうやって自由を求めてきたことは、現在のむら・まちの過疎化にみられるコミュニティの弱体化や、都会のなかでの孤独死の一因となっている。このように、他者を立ち入らせない個人の自由のみを求めるならば、それは、むら・まちの歴史（物語）や、国の歴史（物語）、そして人類の歴史（物語）と切れた生き方をもたらすことになるだろう。*

＊経済成長と都市化だけでなく、敗戦国として日本の戦後がスタートしたことも、地域や国家の「物語」と、自由・公正さという「近代的正義」との関係を複雑にしたもう一つの理由である。人権や公

正さという近代的正義は、占領国であったアメリカの意志のもとで憲法として制定されたものであり、それらの正義は、戦前の日本国家の物語を否定する仕方で持ち込まれたからである。

そのときの自由は「相互不可侵」、つまり、互いになるべく関わらずふれあわないようにする、というふうにイメージされている。しかし互いの自由を尊重し承認することは、じっさいには、ふれあわないようにして得られるものではない。私の考えでは、〈対話の関係〉によってこそ、自由の承認は豊かに育まれていくのである。

　私たちは、ていねいに語りあい聴きあうことを通じて、互いの想いを〝わかりあって〟いく。予想もしなかったある人の気持ちにびっくりしたり、自分の想いを言葉にしながらあらためて自覚したり、またそれを相手にわかってもらうことができる。そうした言葉による想いの交換をとおして、私たちは、固有な想いと人生とをもつ他者の存在を実感し、そうした実感をもつことではじめて、「他者の自由」を尊重することができる。

　これは、「人権は大切」という一般的で標語的な理解とは異なって、一人の生きた人間の想いを実感することによって、その人を無視できなくなり尊重せざるを得なくなる、というきわめて具体的な体験である。このような具体的な体験なしには、人権の尊重は十分なものにはならない。目の前の具体的な人の想いをわかることを通じて、目の前にいない人びとにも、それぞれの想いがあることがわかってくる。そうしたことによって、知らない人の人権も大切だという感覚が生まれてくるのである。

　なんらかのテーマについて、ていねいに語りあい聴きあうことによって、それぞれの想いを了解しようとすることを、〈対話の関係〉と呼ぶことにしよう（そのさい二人に限らず、集団での語りあいも含むことにしたい）。〈対話の関係〉は、相手の想いを実感するだけでなく、自分の想いを受け取ってもらえることによって、その場（相手や仲間たち）に対する信頼をもたらす。そうした信頼のうえで、たとえば「このサークルを心地よくやっていくためにはどうしたらよいか」をともに考えたり具体的な工夫をすることもできるようになる。

このように、〈対話の関係〉が生き生きと展開することによって、権利の対等やルール決定の権限の対等のような近代的正義が、単なる理念としてではなく、実質的な生きられるものとなっていく。だからこそ、小さな集団における対話的関係の経験が、人権や民主主義の実質化のためには必須であると私は考えている。いま教育現場で対話的な学びが重要視されているのは、それが単なる学習法の一つではなく、正義の感覚の醸成につながることが直観されているからだろう。

〈対話の関係〉による物語の再構築

そして重要なことは、このような〈対話の関係〉を通じて、個々人の物語や共同体の物語が育まれ再構築されていく、ということである。

哲学の対話や、小説や映画の感想の交換や、社会的な事件についての意見交換などは、それが形式的・公式的なもの（場への配慮によって自己規制されたもの）ではなく、率直な想いの開示とその受け取りであるならば――こうした発語が生まれるためには、発話者の気持ちや意見の表出をていねいに受けとめようとする姿勢が大前提となるが――多くの場合、互いの間に共振性を生み出す。つまり、相手の想いがまっすぐに自分に届いてくるような感触をもたらす。

もしその感触が不十分であっても、相手にさまざまに尋ねてみることができる。「ここのところがよくわからないのですが、もう少し言葉を足してくれませんか」（尋ねる）。「あなたのいいたいことは〜だと私は理解したのですが、それで合っていますか？」（確かめる）。また、「—さんの意見はだいたい理解したと思うのですが、なぜ—さんがそのように考えるのかが、まだよくわからないのです。その考え方がどういうところから出てきたのか、教えてくれませんか」（考えの由来を尋ねる）。

これらはすべて、相手の発言を「腑に落ちるようにして」理解するための方法だが、相手の言葉を字義どおりの意味に受け取ってすますのではなく、その言葉を相手自身の体験世界に即して理解しようとするために行われるもの、ということができる。相手の言葉が「わからない」のは、多くの場合、その言葉を発するさいの相手の「想い」——その人の独自な体験から生まれてきて、その言葉の背景となっている気持ち——がわからないのである。逆からいえば、ていねいな尋ねあいと確かめあいが行われる〈対話の関係〉のなかでは、そうした言葉を発する相手の〈体験世界〉をかいま見て、「あたかも自分が体験したかのように」感じることが起こってくる。そのような事態を共振性と呼ぶこともできるだろう。

ある人の言葉を、その背景にあるその人の想いと（物語を伴った）体験世界にふれることは、振り返って、自分自身の体験世界と自分自身の物語（自分自身がいつのまにかつくってきた価値観）に気づかされることでもある。それは、自分の見方が偏っていた、という気づきであったり、また、彼我《ひが》の生の条件のちがいに対する気づきであったりするだろう。また、こうしたちがいにもかかわらず、互いに共通する感情のあり方への気づきであるかもしれない。

このように〈対話の関係〉によって他者の視点を実感的に捉えることは、共振性の体験であるだけでなく、自分を「ともに生きているみんなのなかの一人 one of them」として捉えること、つまり、自分の生と他者の生とを公平に見る俯瞰的な視野を獲得することでもある*。


*このような視野のことを、ルソーやヘーゲルは「理性」と呼んでいる。彼らにとって、理性とは単なる計算や推理の能力ではなく、共感を通じてさまざまな他者たちの想いと生の条件に気づくところから生まれる、俯瞰的で一般的な視野のことを指す。そして、「私にとってよいこと」だけでなく「みんなにとってよいこと」を考えようとする姿勢は、ここから生まれてくる。[58]

議論によって、「みんなにとってよいこと」（一般意志）を取り出してルールをつくっていこうとする民主主義は、当然のことだが、このような互いの想いを受けとめあおうとする〈対話の関係〉によってほんらい進められるべきものである。そしてこのような姿勢は、地方議会や国会のような場さえあれば獲得できるものではなく、むしろ教室や部活やサークルや地域での活動のような、顔の見える場での〈対話の関係〉の体験によって、獲得されなくてはならないだろう。

そして、このような俯瞰的で一般的な視野の獲得は、人間の生の条件の多様性を知ることにつながるだけでなく、自分自身の物語（価値観）をより元気の出るものへと形作っていくことにもつながる。たとえば私が先に指摘した「自分と他者との互恵的な関わり」の可能性を、具体的な場面で広げていくこともできるはずである。――これを逆からいえば、〈対話の関係〉をもたなければ、人は自分の物語を相対化したり書き換えたりしていくことは難しい、といえる（哲学や文学の書物を読むことは、一種の拡大された対話関係ともいえるが、それをめぐって語り合う具体的な相手が目の前にいないとすれば、物語の書き換えにはつながりにくいと思う）。

地域の物語の再生

〈対話の関係〉のもたらすものは、こうした個人の物語の書き換えに寄与するだけでなく、集団や共同体の物語の書き換えにも寄与する。集団のなかで生き生きとした対話の関係が成り立つとき、それぞれが「みんなにとって必要なこと」、つまり〈一般意志〉とは何かを考え、それを何かのルールや具体的な方策として実現しようとする態度が生まれるからである。民主主義とは、まさしくこのような態度によって可能になるものだが、それは集団や共同体の物語を少しずつ書き換えていく行為であるともいえる。

ときには、こうした〈対話の関係〉が、未来が見えず行きづまった地域の物語を大胆に書き換え、これを新たに再生することもある。一例として、長野県木曽郡南木曽町《なぎそまち》の「妻籠《つまご》」地区を紹介してみたい。

妻籠はかつて中山道《なかせんどう》の宿場町として栄えたが、鉄道が通らず一九六〇年代になるとさびれていった。周囲は山々に囲まれているので、農業は発展しない。若者は高度成長に伴って村から流出し、建物は軒が傾き生気を失うような状態であったという。

南木曽町の農業指導員だった小林俊彦は、一九六四年、片山町長から「妻籠の経済を発展させ、過疎から脱却するための方法」を考えよと特命を受けた。ノイローゼになるほど悩んだ結果、「資源のない村にも資源はある。ただ、その価値を認めてやらないから無いようにみえるだけ」という発想の転換に至ったという。

そして、「自分たちの村の価値とは何か、自分たちの資源とは何か」と問うた小林は、妻籠が、島崎藤村の文学の舞台（『夜明け前』）であること、そして、古い街道の家並みと旅人に親切にする素朴な人情とが残っていることを見出した。そこから彼は、宿場の家並み全体を観光資源とし、その「保存的開発」をしていく、というアイデアを思いつく。一九六五年に研究者が木曽の観光の可能性を診断する調査に随行した小林は、このアイデアは可能だという確信を固める。

そして幸運だったのは、小林のアイデアに耳を傾け語りあおうとする人たちが妻籠にいたことである。妻籠には「対話の文化」があった。戦時中に妻籠に疎開していた知識人（ドイツ語学の関口存男《つぎお》ら）が公民館で若者たちと語りあい、「論じて激さず」「最後まで話を聞く」という言葉を残していった。この「公民館運動」の参加者のなかに、都会に行かず学校や役場に勤めている人たちがいたが、彼らが小林のアイデアを受けとめて鍛えていき、そして、妻籠地区の全員がこの新たな可能性＝物語を共有していくさいに、中心的な働きをすることになった。

小林と仲間たちが行ったことは、第一に、古くさく何もない妻籠、という否定的な物語をいったん脇において、妻籠に日本人の昔ながらの生活が建物と人情というかたちで残っていることを肯定的に捉え直したことであり、第二に、その肯定的なものを、まちの外の人たちにも喜んでもらえる道として、「観光」という新たな具体的な可能性を構想したことである。これは、かつての否定的な物語に代えて、「他者たちと自分たちとの互恵的な物語」を新たに構築していったこと、と捉えることができる。

そしてその物語は、妻籠地区全員の参加による「妻籠を愛する会」の結成、妻籠地区の全域を「伝統的建造物群保存地区」に指定してもらうなどの実践によって、目に見えるかたちをとって具体化していく。

そのさい、先述の「対話の文化」が妻籠にあったことは決定的な条件だった。それがなければ、小林俊彦のアイデアにいかに先見性があったとしても、それを練りあげ発展させ、さらにまちの人びとと共有していくことはできなかったにちがいない。[59] このように、〈対話の関係〉は、地域の物語を再構築し地域の人びとと共有していくうえで決定的な働きをするのである。

さて、〈対話の関係〉は、それぞれが固有な想いをもつ者として互いに認め合うという具体的な相互承認をもたらし、それが、人権の尊重、ルール改変の権限の対等、さらには〈共存の意志〉の確認などの、近代的な正義を具体化することを確認してきた。そして、この〈対話の関係〉が、個人の物語やコミュニティの物語をよいかたちで再構築していくときのカナメとなることを見てきた。

そしてこのようにみるかぎり、人権や公正性という近代的正義は、必ずしも「物語」と対立するものではない。むしろ、〈対話の関係〉が体験されることによって、人権や公正性が人びとの生活感性のなかに自然に形成されるだけでなく、そのなかでこそ、「これまで」を捉え直しながら「これから」を構想する、という共同体の物語の再構築が可能になるのである。

あらためてコミュニタリアンの所説に戻れば、彼らはコミュニティの具体的な善である「共通善」が正義の根拠となる、という。しかし私の感覚では、妻籠地区の「町並みを保存・修復しながら観光を地域の産業の柱とする」という具体的な方針は、その地区の合意に支えられた共通善とはいえても、正義という言葉とはなじまない。正義という言葉はやはり、権利の対等性やルール改変の権限の対等性、成員の利害がルールや政策に反映されるさいの公正さ、などについて語るのが望ましい。

つまり私の考えでは、共同体の共通善は正義そのものではない。そうではなく、正義と〈対話の関係〉と共通善（物語）の三者の関係を次のように捉えるべきであると考える。――自由の権利や公正さのような正義が、社会や共同体を成り立たせる土台となる。その土台のもとに〈対話の関係〉が成り立つが、これは反対に、土台である正義を支え生み出す働きをする。さらにこの〈対話の関係〉によって、共通善を含む共同体の物語が生き生きと活性化され更新されうる、と。

4　正義の絶対化について

最後に、当初の問題意識のなかで挙げられていた、正義の絶対化という問題について考えてみたい。正義の絶対化は、どうして起こるのだろうか。また、それをどのようにして解きほぐしていくことができるのだろうか。これもまた重要な問いである。

私としては、二つの事情を指摘してみたい。一つは、近代において思想信条の自由が解放され、「理想社会」について異なった信念を抱くことが可能になったことであり、もう一つは、抑圧や差別を受けた人たちの「復讐心」の問題である。

マックス・ウェーバーの〈価値議論〉

近代は、市場経済が広がって交易の中心としての都市が発展し、それとともに、さまざまな行動や思想の自由が認められていった時代である。そして、何をもって正義とするか、ということについても、多様な考えが許されることになった（もちろん、他者の自由を傷つけたり、法律を侵害したりしないかぎりでのことだが）。

しかし正義が、人びとの抱く多様な欲望と行為とを適切な仕方で調整する役割をもち、平和な共存のために一定のルールを守って暮らそうという〈共存の約束〉を前提としていることが見失われて、「実現されるべき真の社会秩序」という仕方で理想化されると、相容れない信念の対立が起こる。そして状況によっては、自分たちの正義の信念に反する者を殺すところにまでエスカレートする。一八世紀末のフランス革命における党派の対立と恐怖政治がその最初の例であるが、それ以降、社会主義革命や、先進国での新左翼どうしの対立において、正義の名による多くの殺人が行われてきたことは周知のとおりである。

この点で、思い出されるのはマックス・ウェーバーの思想である。ウェーバーは、社会科学を特定の世界観（価値観を伴ったあるべき世界像）から切り離すべきこと、つまり「価値自由」を唱えたことで知られているが、しかし社会を導く正義の理念が不要であると考えたのではない。むしろそれを特定の絶対化された理想から切り離して、普通の人びとの受け入れられる一般的なものに置き換えることが必要であると彼は考えた。

ウェーバーは、ある社会政策には、その背景として必ずなんらかの「価値理念」が含まれているという。しかしそれはひょっとすると、広く人びとが受け入れられる一般性を欠いた、独断的なものになっているかもしれない。

そこでウェーバーは、「価値議論 Wertdiskussion」の必要性を唱えている。価値議論はまず、具体的な社会政策の背後にある価値理念（ときに自覚されていないかもしれないもの）を取り出し、つきつめればそれはどのような原則となるのかを明確にする。その上で、その原則は社会の多様な人びとが担いうる一般性をもつものであるかを、検討するのである。[60]

つまり、価値理念の自覚化と、それの一般化の可能性の検証を内容とする「価値議論」によって、過度に理想化された価値理念を棄却し、多様な行為と生き方とを求める人びとが担いうるような、より妥当な価値理念を選択することをウェーバーは求めたのである。これは正義の絶対化に抗うための、すぐれた思想であった。

ウェーバーの思想に含まれているのは、多様な人間たちが多様な生の目的を抱きつつ生きること、言い換えれば、各人の「自由」を社会正義の根本とみなさねばならない、ということである。そしてこの前提に立つかぎり、多様な行為と生き方を求める人びとが共存するためにどういう法律や政策が必要かという仕方で考える必要がある、ということである。

復讐心が相互理解を遠ざける

もう一つ、正義の絶対化を引き起こす動因として挙げる必要があるのは、怒りであり復讐心である。自分たちは社会の多数の人びとから正当に扱われてこなかった、という怒りは、「悪である多数の敵」と「正しい自分たち」という鋭い対比をつくりあげてしまいがちである。

抑圧や差別を被った人たちが、「正義」の名のもとに不正を告発することは、大切な権利である。「自分たちの苦しみを理解してほしい」という叫びは、社会の多くの人びとに向かって、自分たちを承認し社会の構成員として（＝共存の約束をしている対等な仲間として）認めよ、という要求であり、正当である。しかし、反差別の運動のなかでは、多数者は「不正な敵」であり自分たちこそが「正しい」という正義の絶対化が起こることがある。

そうなると、もともと「自分たちと多数者とのあいだの相互理解」をめざしていたはずの運動が、「正義の名のもとに相手（多数者）を糾弾すること」に陥り、かえって相互理解を遠ざけることになりかねない。

差別のような不正な状態は、互いを同じ社会を形作る対等な仲間として認めあい、そこに〈共存の意志〉が生まれることによって、克服されうる。しかし正義を絶対化し多数者を糾弾するならば、肝心の、相互理解から相互承認が生まれ〈共存の意志〉が形成される、というプロセスを遠ざけてしまいかねない。* 反差別や不公正を訴える人たちはこうならないように気をつける必要があり、また多数者の側も、苦しみから出てくる言葉に違和感を感じたとしても、その言葉の背景にあるものを感じ取ろうとする姿勢が大切である。

＊シェルビー・スティール『白い罪――公民権運動はなぜ敗北したか』（藤永康政訳、径書房、二〇〇一年）は、アメリカの公民権運動が肯定的な成果をもたらしたとされながらも、じつは白人と黒人のあいだの亀裂を生み出してきたことを鋭く描き出している。

5　本質観取の意義とそれに適したテーマ

正義の本質観取をふりかえって

前章（第13章）と本章（第14章）では、正義というテーマについて、現象学の立場からの実践例を示してきた。その方法的な意義をあらためてふりかえっておきたい。

第一に、本質観取は、どのような仕方で対話を進めれば共通了解を達成できるか、についての方法であった。そして、共通了解を得るためのもっとも重要なポイントは、問いを各自の体験世界に即して答えられるものにすること、であった。

正義の本質は、サンデルが挙げていた「一人を殺しても、危機に瀕している十人の命を救えるならばそうすべきか」（トロッコ問題）のような〝究極の問い〟によって明確になるものではない。そうではなく、私たちがふだん体験世界のなかで感じ取っている正義や不正の意味をていねいに言語化し掘り下げることによってのみ、適切に扱うことができるのである。

　極限的な事例の設定は確かに興味を引くが、しかし一種の「知的パズル」のようなものになりやすい。そうではなく、ある主題（正義や勇気など）の私たちの生にとっての意味を問うような仕方で、問いを設定することが大切なのである。

　そして、このような仕方で哲学対話がなされるとき、華麗な理論ではないとしても、一人ひとりの生の実感に即した答えが得られてくる。それは、自分の体験を見直してみれば確かにそうなっているという〈反省的エヴィデンス〉に支えられたものであるから、私たちはその答えに一定の「信」を置くことができる。そして、より適切な答えにすべく、補足したり修正を加えたりしていくことができる。

　自然科学においては、実験と観察が理論の正しさ（妥当性）を支えるように、哲学においては、体験反省の明証性（反省的エヴィデンス）が主張の正しさを支えるものとなることを、正義の本質観取では示すことができたと思う。

　第二に、正義の本質観取は、正義の根拠をつかもうとするもの、であった。ソクラテスとプラトンは、勇気や正義のような「よさ」について、それがなぜよいのか、どういう点でよいのか、を対話のなかで明らかにしようとしたように、哲学とは、価値の根拠がよくわからなくなったときに、あらためてその根拠を問おうとするものとして生まれてきたのだった。

「正義の根拠は〈共存の約束・意志〉にある」という答えは、いわれてみればあたりまえ、というようなものかもしれない。本質観取は各自の体験反省から出発するので、常識をひっくり返すような奇抜な答えが導かれるわけではない。しかしこれをハッキリと了解するとき、正義と呼ばれる現象にはしっかりとした根拠があることがわかる。つまり、「争いを避けて共存したい、平和に豊かに生きていくためには助けあわねばならない」という必要性と欲求が私たちの生のなかにあることが、正義（正しく守られるべきこと）の根拠だと確信できるのである。そのとき、正義に対する懐疑論や相対主義はなくなってしまう。そしてさらに、正義とみなされる事柄についても、その骨格ともいうべき不変なものと、具体的な状況や人びとの感度によって変化してよいものとが区別できる。

　このように、本質観取はソクラテス以来の哲学の目的——よさの根拠を確かめ共有することで、ニヒリズムを脱出すること——を満たそうとするもの、といえるだろう。

　そしてさらに、本質観取によって得られた答えをもとにして、正義に対するさまざまな学説との対話を行っていくことが可能であることも、私なりの考察ではあるが示してみた。

　第三に、正義の本質観取は、正義を人びとのあいだに広げ、かつ堅固なものにしていくための条件を考察することにつながる。

　社会のなかに対立や差別があるとき、対立する両者のあいだにどうやって〈共存の意志〉を成り立たせることができるのか。移住者として自分たちの社会にやってくる他の社会の人びとを、どのようにして受け入れていくことができるのか。また、一つの社会はその社会の未来のメンバーである子どもたちに対して、どのようにして〈共存の意志〉を体感させていけばよいのか。——このような具体的な課題が、正義の本質観取から生まれてくる。そして私としては、とくに

〈対話の関係〉から生まれる具体的な相互承認が、〈共存の意志〉の成立にとって必須であることを主張してきた。

このように、なんらかの「価値」の本質観取は、その価値の大切さの理由をつかむだけでなく、その価値を深めたり広げたりしていくための条件の考察を導くことができるのである。

本質観取を行うのに適したテーマ

次に、正義から離れて、本質観取はどのような主題を扱うことができるか、という点にふれておきたい。

「価値」の本質は本質観取の主要なテーマといえるが、それだけではなく、さまざまな「情緒」の本質や、「認識」のあり方もテーマとすることができる。

以下は、私がこれまでワークショップで試みてきたものであるが、どの場合にも、①体験されている事柄の具体例を出しあうところから、その事柄の意味を明確にしていく（そのさい典型的な種類へとカテゴリー分けをすることもある）、②必要があれば、さらにその事柄が意識体験のなかでどのようにして成立しているか（成立根拠）を問うていくことになる。以上はすべてに共通するものだが、個々の事柄によってふさわしいやり方があるので、じっさいにやりながら工夫してみるとよい。これまで私が行ってきたテーマを、以下に挙げてみる。

（1）価値があるとされる事柄の本質

・**美**　美一般の本質をいきなり語るのは難しい。私たちが美を感じる対象にはどのような典型があるか。美を感じるという体験はどのような感触をもつ体験か、を出しあうところからスタートするとよい（美の意味については、幼児からの発生的な考察も必要になってくるが、ワークショップでは発生的考察は避けて、まずは互いの「美の体験」の交換から、美についての共通なものを取り出すことに集中するのがよい）。

・**自由**　どういうときに私たちは自由を感じるか、の具体例を出しあうと、そこから、自由のなかにどのような質のちがいがあるかをくくり出すことができる。[61]さらにそこから、自由をめぐるさまざまな問題を考察していくとおもしろい（自由はなぜ近代においてきわめて重要な価値となったのか、自由が人びととのつながりと調和するためにはどんな条件が必要か、など）。

・**幸福**　私たちが「幸福だ」と感じたり思ったりする体験を挙げながら、幸福体験の典型をくくり出してみる。また、幸福は「快一般」とはどこが異なるのかを考えてみることで、幸福ということの特有の意味を取り出してみる。

・**教育**　教育の必要性を考えてみる。個人の人生にとって教育にはどんな意義があるのか、また社会の側から見たときどんな意義があるのか、の二つの面から考えてみる。

・**労働**　働くことのなかに、私たちはどんな喜びを見出しているか。また、どういう意義を見出しているか。

・**医療**　たとえば、医療と美容の共通点と差異点を挙げたうえで、そこから医療という実践のもつ「特有な意義」はどこにあるのかを考察すると、深まっていく。

・**支援（ケア）**　医療、看護、介護、教育、保育、養育のような、ケアと呼ばれる実践にはどのような共通点があるのか。また、それぞれはどのような差異（特徴）をもっているのか。
・**健康と病気**　健康とはどのような心身の状態を指すか。健康はなぜ大切なものとされるのか。病気とはいかなる体験か（身体のメカニズムの不調という客観的な見方ではなく、体験としてのあり方を問う）。
・**金銭**　金銭のもつ「よさ」、その必要性や魅力はどういうところにあるのか。

（2）情緒の本質

このテーマでは、それぞれの情緒に固有な質（それぞれの意味）を明らかにし、必要ならば、それがいかにして成り立っているかを考察することになる。多くの場合、情緒の向かう「対象」と、情緒そのものの「感触」とに分けて、それぞれに共通な特徴を挙げてみるとよい。対象の種類分けをして、さらに情緒じたいの特徴を挙げていくと、体験全体の構造が見えてくる。私はこれまで、以下のようなテーマを扱ってきた。
・**恐怖**（こわい）　私たちはどんな対象や事柄を恐れるのか。「なぜ・どのように」こわいのかを語りあう。「こわいもの」というタイトルで小学校四年生のクラスで哲学対話を行ったらとても盛り上がった、という話を担任の先生から聞いたことがある。何がこわいかについてはそれぞれの感度にちがいがあるので、互いの情緒の共通性だけでなく、互いのちがいに気づけるところもおもしろい。

・**喜び**（うれしい）「こわい」と同じように、小学生から可能である。カテゴリー分けをしながら考えていくと、「人はどんなことに喜びを抱いて生きるのか」という、人間性の根本に届く論に成長させることもできる。

・**死の恐怖**　これは本書の第10章でも取り上げたが、やりやすい。死の恐怖のなかに含まれるものを取り出していくと、いくつかの異なった種類の恐怖を見つけることができる。

・**不安**　不安を覚える体験を出しあって、共通な特徴をくくりだす。恐怖とのちがいを考察するのもよい。そして不安の根底にあるものを考えてみる。

・**なつかしさ**　これも本書第11章で取り上げた。なつかしいという感情の微妙な色合いはどこから生まれているのか、を考えるとおもしろい。初めての人にもやりやすい。このワークショップの具体的な進行の仕方を、私は詳しく述べたことがある。[62]

・**嫉妬**　学生たちに人気のあるテーマである。嫉妬という感情を覚える相手の特質と、嫉妬という感情じたいの特質とを挙げたうえで、「それらの根本に動いている感情の動きは何か」を問うてみると、まとまってくる。

（3）認識

・**夢体験と現実体験とのちがい**　これを考察してみると、ある体験を私たちが「現実」と呼ぶための条件を明らかにすることができる。

・**時間感覚のちがい**　同じ客観的時間が、主観的には長く感じられたり短く感じられたりするのはどういう条件によるか、など。

私が取り上げたテーマはごくわずかなものにすぎない。ぜひ新たなテーマにも挑戦していただきたいし、テーマごとに、どういうやり方がよいかについても工夫してみていただきたい。

おわりに——哲学の課題・目的・方法

最後に、これまで語ってきたことを、哲学の課題と目的、そして方法についてまとめておこう。

独断論と相対主義を超える——欲望相関的視点

哲学の課題は「根源の真理」を問うことにある、という哲学観がある。

古代ギリシアから、世界をつくっている究極の要素や、世界を動かす究極の動因が問われてきた。さらに「真に存在しているものは何か」が問われた。近代においても、マルクス主義のように「世界全体の客観的認識」を求める思想が生まれた。そして現在でも、「なぜ世界はあるのか・なぜ私はあるのか」などの「存在への問い」（存在の不思議）に惹きつけられる人は多い。

しかしこのように、根源の真理を問うてそれを語ろうとすれば、それは「独断論」の哲学とならざるを得ない。

これに対して、独断論の言葉のもつ権力性（真理はここにある）を解体することを課題とし、真なる事態の存在や真なる認識を否定する「相対主義」の哲学が生まれる。だが相対主義の哲学は、「いかにして信頼し共有しうる認識を形づくっていけばよいのか」という問いに対して応えることができないのだった。

この独断論と相対主義をともに乗り越えることが必要とされるが、そのためのカナメは、第12章で示したように「世界の秩序とその認識は、すべて欲望（必要・関心）に相関して意味をもつ」ということの洞察にある。

これを深く洞察するならば、欲望とは無関係な、どこかにあるだろう「根源の真理」や「真なる事態」を問うことはまさしく無意味になってしまう（もっとも、「根源の真理を求めてしまう欲望」について考察することには意味がある。それはたいてい、自分に生きる意味と使命を与えようとするところからくる）。

そして、認識が欲望（必要・関心）に相関してのみ成り立つ、ということは、しばしばそう考えられているように、必ずしも相対主義に帰結しない。認識とはそもそも、「どこかにある真なる事態」を写すことではなく、なんらかの必要・関心に応えるために、信頼でき共有できる知識を獲得すること、であるからだ。

認識とは「なんらかの問いに対して答えを獲得すること」だが、それが合理的な共通了解とみなされるためには、①その問いの背景となっている「必要・関心」が共有され、有用な問いと認められること、さらに②その答えが共有されるために必要なエヴィデンスを備えていること（適切なエヴィデンス）にもとづく。

そう考えると、共通了解を獲得するために、唯一の方法とエヴィデンスがあるのではないということになる。実験結果を統計的に処理するというやり方もあれば、観察した結果を文章によって記述する、というやり方もある。どのようなやり方がエヴィデンスとしてふさわしいかは、問いとそれを導く関心によって決定される。学問の「ジャンル」も、もともとはそのような「関心」によって区分されたものであり、ジャンルの性格に応じて方法の定式化が試みられるが、それは他領域にも通じる唯一不変のものとはいえない。――ここには、欲望（必要・関心）という点から学問上のエヴィデンスを再検討する、という課題がある。

哲学の課題と目的

では、認識を欲望（必要・関心）から生まれてくるものとみるとき、哲学はどのような課題と目的をもつものとなるだろうか。

ソクラテスの時代でも、現代の日本社会でも、生きていくうえでの「よさ」（価値）がよくわからなくなっていた。人びとは、一人ひとりが生きるうえで大切にしなくてはならないことや、他者たちとともに生きるうえで必要なことを明確にしたいと願って、哲学対話に加わっていた。そのような状況のなかでソクラテスが哲学の課題として挙げたのは、「よさの内実」の探究であった。私はそれに、実現のための「条件」の考察を付け加えておきたい。

つまり私の考えでは、哲学の課題（問い）は次の二つになる。

①ある事柄について、「なぜよいのか・どういう点でよいのか」を問うこと（よさの内実への問い）
②その「よさ」が発揮されるために必要な条件を問うこと（実現の条件の問い）

この二つは、生き方を方向づけるための問いであるから、研究者だけでなく、市民一人ひとりにとって必要なものである。ただ必要なだけではなく、これらの問いを、ユーモアと真剣さをもって考えあうことは、それじたいが発見の喜びと友愛に満ちた時間となりうる。

＊

では、この二つの問いを、どんなテーマに対して向けていくことができるだろうか。第14章の末尾で述べたように、自由、正義、幸福のような諸価値や、なつかしさ、嫉妬、不安のような感情について、その本質（意味内実と成立根拠）を問うことができるが、それらは最終的に、次の二つのテーマに集約されるだろう。すなわち、

①人間的欲望（人は「何を」求めて生きるのか）

ソクラテスは美徳について考えたが、プラトンは恋愛も含めて、人間の求めるものを深く考察しようとした。美やエロチシズム、愛情的承認・評価的承認、「じゃれあうこと」など、人の求めるものを明確にしながら、それが実現される条件を考察することは、哲学のもっとも重要なテーマといえる。

②社会における「よりよき共存」

哲学のもう一つの大きなテーマは、どのようにして私たちはよりよい仕方で共存できるのか、という問いになる。ここには、正義の根拠や基準、さらに、教育や医療のような社会的な営みの理解も含まれる。当然、よりよき価値を実現するための具体的な条件を考察することも必要になる。

そして、人間的な欲望を問うことは、みずからの「魂」を配慮し世話することにつながり、社会におけるよりよき共存を問うことは、「社会」を配慮することになる。その意味で、哲学が最

終的な目的とすることは、「魂の世話」であり「社会の世話」である、といっておきたい。まとめておこう。哲学の課題は、①よさの内実と②その実現の条件を問うことであり、そのテーマは「人間的欲望」「よりよき共存」の二つに集約される。そしてこれを問うことの目的は、各自の魂と社会とを「よりよき」ものにしようと配慮することにある。

哲学の方法

続いて、右のような課題を実現するための哲学の方法について、大きく三つにまとめておこう。

1．事柄や問いを体験に即して考察する――〈現象学的還元〉

よさの内実を問うためには、私たちの具体的な体験に戻って、そこでの事柄の意味（どのように体験されているか）を問う以外にない。そこで、あらゆる事柄を、想像や思考も含む最広義の「体験」のなかで見つめ直すことを、〈現象学的還元〉と呼ぶ。

そこで考察を進めるさいのエヴィデンスは、「体験を反省してみれば確かにそうなっている」というところに求められる。これを、実証科学のエヴィデンス（実験・観察の結果やそれを統計的に処理したもの）と区別して、私は〈反省的エヴィデンス〉と名付けた（第11章）。

注記しておけば、哲学上のあらゆる「問い」についても、〈現象学的還元〉の姿勢は不可欠である。哲学の問いはしばしば、パラドクスをもたらし、解答不可能なものになる。そのようなとき、「その問いはもともと、どのような体験上の意味をもつのか」というところから見つめ直してみると、それを体験に即して答えられる問いへと変更することができる。これは、哲学対話においても非常に重要な技術である。

2．体験の共通構造を問う――〈本質観取〉

さらに、よさの内実をつっこんで問うために、〈本質観取〉の方法がある。

これは、ソクラテスが「～とは何か」と問い、「さまざまな具体例において共通していて、その事柄がその名で呼ばれるために必要なもの」を求めたことに由来する（第4章）。

たとえば、「勇気がある」と私たちが認めるさまざまな体験例を挙げたうえで、それらの体験を構成する不可欠で共通な契機、つまり「共通構造」を取り出そうとすることになる。この共通構造が〈本質〉と呼ばれるものだが、それは、勇気がどのような種類のよさなのか（正義や節度と質のちがう、勇気に固有なよさとは何か）を明確化するために求められるのである。

そのさい重要なことは、本質を「永遠不変なイデア」として捉えないこと、であった。そうではなく、問題意識（何を明確にしたいか）によって、本質として取り出されるものが変わってくる。これを、〈本質の観点相関性〉と呼んでおく。

こうして、どこかに永遠不変のイデア（正義のイデア、幸福のイデア）があり、それをそのままに取りだす、ということではなく、問題意識を明確にしたうえで、本質観取を行わなくてはならない。問題意識によって探究の方向が変わり、具体的な作業項目も変わってくるが、典型的には以下のようなものが作業項目となるだろう。

①問題意識を出しあう
②体験例を出しあう
③テーマの体験的な意味を、いくつかの典型的なカテゴリーに整理する
④テーマを構成する必要条件を明確化する（例：勇気ある行為と呼ぶために必要なこと）
⑤テーマの成立根拠を問う（例：正義という観念はどういう必要から生まれているのか）
⑥以上の結果を整理し「本質記述」（～の本質とは…である）をつくる
⑦最初の問題意識を本質記述から見直す

3．本質記述を交換し確かめあう――〈現象学的言語ゲーム〉と〈反省的エヴィデンス〉

本質観取を行うさいのエヴィデンスを、フッサールは自身の体験反省に求めた。たとえば事物知覚の本質を求めるためには、さまざまな事物知覚の例を自由に想像し、それらに共通する構造を取り出して記述することになる。

そのさいフッサールは自分一人での反省を想定しており、他者のなす体験をどう扱うかについて語っていない。これについては、次の二点のように考える必要がある。

①**本質記述の妥当性は、各自の反省的エヴィデンスにもとづいて検証される。**
他者の作成した本質記述を読んだ者は、その本質記述が自分の体験に対してあてはまるかどう

かを検証し、改善することができる。こうして現象学は孤独な自己反省ではなくなり、参加する人たちが、本質記述の妥当性を各自の反省的エヴィデンスにもとづいて検証する営みとなる。これを〈現象学的言語ゲーム〉と呼ぶことにする。

②他者のなす体験も、私の自由変更の一例とみなすことができるかぎりで、私の本質観取に用いることができる。

他者が自身の体験を語ったエピソードも、私がそれを生き生きと想像的に体験できる（リアリティを感じることができる）かぎりで、これを私自身が行う自由変更の一つとみなすことができる。こうして私の本質観取に、他者のなす体験を用いることができることになる。じっさいのワークショップでは、互いの体験例を出しあっていっしょに本質観取を行っていけばよい。しかしそのさい、他者の語る内容について尋ねたり確かめたりして、それを自分が実感できるところまで持ち込むことが必要である。

日常生活から哲学対話のテーマをひろう

現在、多くの哲学対話が、日常生活からさまざまなテーマを拾って自由に行われている。そのさいに注意すべきことを、最後に補足しておこう。

まず、テーマがどういう問題意識から出てきたものか、ということをテーマの提案者が語って参加者に共有することが必要である。そのうえで、テーマについての各自の体験や問題意識を出しあう。

そこから「ともに探究する問い」を絞り込むとよい。そのさい、各自の体験に即して掘り進められるように問いを設定することが大切である。ポイントはつねに、「各自の体験世界における事柄の意味」が出しあわれることにある。

そして、「感度や見方が異なってよいこと」と「共有できること」との区別を意識しながら進めることも大切である。互いの〈体験世界〉が見えてきて、そのちがいとともに深く共通するものが見えてくれば、成功といえるだろう。

私の考えでは、日常生活からテーマを拾ってそのつどやっていくのは、じつはかなり難しい。ファシリテーター（司会）に高度な技術が要求されるからである。その点、「なつかしさ」のような情緒や「勇気」のような価値をテーマとして本質観取を行うと、体験に即して考え、その核心を言語化する、ということのとてもよい練習となる。本質観取に慣れてくると、自由なテーマでの自由なディスカッションも、うまくやれるようになるはずである。

*

以上、哲学の課題・目的・方法についてまとめてきた。読者の皆さんがこれを参考に、哲学対話や研究を発展させていただければ、うれしく思う。そして、古代のアテネのように「対話の文化」がこの社会に根づいていくことを願っている。

あとがき

　私が初めて哲学対話（本質観取）を試みたのは、九〇年代の終わりころである。学生や社会人といっしょに、「恐怖」というタイトルで話しあった。「夢が怖い。見覚えのない場所に一人いて、向こうに街の明かりが見える。見捨てられたような怖さ」という誰かの発言のメモが残っている。言葉を通して他の人の「生きている感じ」がわかる、というのは、とても新鮮でおもしろい経験であり、これを伝えるために、いつか本質観取の本を書いてみたいと思っていた。

　もう一つ、この本を書こうと思った理由がある。十年ほど前から集中してプラトンを読む機会があり、ソクラテスとプラトンが「なんのために」対話し哲学していたのかがしだいにわかってきた。それは、私自身の「哲学すること」をあらためて見つめ直す機会になった。

　このプラトンの哲学観と、本質観取の経験と方法とを結びあわせるようにして、この本を書いたのだが、予想外に長く時間がかかって、最後はほとんど「グレートレース」のようになってしまった。いま、ようやく走り終えることができて、ほっとしている。

　その間、最初の担当だった筑摩書房の山野浩一さんと、その後担当となった河内卓さんには、ほんとうにお世話になった。また、これまでいっしょに本質観取をやってきた多くの方々、原稿を読んでコメントをしてくれた方々、そして、私を支え、また我慢してくれた家族に感謝したい。

二〇一九年九月

西　研

註

1 見田宗介他『シンポジウム報告論集 軸の時代Ⅰ／軸の時代Ⅱ――いかに未来を構想しうるか』東京大学大学院人文社会系研究科・グローバルCOEプログラム「死生学の展開と組織化」発行、二〇〇九年。
2 カール・ヤスパース『歴史の起原と目標』（原著一九四九年）、重田英世訳、ヤスパース選集九、理想社、一九六四年、二一頁以下。
3 見田他、前掲書、三六頁。
4 伊藤貞夫『古代ギリシアの歴史――ポリスの興隆と衰退』講談社学術文庫、二〇〇四年、一九七頁。
5 見田他、前掲書、九頁。
6 廣川洋一『ソクラテス以前の哲学者』講談社学術文庫、一九九七年、六一頁。
7 パルメニデス「パルメニデス 著作断片」藤沢令夫・内山勝利訳、『ソクラテス以前哲学者断片集 第Ⅱ分冊』内山勝利編、岩波書店、一九九七年所収、七八―九一頁。
8 井上忠「パルメニデスの歌」『根拠よりの挑戦――ギリシャ哲学究攷』東京大学出版会、一九七四年所収、五九頁。
9 廣川、前掲書、一八〇頁。
10 伊藤、前掲書、二三四頁以下。
11 伊藤、前掲書、二二八頁以下。
12 伊藤、前掲書、二五四及び二六三頁。
13 加来彰俊『ソクラテスはなぜ死んだのか』岩波書店、二〇〇四年、二四頁以下。
14 加来、前掲書、六四―八二頁。
15 アリストテレス『形而上学』出隆訳、岩波文庫、一九五九年、第一巻第六章、987b1 以下。
16 加藤信朗『初期プラトン哲学』東京大学出版会、一九八八年、「序章 プラトン哲学の問題点」を参照。
17 納富信留訳『ソクラテスの弁明』光文社古典新訳文庫、二〇一二年所収の訳者による「解説」、一一九頁以下。詳しくは納富信留『哲学者の誕生――ソクラテスをめぐる人々』ちくま新書、二〇〇五年の第六章を参照。

18 ニーチェ『権力への意志　下』§４２７、§４２８、原佑訳、ちくま学芸文庫、一九九三年、四一三―四一七頁を参照。

19 西研『哲学の練習問題』河出文庫、二〇一二年、一一八―一二八頁を参照。

20 『プラトン全集七　テアゲス・カルミデス・ラケス・リュシス』岩波書店、一九七五年所収の生島幹三による「『ラケス』解説」、二五三頁以下。

21 加藤、前掲書、一五六頁。

22 加藤、前掲書、一六五―一七〇頁。

23 プラトン『饗宴』中澤務訳、光文社古典新訳文庫、二〇一三年、訳者による「解説」二一七頁。

24 竹田青嗣『欲望論　第二巻「価値」の原理論』講談社、二〇一七年、第9章を参照。

25 ニーチェ、前掲書、§４９０、三四頁。

26 ニーチェ、前掲書、§４８１、二七頁。

27 デカルト「第一哲学についての省察」井上庄七・森啓訳、デカルト『省察・情念論』井上・森・野田又夫訳、中公クラシックス、二〇〇二年所収、二四―三一頁。

28 西研『哲学的思考――フッサール現象学の核心』筑摩書房、二〇〇一年、七六―七七頁。または、ちくま学芸文庫、二〇〇五年、九四―九五頁を参照。また以下の論文を参照。Shotaro Iwauchi, *The Phenomenological Language Game — The Original Contract of Goodness*, ウェッブ研究誌『本質学研究』第三号所収、竹田青嗣・西研責任編集、本質学研究会、二〇一六年一〇月。https://wesenswissenschaft.wordpress.com/

29 ルートウィッヒ・ウィトゲンシュタイン『哲学探究』一九四五年、§65以下。リチャード・ローティ『哲学と自然の鏡』（原著一九七九年）、野家啓一監訳、産業図書、一九九三年。

30 橋爪大三郎『言語ゲームと社会理論』勁草書房、一九八五年、二四―三一頁。

31 たとえば次の文章を見よ。「現存在［人間］は、存在するかぎり、いつもすでに、そしていつになっても、さまざまな可能性から自己を了解する。」Heidegger, M., *Sein und Zeit* (1927), Max Niemeyer Verlag, Tübingen, 1979, §31, S. 145.

32 竹田青嗣『欲望論 第一巻 「意味」の原理論』講談社、二〇一七年、七五頁。
33 「ゴルギアス 著作断片」小池澄夫訳、『ソクラテス以前哲学者断片集 第V分冊』内山勝利編、岩波書店、一九九七年所収、六一―六四頁。
34 日本数学会編集『岩波数学辞典 第4版』岩波書店、二〇〇七年、「幾何学」の項を参照。
35 デカルト、前掲書、六五頁。
36 竹田青嗣『欲望論 第一巻』六三七頁以下に、この問題についての詳しい言及と解明がある。
37 デカルト「方法序説」野田又夫訳、デカルト『方法序説ほか』野田他訳、中公クラシックス、二〇〇一年所収、二〇頁。
38 ジョン・ロック『人間知性論』(原著一六九〇年)、大槻春彦訳、岩波文庫、一九七二年、第一巻所収の「読者への手紙」は、ロックがこの書物を執筆するに至った動機を述べている重要な箇所である。そこで彼は、友人たちと議論しているうちに意見が対立して解決しないとき、「私はふと、自分たちの道がまちがっていて、この性質の探求を始める前に自分たち自身の才能を調べ、私たちの知性が取り扱うのに適した対象と適さない対象とをみる必要があると、思いつきました」(一九頁)と述べている。訳者の大槻は「解説」のなかで、そのさい議論になったのは、道徳と宗教についてであろうと推測している(二九一―二九四頁)。
39 **Heidegger, ibid., § 53, S. 262.**
40 注28に取り上げた、岩内章太郎の論文を参照されたい。
41 本書第10章第2節を参照。
42 竹田青嗣はこの現象を「一瞥知覚」と呼んで、それが成り立つ理由を考察している。竹田『欲望論 第一巻』三六〇頁以下を参照。
43 行岡哲男『医療とは何か』河出ブックス、二〇一二年、三八―五一頁。
44 竹田青嗣『欲望論 第一巻』二八八頁以下。
45 竹田青嗣『欲望論 第一巻』二九四頁以下。
46 **Heidegger, ibid., § 18, S. 84** 以下、**§ 22, S. 102** 以下を参照。
47 行岡、前掲書、とくに第5章を参照。

48　二〇一七年二月、お茶の水女子大学附属小学校における「てつがく」の実践より。
49　ルソー「社会契約論」作田啓一訳、作田・原訳『社会契約論・人間不平等起源論』白水社イデー選書、一九九一年所収、九頁。なお、訳文中の「権利」を「正義」と変更した。
50　アレクシ・ド・トクヴィル『アメリカのデモクラシー』松本礼二訳、第一巻・第二巻上下、岩波文庫、二〇〇五―二〇〇八年。小山勉『トクヴィル――民主主義の三つの学校』ちくま学芸文庫、二〇〇六年。
51　竹田青嗣『哲学は資本主義を変えられるか――ヘーゲル哲学再考』角川ソフィア文庫、二〇一六年、三六頁以下。
52　ルソー『エミール』（原著一七六二年）、今野一雄訳、岩波文庫、二〇〇七年改版、上巻一四八頁。
53　竹田、前掲書、一二三―一二六頁。
54　竹田、前掲書、一四一頁。
55　マイケル・サンデル『これからの「正義」の話をしよう』鬼澤忍訳、早川書房、二〇一〇年、三二一頁。
56　サンデル、前掲書、三五頁。
57　サンデル、前掲書、第一〇章「正義と共通善」を参照。
58　西研『自分のために生き、みんなのために生きる　ルソー　エミール』１００分de名著ブックス、ＮＨＫ出版、二〇一七年、一五九頁以下。また、竹田青嗣・西研『超解読・ヘーゲル精神現象学』講談社現代新書、二〇一〇年、八五頁以下を参照せよ。
59　「妻籠宿　小林俊彦の世界」『普請研究』第二一号、一九八七年六月、『技術の風土記』普請帳研究会より。
60　マックス・ウェーバー『社会学・経済学における「価値自由」の意味』（原著一九一七年）、木本幸造監訳、日本評論社、一九七二年、六五―六七頁。
61　自由の本質観取については、以下で詳しく述べている。西研「本質観取とエピソード記述」、ウェッブ研究誌『本質学研究』第二号、竹田青嗣・西研責任編集、本質学研究会、２０１６／５／４。https://wesenswissenschaft.wordpress.com/
62　西研「人間科学と本質観取」、小林隆児・西研編『人間科学におけるエヴィデンスとは何か』新曜社、二〇一五年所収。

参考文献

欧語文献

Hegel, G. W. F., *Phänomenologie des Geites*, Werke in zwanzig Bänden 3, Suhrkamp, 1970.

——, *Grundlinien der Philosophie des Rechts*, Werke in zwanzig Bänden 7, Suhrkamp, 1970.

Heidegger, M., *Sein und Zeit*（1927）, Max Niemeyer Verlag, Tübingen, 1979.

Husserl, E., *Ideen zu einer reinen Phänomenologie und phänomenologischen Philosophie, Erstes Buch, Allgemeine Einführng in die reine Phänomenologie*（1913）, in Husserliana Bd. Ⅲ.

——, *Erste Philosophie*（1923/24）, in Husserliana Bd. Ⅷ.

——, *Encyclopaedia Britannica Artikel, vierte, letzte Fassung*（1927）, in Husserliana Bd. Ⅸ.

——, *Cartesianische Meditationen*（1931）in Gesammelte Schriften/Edmund Husserl, Bd. 8, hrsg. von Elizabeth Ströker, Hamburg: Meiner.

——, *Die Krisis der europäischen Wissenschaften und die transzendental Phänomenologie, Eine Einleitung in die phänomenologische Philosophie*（1936）, in Husserliana Bd. Ⅵ.

——, *Erfahrung und Urteil*（1938）, in PHB280, hrsg. von Ludwig Landgrebe, Hamburg: Meiner.

Iwauchi, S., *The Phenomenological Language Game: The Original Contract of Goodness*, ウェッブ研究誌『本質学研究』第 3 号所収、竹田青嗣・西研責任編集、本質学研究会、2016 年 10 月。https://wesenswissenschaft.wordpress.com/

Kant, I., *Kritik der reinen Vernunft*（1781/87）, Immanuel Kant Werkausgabe Band Ⅲ & Ⅳ, STW55, 1974.

——, *Kritik der praktischen Vernunft*（1788）, Werkausgabe Ⅶ, STW 56, 1974.

Nietzsche, F. W., *Zur Genealogie der Moral*（1887）, KSA5, DTV de Gruyter, 1999.

——, *Der Wille zur Macht*, Stuttgart: Kröner, 1964.

Nishi, K., *The Motive and Method of Husserlian Phenomenology: The Possibility of 'Essential Insight*, 和光大学人間学部紀要、第 3 号、2010 所収。

——, *'Essential Insight' as a Method of Understanding Our Internal Life*, in Journal of Tokyo Medical University, 69（1）, 2011.

Plato, *Apology*, in Plato Ⅰ, Loeb Classical Library, Harvard, 1914.

——, *Laches*, in Plato Ⅱ, Loeb Classical Library, Harvard, 1924.
——, *Protagoras*, in Plato Ⅱ.
——, *Gorgias*, in Plato Ⅲ, Loeb Classical Library, Harvard, 1925.
——, *Meno*, in Plato Ⅱ.
——, *Symposium*, in Plato Ⅲ.
——, *Charmides*, in Plato Ⅸ, Loeb Classical Library, Harvard, 1927.
——, *Republic*, in Palto Ⅴ・Ⅵ, Loeb Classical Library, Harvard, 1930, 1935.
Rousseau, J.-J., *Du Contra Social*（1762）, présentation par Bruno Bernardi, Flammarion, Paris, 2001.
——, *Émile ou De l'éducation*（1762）, présentation et notes par André Charrak, Flammarion, Paris, 2009.
Wittgenstein, L., *Philosophische Untersuchungen*（1953）, in Ludwig Wittgenstein Werkausgabe Band Ⅰ, STW 501, 1984.

邦語文献

アリストテレス『形而上学』出隆訳、岩波文庫、上巻 1959 年、下巻 1961 年。

伊藤貞夫『古典期アテネの政治と社会』東京大学出版会、1982 年。

同『古代ギリシアの歴史――ポリスの興隆と衰退』講談社学術文庫、2004 年。

井上忠『根拠よりの挑戦――ギリシャ哲学究攻』東京大学出版会、1974 年。

岩内章太郎「現象学における本質学の二義性――一般本質学と超越論的本質学の導入の試み」ウェッブ研究誌『本質学研究』第 1 号所収、竹田青嗣・西研責任編集、本質学研究会、2015 年 7 月。https://wesenswissenschaft.wordpress.com/

ヴァン・マーネン、マックス『生きられた経験の探究――人間科学がひらく感受性豊かな“教育”の世界』（原著 1990 年）、村井尚子訳、ゆみる出版、2011 年。

ウィトゲンシュタイン、ルートウィッヒ『論理哲学論考』（原著 1921 年）、野矢茂樹訳、岩波文庫、2003 年。

同『哲学的探究』（原著 1953 年）、黒崎宏訳・解説、第Ⅰ部（読解）・第Ⅱ部（読解）、産業図書、1994・1995 年。

ウェーバー、マックス『社会学・経済学における「価値自由」の意味』（原著 1917 年）、木本幸造監訳、日本評論社、1972 年。

内山勝利他『哲学の歴史 1　哲学誕生　古代Ⅰ　始まりとしてのギリシア』内山勝利責任編集、中央公論新社、2008 年。

エリクソン、エリク・H『アイデンティティとライフサイクル』（原著 1959 年）、西平直・中島由恵訳、誠信書房、2011 年。

お茶の水女子大学附属小学校・NPO法人お茶の水児童教育研究会編著『新教科「てつがく」の挑戦――“考え議論する”道徳教育への提言』東洋館出版社、2019年。

小山勉『トクヴィル――民主主義の3つの学校』ちくま学芸文庫、2006年。

加来彰俊『ソクラテスはなぜ死んだのか』岩波書店、2004年。

加藤信朗『初期プラトン哲学』東京大学出版会、1988年。

カント、イマヌエル『純粋理性批判』(原著1781、1787年)、原佑訳、全3冊、平凡社ライブラリー、2005年。

同『実践理性批判』(原著1788年)波多野精一他訳、岩波文庫、1979年。

コイレ、アレクサンドル『プラトン』(原著1945年)川田殖訳、みすず書房、1972年。

小林俊彦『妻籠宿　小林俊彦の世界』「普請研究」第21号、『技術の風土記』普請帳研究会、1987年所収。

ゴルギアス「ゴルギアス　著作断片」小池澄夫訳、『ソクラテス以前哲学者断片集　第V分冊』内山勝利編、岩波書店、1997年所収。

佐久川肇・植田嘉好子・山本玲奈『質的研究のための現象学入門 第2版――対人支援の「意味」をわかりたい人へ』医学書院、2013年。

ザハヴィ、ダン『フッサールの現象学』(原著2003年)、工藤和男他訳、晃洋書房、2003年。

サンデル、マイケル『これからの「正義」の話をしよう』(原著2009年)、鬼澤忍訳、早川書房、2010年。

ジオルジ、アメデオ『心理学における現象学的アプローチ――理論・歴史・方法・実践』(原著2009年)、吉田章宏訳、新曜社、2013年。

スティール、シェルビー『白い罪――公民権運動はなぜ敗北したか』(原著2006年)藤永康政訳、径書房、2011年。

ソシュール、フェルディナン・ド『一般言語学講義』全3冊(原講義1907-1911年)、小松英輔編、小松他訳、エディット・パルク、2003-2008年。

竹田青嗣『プラトン入門』ちくま新書、1999年。

同『完全解読　フッサール「現象学の理念」』講談社選書メチエ、2012年。

同『哲学は資本主義を変えられるか――ヘーゲル哲学再考』角川ソフィア文庫、2016年。

同『欲望論　第1巻　「意味」の原理論』講談社、2017年。

同『欲望論　第2巻　「価値」の原理論』講談社、2017年。

田中彰吾『生きられた〈私〉をもとめて――身体・意識・他者(心の科学のための哲学入門4)』北大路書房、2017年。

デカルト、ルネ「方法序説」(原著1637年)、『方法序説ほか』野田又夫他訳、中公クラシックス、2001年所収。

同「第一哲学についての省察」(原著1641年)、『省察・情念論』井上庄七・森啓訳、中公クラシックス、2002年所収。

デリダ、ジャック『声と現象』(原著1967年)、林好雄訳、ちくま学芸文庫、2005年。

トクヴィル、アレクシ・ド『アメリカのデモクラシー』(原著第1巻1835年、第2巻1840年)、松本礼二訳、第1巻上・下、第2巻上・下、岩波文庫、2005-2008年。

苫野一徳『「自由」はいかに可能か——社会構想のための哲学』NHKブックス、2014年。

西研『哲学的思考——フッサール現象学の核心』筑摩書房、2001年〔ちくま学芸文庫版、2005年〕。

同『完全解読　ヘーゲル「精神現象学」』(竹田青嗣との共著)、講談社選書メチエ、2007年。

同『超解読・ヘーゲル精神現象学』(竹田青嗣との共著)、講談社現代新書、2010年。

同『哲学の練習問題』河出文庫、2012年。

同「人間科学と本質観取」小林隆児・西研編『人間科学におけるエヴィデンスとは何か』新曜社、2015年所収。

同「本質観取とエピソード記述」ウェッブ研究誌『本質学研究』第2号、竹田青嗣・西研責任編集、本質学研究会、2016年5月所収。https://wesenswissenschaft.wordpress.com/

同『自分のために生き、みんなのために生きる　ルソー　エミール』100分de名著ブックス、NHK出版、2017年。

同「哲学対話において共通了解をつくりだすには——「正義の本質」を事例として」ウェッブ研究誌『本質学研究』第5号、竹田青嗣・西研責任編集、本質学研究会、2018年2月所収。https://wesenswissenschaft.wordpress.com/

能智正博『臨床心理学をまなぶ6質的研究法』東京大学出版会、2011年。

納富信留『プラトン　哲学者とは何か』、シリーズ・哲学のエッセンス、NHK出版、2002年。

同『哲学者の誕生——ソクラテスをめぐる人々』ちくま新書、2005年
同『ソクラテスの弁明』「訳者解説」光文社古典新訳文庫、2012年所収。

同『ソフィストとは誰か?』ちくま学芸文庫、2015年。

同『プラトンとの哲学　対話篇をよむ』岩波新書、2015年。

ニーチェ、フリードリッヒ『権力への意志』（原著 1901 年、1906 年）原佑訳、ちくま学芸文庫、全 2 冊、1993 年。

同「道徳の系譜」（原著 1887 年）、『善悪の彼岸・道徳の系譜』信太正三訳、ちくま学芸文庫、1993 年所収。

日本数学会編集『岩波数学辞典 第 4 版』岩波書店、2007 年。

ノージック、ロバート『アナーキー・国家・ユートピア――国家の正当性とその限界』（原書 1974 年）嶋津格訳、木鐸社、1995 年。

橋爪大三郎『言語ゲームと社会理論』勁草書房、1985 年。

「パルメニデス　著作断片」藤沢令夫・内山勝利訳、『ソクラテス以前哲学者断片集　第Ⅱ分冊』内山勝利編、岩波書店、1997 年所収。

廣川洋一『ソクラテス以前の哲学者』講談社学術文庫、1997 年。

フーコー、ミシェル『性の歴史Ⅰ』（原著 1976 年）、渡辺守章訳、新潮社、1986 年。

藤井千春『主体的・対話的で深い学び　問題解決学習入門』学芸未来社、2018 年。

藤倉英世・羽貝正美・西研・山田圭二郎・薩田英男・鹿野正樹・中村良夫「「地域の物語」の再生を巡る自治の諸相　1960 年代以降の日・独・仏における公共圏的空間、風景、ローカル・ガバナンスの変遷とその構造比較」一般社団法人・公共経営研究ユニット、2019 年。

藤沢令夫『プラトンの哲学』岩波新書、1998 年。

フッサール、エトムント『現象学の理念』立松弘孝訳、みすず書房、1965 年。

同『論理学研究』立松弘孝訳、全 4 冊、みすず書房、1965-1976 年。

同「デカルト的省察」船橋弘訳、『世界の名著 51　ブレンターノ・フッサール』細谷恒夫責任編集、1970 年所収。

同『経験と判断』長谷川宏訳、河出書房新社、1975 年。

同「現象学 「ブリタニカ」論文」木田元・宮本昭訳、『現代思想　臨時増刊号　総特集フッサール』青土社、1978 年所収。

同『イデーン　Ⅰ - Ⅰ』渡辺二郎訳、みすず書房、1979 年。

同『イデーン　Ⅰ - Ⅱ』渡辺二郎訳、みすず書房、1984 年。

同『ヨーロッパ諸学の危機と超越論的現象学』細谷恒夫・木田元訳、中公文庫、1995 年。

同『デカルト的省察』浜渦辰二訳、岩波文庫、2001 年。

同『イデーン　Ⅱ - Ⅰ』立松弘孝・別所良美訳、みすず書房、2001 年。

同『イデーン　Ⅱ - Ⅱ』立松弘孝・榊原哲也訳、みすず書房、2009 年。

同『ブリタニカ草稿』谷徹訳、ちくま学芸文庫、2004 年。

同『イデーン　Ⅲ』渡辺二郎・千田義光訳、みすず書房、2009 年。

プラトン『プラトン全集』全15巻、岩波書店、1975年。

同『国家』藤沢令夫訳、全2冊、岩波文庫、1979年。

同『プラトン対話篇　ラケス　勇気について』三嶋輝夫訳、講談社学術文庫、1997年。

同『パイドン　魂の不死について』岩田靖夫訳、岩波文庫、1998年。

同『プロタゴラス——あるソフィストとの対話』中澤務訳、光文社古典新訳文庫、2010年。

同『ソクラテスの弁明』納富信留訳、光文社古典新訳文庫、2012年。

同『メノン——徳（アレテー）について』渡辺邦夫訳、光文社古典新訳文庫、2012年
同『饗宴』中澤務訳、光文社古典新訳文庫、2013年。

フロイト、ジークムント『精神分析学入門』（原著1917年）、懸田克躬訳、全2冊、中公クラシックス、2001年。

ヘーゲル、フリートリッヒ『精神の現象学』（原著1807年）、金子武蔵訳、全2冊、岩波書店、1971、1979年。

同『法の哲学』（原著1821年）、藤野渉・赤沢正敏訳、全2冊、中公クラシックス、2001年。

ホッブズ、トマス『リヴァイアサン』（原著1651年）、水田洋訳、岩波文庫、全4冊、1992年。

マッキンタイア、アラスデア『美徳なき時代』（原著1984年）、篠﨑榮訳、みすず書房、1993年。

松永雄二『知と不知——プラトン哲学研究序説』東京大学出版会、1993年。

御子柴善之『カント哲学の核心——「プロレゴーメナ」から読み解く』NHKブックス、2018年。

見田宗介『社会学入門——人間と社会の未来』岩波新書、2006年。

見田宗介他『シンポジウム報告論集　軸の時代Ⅰ／軸の時代Ⅱ——いかに未来を構想しうるか』東京大学大学院人文社会系研究科・グローバルCOEプログラム「死生学の展開と組織化」、2009年。

ミル、ジョン・スチュアート『自由論』（原著1859年）、塩尻公明・木村健康訳、岩波文庫、1971年。

メイヤスー、カンタン『有限性の後で　偶然性の必然性についての試論』（原著2006年）、千葉雅也他訳、人文書院、2016年。

メルロ＝ポンティ、モーリス『知覚の現象学』（原著1945年）、竹内芳郎・小木貞孝訳（1巻）、竹内芳郎・木田元・宮本忠雄訳（2巻）、全2冊、みすず書房、1967年・1974年。

ヤスパース、カール『歴史の起原と目標』(原著1949年)、重田英世訳、ヤスパース選集9、理想社、1964年。

行岡哲男『医療とは何か』河出ブックス、2012年。

ラカン、ジャック『精神分析の四基本概念』(原著1964年)、小出浩之他訳、岩波書店、2000年。

ラングドリッジ、ダレン『現象学的心理学への招待——理論から具体的技法まで』(原著2007年)、田中彰吾・渡辺恒夫・植田嘉好子訳、新曜社、2016年。

リオタール、ジャン゠フランソワ『ポスト・モダンの条件——知・社会・言語ゲーム』(原著1979年)、小林康夫訳、水声社、1989年。

ルソー、ジャン゠ジャック『エミール』(原著1762年)、上・中・下、今野一雄訳、岩波文庫、1962-1964年、2007年改版。

同「社会契約論」(原著1762年) 作田啓一訳、『社会契約論・人間不平等起源論』作田啓一・原好男訳、白水社イデー選書、1991年。

ロック、ジョン『市民政府論』(原著1689年)、鵜飼信成訳、岩波文庫、1968年。

同『人間知性論』(原著1690年)、大槻春彦訳、全4冊、岩波文庫、1972－1977年。

ローティ、リチャード『哲学と自然の鏡』(原著1979年)、野家啓一監訳、産業図書、1993年。

ロールズ、ジョン『正義論』(原著1971年)、川本隆史他訳、紀伊國屋書店、2010年。

鷲田清一監修『ドキュメント臨床哲学』本間直樹・中岡成文編、大阪大学出版会、2010年。

渡辺恒夫『フッサール心理学宣言——他者の自明性がひび割れる時代に』講談社、2013年。

資料

●プラトンの著作（対話篇）

・初期対話篇
『エウテュフロン』『ソクラテスの弁明』『クリトン』『カルミデス』『ラケス』『リュシス』『イオン』『メネクセノス』『プロタゴラス』『ゴルギアス』『ヒッピアス大』『ヒッピアス小』『エウテュデモス』『メノン』
・中期対話篇
『パイドン』『饗宴』『ポリテイア（国家）』『クラテュロス』『パイドロス』
・過渡期対話篇
『パルメニデス』『テアイテトス』
・後期対話篇
『ソフィスト』『政治家（ポリティコス）』『ピレボス』『ティマイオス』『クリティアス』〔未完〕『法律』

出所：『ソクラテスの弁明』納富信留訳、光文社古典新訳文庫、2012年をもとに作成

●フッサールの主要著作

1900/1901年	『論理学研究』
1907年	『現象学の理念』
1913年	『純粋現象学と現象学的哲学のための諸構想　第一巻』（『イデーンⅠ』）
1923/1924年	『第一哲学』
1927年	『ブリタニカ草稿・第四草稿』（ブリタニカ百科事典の求めに応じて書かれたもの）
1928年	『内的時間意識の現象学』（ハイデガーによって編纂されたもの）
1929年	『形式論理学と超越論的論理学』
	『経験と判断』（フッサールの死後、ラントクレーベによって編纂され1938年に出版。内容的には『形式論理学と超越論的論理学』に続くとされる）
1931年	『デカルト的省察』
1936年	『ヨーロッパ諸学の危機と超越論的現象学』

西　研　にし・けん

一九五七年鹿児島県生まれ。東京大学大学院総合文化研究科修士課程修了、東京医科大学教授（哲学教室）。哲学を「一人ひとりが自分と世界との関係を深く考えるための技術」として再生することをめざしてきた。主な著書に『ヘーゲル・大人のなりかた』（NHKブックス）、『哲学的思考――フッサール現象学の核心』（ちくま学芸文庫）、近著に『高校生のための哲学・思想入門』（竹田青嗣との共著、筑摩書房）、『別冊100分de名著　読書の学校　「ソクラテスの弁明」』（NHK出版）などがある。

筑摩選書 0180

哲学《てつがく》は対話《たいわ》する　プラトン、フッサールの〈共通了解《きょうつうりょうかい》をつくる方法《ほうほう》〉

二〇一九年一〇月一五日　初版第一刷発行
二〇二五年　五　月　五　日　初版第二刷発行

著　者　西研《にしけん》

発行者　増田健史

発行所　株式会社筑摩書房
東京都台東区蔵前二-五-三　郵便番号　一一一-八七五五
電話番号　〇三-五六八七-二六〇一（代表）

装幀者　神田昇和

印刷 製本　中央精版印刷株式会社

ISBN978-4-480-01689-8 C0310

筑摩選書
0160

教養主義のリハビリテーション

大澤 聡

知の下方修正と歴史感覚の希薄化が進む今、教養のバージョンアップには何が必要か。気鋭の批評家が鷲田清一、竹内洋、吉見俊哉の諸氏と、来るべき教養を探る！

筑摩選書
0161

終わらない「失われた20年」
嗤う日本の「ナショナリズム」・その後

北田暁大

ネトウヨ的世界観・政治が猛威をふるう現代日本。アイロニーに嵌り込む左派知識人。隘路を突破するには何が必要か？ リベラル再起動のための視角を提示する！

筑摩選書
0165

教養派知識人の運命
阿部次郎とその時代

竹内 洋

大正教養派を代表する阿部次郎。『三太郎の日記』で栄光を手にした後、波乱が彼を襲う。同時代の知識人との関係や教育制度からその生涯に迫った社会史的評伝。

筑摩選書
0167

「もしもあの時」の社会学
歴史にｉｆがあったなら

赤上裕幸

過去の人々の、実現しなかった願望、頓挫した計画など「ありえたかもしれない未来」の把握を可能にし、「未来」への視角を開く「歴史のｉｆ」。その可能性を説く！

筑摩選書
0170

美と破壊の女優 京マチ子

北村匡平

日本映画の黄金期に国民的な人気を集めた京マチ子。強烈な肉体で旧弊な道徳を破壊したかと思えば古典的で淑やかな女性を演じてみせた。魅力の全てを語り尽くす！